クチコミ・マーケティングの効果を
最大限に高める秘訣

フェイス・トゥ・フェイス・ブック

エド・ケラー+ブラッド・フェイ 著　澁谷覚+久保田進彦+須永努 訳

The Face-to-Face Book:
Why Real Relationships Rule in a Digital Marketplace

有斐閣

目次

フェイス・トゥ・フェイス・ブック：クチコミ・マーケティングの効果を最大限に高める秘訣

（付記）本文中、読みやすさ等をふまえ便宜的に訳者が補足した箇所は、［　］で示した。

序章　The Social Media Gold Rush

ソーシャルメディア・バブル

もしも、21世紀初頭の歴史について教科書が書かれたら、大恐慌以来の最悪の経済の落ち込みの中で、インターネット・ユーザーたちが「バーチャル」なオンライン農場のアニメの動物たち［後述される「ファームビル」というゲームのこと］に何十億ドルも費やした様子について、どんなふうに記述するだろうか。

過去のいろいろなバブルから、多くの歴史が生み出されてきた。バブルといっても、その対象となるものは、ゴールドラッシュ時代の金のような貴金属だけではない。株や土地や、あるいは1637年にオランダで発生した「チューリップ狂乱」のときにはチューリップの花をめぐってさえ、バブルが発生したのである。それではソーシャルメディアは、次の大きなバブルになるのだろうか。「フェイスブック」「ツイッター」、そして「ジンガ」（オンライン農場のゲームであるファームビルの制作会社）などをめぐる熱気は、加熱し過ぎているのだろうか。

1848年から1853年にかけて米国で発生したゴールドラッシュでは、25万人以上の人たちが金を掘り当てて大金持ちになることを夢見て、カリフォルニアに集まってきた。[1] こうして移り住んで来た人々がサンフランシスコやサクラメントのような大都市を建設し、米国という若い国が西へと拡張する原動力となるとともに、その後、同国が経験したさまざまな重要な歴史の出発点ともなったのである。ゴールドラッシュでは、今日の金額にして数百億ドル分もの金が発見されたが、他方で、「フォーティナイナーズ」(当時集まってきた人々はこう呼ばれた)のほとんどは、長旅と過酷な作業のあげく、少しも金持ちにはなれなかったのである。

私たちは今日のソーシャルメディアについて、最も新しいバブルだと考えている。そこでは、「フェイスブック」や「ツイッター」という黄金から舞い上がる金の粉塵が自分のところにも降ってくることを願いながら、あまりに多くの企業やマーケターが、いまだに十分に理解されていない巨大なソーシャルの波を追いかけている。そしてこの熱狂の中で、新しくて重要なやり方で、もっと強力に人々(消費者、有権者、支持者など)とつながることができる、はるかに大きな機会が見過ごされてしまっている。もちろんソーシャルネットワーキング・サイトはすばらしい成長を見せているが、最大のソーシャルの金鉱は文字通り私たちのすぐ目と鼻の先にあるのだ。それは私たちの家のキッチンや居間で、あるいは教会や礼拝堂で、オフィスの給湯室で、あるいはサッカーコートや野球場の観客席で交わされている口頭での会話である。フェイス・トゥ・フェイスの親密なコミュニケーションであるため、こうした会話はとても強力である。

この本の本編で紹介する調査によれば、製品やサービス、ブランドに関連して米国で日常的に交わさ

は，本書で引用する統計データは，2010年7月から2011年6月までの12カ月間にわたってトークトラックを通じて収集したものを用いる。また同じ期間に，13歳から69歳までの全米から選ばれた代表サンプルへの3万7000回に及ぶオンライン・インタビューも行ったトークトラックとその調査方法については，序章の巻末原注2を参照のこと。

れる会話の90％以上はオフラインである。★2 これらは米国において毎週フェイス・トゥー・フェイスで交わされる、あるいはネット系の集まりでは"IRL"［In Real Life の略］として知られているリアルで交わされる、何百万ものブランド関連の会話やレコメンデーションとなる。そして、このうちのほんのわずかの割合だけが、私たちがソーシャルメディアと言うときに思い浮かべるさまざまなソーシャル・ネットワーキング・サイトを通じて、あるいはショート・メッセージ、電子メールなどのその他のオンライン・チャネルを通じて、やりとりされているのである。ソーシャルメディアは巨大で、しかも成長しているが、人々が生活し、相互にやりとりをしているアナログの世界に比べれば、依然としてほんの小さな存在に過ぎないのである。

だからこそ、私たちはこの『フェイス・トゥ・フェイス・ブック』を刊行するのである。この本は、私たちの意思決定がいかに個人間の真の影響関係に依拠しているかについて述べるものである。真の影響関係とは、最も頻繁に起きるものであり、また最も強力なものでもある、フェイス・トゥ・フェイスの影響のことを指す。

読者の皆さんには間違えないでいただきたい。今日のビジネスの世界は巨大なソーシャルの波の真っ只中にある。しかしその基盤をなしているのは、私たち人間は根本的にソーシャルな存在であり、ほとんどすべての意思決定をソーシャルな影響によって決めているという、きわめて遅きに失した知見である。この知見が最初に発見され議論されたのは、何十年も前の１９５０年代と１９６０年代だった。そしてその直後のテレビの黄金時代の到来とともに、この時代の革命的な新しいメディアの輝きへの称賛

★　本書の全編にわたって引用される統計データは，「ケラー・フェイ・グループ」の「トークトラック」という調査サービスを通じて得られたものである。この調査プログラムは 2006 年に開始され，以来米国の人々のクチコミによる会話を，オンラインだけでなくオフラインも含めて，継続的に追跡してきた。とくに他に言及しない場合に

の影で、この知見はおおかた無視されてしまった。ただし世界中のマーケターや起業家がほぼ完全に見落としていたにもかかわらず、「フェイスブック」の創業者であるマーク・ザッカーバーグによって、金鉱がそこにあることが皆に示されるまでの間、機会はずっとそこにあったのである。そして今度は、あまりに多くの人々が、すでにザッカーバーグによって成功裏に切り開かれてしまった小道をたどることによって、いくつもあるソーシャルという機会の中の、ただ一つの鉱脈だけを採掘しようと試みている。これではまるで、ジェームズ・W・マーシャルが１８４８年に初めて金を発見したカリフォルニア州コロマの「サッターズ・ミル」の最初の採掘現場だけに、金を求めるフォーティナイナーズたちが群がりひしめき合っているようなものだ。

ゴールドラッシュのチャンスはサッターズ・ミルの地所だけに限られていたのではなく、シエラネバダ山脈の大部分のエリアに広がっていた。またこの機会は、最終的には金をみつけることだけではなかった。カリフォルニアは、農業や貿易、商業、観光や発明などの多くの他の恵みにも富んだ土地となったのである。こうした恵みのすべては、ゴールドラッシュによってもたらされた人口の爆発や、機会の発見によってもたらされたものであった。「フェイスブック」の有名な創成期の頃に、ザッカーバーグをハーバード大学の象牙の塔から出させ、カリフォルニアに向かわせたのもまた、こうしたゴールドラッシュの時代と変わらない発明と発見の気概だったのである。

この本は、反「フェイスブック」ではないし、ソーシャルメディア一般を否定する本でもない。ある側面では、マーク・ザッカーバーグは今日のソーシャルの波におけるジェームズ・W・マーシャルである。彼と彼の会社は、ずっとそこにあったがほとんどの人々に無視されてきた大鉱脈に足を踏み入れた。彼は、ソーシャルなつながりの力を世界に示した。この本の執筆時点では、「フェイスブック」のユーザー数は10億人に近づいている。これは世界の人口の約7分の1であり、人間の歴史の中で単一のメディア・プラットフォームが獲得した最大の視聴者数である。これはすごいことであるが、「フェイスブック」とその類似サービスの成功は、途方もなく大きいソーシャルな機会の結果なのであって、そのきっかけや源泉ではない。「フェイスブック」に人々が集まるのは、それが従来オンライン上で十分に満たされてこなかった人々のニーズを満たしているからに他ならない。しかしソーシャルでありたいと人々が求めるということは、彼らがオンライン以外の場所でもソーシャルでありたいと願っているということであり、このことがこの領域に参入したいと考える多くの企業にとってのたくさんの機会を生み出している。

私たちは市場というものがきわめてソーシャルな場であると信じている。しかしそれは、特定のプラットフォームや技術のおかげではない。製品や広告キャンペーンや市場戦略の中心に、技術ではなく人を据えるビジネスモデルを採用したビジネスが、将来最も成功する。人々は従来理解されていたよりもはるかに大きな影響をお互いに及ぼし合っているということや、消費者とは単なる個人の集まりではないということを、こうしたビジネスは理解しているだろう。「ティー・パーティー」やウォール街の「占拠」運動、あるいは中東での政治再編の動きを先導している「アラブの春」のように、社会に先導された運動にますます影響を受けるようになってきた政治にも、こうした見識はそのまま当てはまる。

新しいコミュニケーションの機会は、急速に勢いを増しながら成長している「ソーシャルであることについての科学」の中でその正体を現しつつある。その中で大きな成功をおさめる者は、今日のソーシャルな消費者のパワーと連携するにはさまざまな方法があることを理解するだろう。ソーシャルメディア・サイトはその中の一つの方法、しかもかなり限定された方法に過ぎないのである。

この本では、ビジネスやマーケティング、そして政治においてソーシャルな影響というものをどのように全体的に理解すればよいかということについて、私たちの見方を読者の皆さんと一緒に議論したい。私たちはこの本を書くにあたって、私たちの会社である「ケラー・フェイ・グループ」やその他によって行われたソーシャルな影響に関する調査から得られた洞察に、そのほとんどを依拠している。したがってこの本の中で私たちが述べるすべての事柄には、調査に基づいた堅固な基盤がある。しかし調査による基盤に基づいているからといって、この本は数字やデータばかりを並べた本ではない。私たちは、賢明かつ斬新な方法（ただし事実に基づいた方法であり、単なる誇大宣伝ではない）によってビジネスを展開しているいろいろな企業のトップにインタビューを行ってきたし、また彼らの話には、それを補足するデータとともに、この本の中で重要な役割を果たしてもらった。これらには、「アウディ」「ベスト・バイ」「デル」「ドミノ・ピザ」「ゼネラル・ミルズ」「キンバリークラーク」「クラフト」「ミラークアーズ」「プロクター・アンド・ギャンブル」「トヨタ」「ザッポス」や、その他多くの企業が含まれる。

ただしソーシャル・マーケティングとは、大企業だけのものではない。そこで私たちは、オフラインとオンラインでどのようにしたら最もうまくソーシャル・ビジネスの機会を作り出すことができるだろうかと、創造的に思いをめぐらせている小さな企業の話も取り上げる。またビジネスの領域以外では、近年の大統領選挙がどのようにしてソーシャル・マーケティング戦略を取り込んでいるかについても見ていこう。この本で私たちは、いろいろな事例があるといちばんわかりやすいと感じる読者と、調査結果からもたらされた事実の方が理解しやすいと感じる読者との間で、ちょうどよいバランスをとりたいのである。

ソーシャル・マーケティングの歴史や現在、将来について述べていく中で、読者の皆さんは、人々がなぜブランドや企業について語るのか、なぜ会話の中心にいるインフルエンサーについて語るのかということを学ぶだろう。広告のような、会話を活性化させることに効果がある伝統的マーケティングの重要な役割について、そして消費者のアドボカシー［本来は「擁護」「支持」「唱道」などの意味を持つ言葉であり、近年は顧客と特定のブランドや企業との間の強固な信頼関係を指す用語として用いられる。後の章で用いられる「アドボケーツ」などもほぼ同義］やクチコミをより効果的に最大化させるためのメディア・プランニングの方法について、この本の中で述べていく。またソーシャルメディアを上手に、かつ有意義に用いることができるお薦めの方法について述べ、ブランドはどのようにして罠にかかり、道を誤ってしまうのかについての実例もあげよう。また、クチコミとはビジネスを前に進めるための目標や戦略ではないという実例をあげ、またクチコミとはそれ自体が最も優先順位の高いチャネルとして用いられるべきであるということを示す実例もあげる。また、ポジティブなクチコミとネガティブなクチコミとの組合せについても議論しよう。そこでは、ネガティブクチコミとは、もしこれを適切にマネジメントすることができれば、逆に有益な結果を企業にもたらすこともあるということを理解してもらいたい。このために、おそらく読者を驚かせるような事実も紹介しよう。そして私たちは、今日のようなソーシャルな時代の中でビジネスを展開していくために組織運営のやり方を変更した企業や、何十年か先に市場を再定義しようとしている企業についても議論を行い、結論を提示する。

人々のソーシャルな結びつきをうまく利用する方法や、人々が相互に学び合いシェアしたいという欲求をうまく取り込む方法には、たくさんのやり方がある。中にはこうしたことをよく理解し、的確に対応している企業もある。私たちはこうした企業に対しては手をたたいて称賛したい。しかしソーシャルネットワーキング・ツールや技術などといった単一の金脈だけを掘り続けようとするマーケターは、ソーシャルという莫大な機会の全体像を見ることはできない。そしてもし歴史と調査結果が正しいならば、こうしたマーケターは最終的にすべてのビジネスを失うことになるだろう。巨大なソーシャルの波を、どんな企業も無視することはできないし、近視眼的《マイオピア》に見てもいけない。それは私たちの身の回りで起きているのであり、そしてそのほとんどはフェイス・トゥ・フェイスによって起きているのである。

第1章 The Science of Social

ソーシャルであることについての科学

かつてカリフォルニアで生じたゴールドラッシュは、夢を追い、新しい生活をみつけ、想像を超えた大金持ちになるチャンスを手にすることに、すべてを賭けることだった。それは1849年に始まり、わずか1～2年間に、何十万人もの普通の米国人によって引き起こされたものだった。彼らは「1849年にちなんで」「フォーティナイナーズ」と呼ばれることになった。彼らの中には、お金持ちになった人たちもいたが、多くの人たちはそうでなかった。しかし本当のところを言えば、リスクに挑んだのは、失うものをほとんど持っていなかった人たちだった。彼らには財産や所有物があまりなかったし、それまで住んでいた米国東部や生まれ故郷でも経済的な見通しがなかった。そういった状況の中で有名なコラムニストであったホレス・グリーリーが忠言したように、富と名声を求めるために「若者よ、西部に行け」、という事態になったのである。

今日、ビジネス的に成功をおさめている、売上規模が175億ドルクラスの消費者向け製品の企業も、「すべてを賭ける」といったタイプのリスクに挑むことは決してないだろう。いやそもそも、そのようなことが、ありうるのだろうか。

清涼飲料やスナック菓子の巨人であるペプシコ社は、ソーシャルメディア・ゴールドラッシュの考え方に負けてしまった、最も劇的な例である。[1] ペプシコ社は2010年に伝統的メディア、とりわけテレビに対する支出を急激に絞り込んだ。中でも象徴的だったのは、多くの人たちが楽しみに待っていた、スーパーボウル中継の途中で流される広告をやめたことである。その代わりにペプシコ社は、ソーシャルメディアに対する支出こそ、消費者のエンゲージメントを獲得し、売上を伸ばすためのスマートで新しい手法だと考え、これに巨額の賭けをした。同社は、伝統的な広告活動に代えて「ペプシ・リフレッシュ・プロジェクト」を立ち上げ、地域貢献活動に2000万ドルの支援を行い、フェイスブックをはじめとするソーシャルメディアで8700万人の消費者エンゲージメントを獲得した。

このキャンペーンの抱負は印象的で、時代に即したものだった。それは、コミュニティ創造、消費者エンゲージメント、そしてもちろん、あらゆるタイプの新しいオンライン・ソーシャルネットワーキング・ツールの駆使を基盤とした、柔軟なコミュニケーション・モデルだった。広告業界誌の『アドバタイジング・エイジ』は2010年2月号に、この「リフレッシュ」キャンペーンついて、「成功か、失敗か。いずれの結果になっても、ペプシのリフレッシュは、マーケティングの教科書にケースとして載るだろう」と、予言的な見出しを掲載した。

本書は教科書ではないが、私たちもペプシの「リフレッシュ」をケースとして用いることにしよう。「ペプシ」が行ったソーシャルメディアへの大きな賭けは、思った通りの結果を得られなかった。もちろんペプシのリフレッシュ・プロジェクトは、それが革新的であることや社会貢献的であることに対して、大きな称賛を獲得した。しかしこの戦略は、「ソフトドリンクを売る」という同社の中核目標とは折り合わなかった。

2011年3月、業界誌『ビバレッジ・ダイジェスト』は、2010年に「ダイエット・コーク」が「ペプシ」を抜いてナンバー2となり、ナンバー1である「コカ・コーラ・クラッシック」に続いたと報じた。2010年のペプシの売上は、カテゴリー全体が4・5％縮小する中で6％低下した。ペプシコ社は2011年の初め、失敗を暗に認める形で、伝統的な広告への支出を30％増やし、前年は行わなかったスーパーボウルの広告を復活させることを発表した。[2] さらに数カ月後、同社の役員は『ウォール・ストリート・ジャーナル』紙に対して、旗艦ブランドであるペプシの新しい広告キャンペーン計画や、サイモン・コーウェルが企画した音楽オーディション番組であり、米国では2011年の秋に放送が開始された「Xファクター」（「アメリカン・アイドル」のような番組）のメインスポンサーになることを決めたなどと語った。ペプシのキャンペーン・コストは第1シーズンのみで6000万ドルと報じられた。こうして再び、ペプシは大型の広告を行い、スポンサー提供をすることになった。

ペプシコ・ビバレッジズ・ノースアメリカ社のCEOだったマッシモ・ダモーレは、『ウォール・ストリート・ジャーナル』紙の記事を認める形で、「私たちには、大きくて目立つ広告ステートメントのために、テレビが必要なのです」と述べた。ペプシは伝統的なマスメディアが、いまなおソーシャル・エンゲージメントと売上をもたらす強力な武器であることを、苦労して学んだのである。ペプシが「リフレッシュ」キャンペーンを選び、広告から手を引いたときに犯した間違いは、（このキャンペーンから得られるソーシャルの面におけるベネフィットがどのようなものであったとしても）長い年月をかけて磨き上げられてきた大規模で洗練されたメディア戦略を補うものとしてではなく、それに置き換わるものと考えてしまったことにある。ペプシコ社は、ソーシャルメディアが伝統的メディアのデメリットとして煽り立てたことを信じてしまったのである。

ソーシャルな相互作用《インタラクション》がもたらす潜在的なベネフィットについて、ペプシの理解は正しいものだった。しかし彼らは、オンライン上のソーシャルネットワークに注目し過ぎていた。ケラー・フェイ・グループ社における私たちの調査は、ペプシがソーシャルな相互作用によってソフトドリンクを売ったことが事実であることを示す一方で、必ずしもそれがオンライン上の相互作用によるものではないことを示している。私たちが行うほとんどすべての意思決定において、誰もが他の人々から、ただし大概は「リアル世界」において時間をともにする他の人々から、驚くほど大きな影響を受けている。ヒトはソーシャルな種であり、消費者意思決定を含むほとんどすべての意思決定が周囲にいる人たちから影響を受けている。中でも最も強力で影響力が大きいのが、物理的に近くにいる人たちであり、感情的に密接な人たちである。オフラインの世界で私たちがお互いどのように影響を与え合っているかを発見することは、現代を解き明かすための真のブレイクスルーとなる。すでに科学者らは、最も重要な行為はオンラインで起こっているのではなく、私たちの心、気持ち、そして神経回路の中で生じていることを、言い換えればリアル世界において生じていることを発見しつつある。

■「ソーシャル」であることについての科学の急激な発展

フェイス・トゥ・フェイス（対面）の会話は太古の昔から存在するだろう。しかしソーシャルな相互作用の重要さについての理解は新しいものであり、いまだ発展途上にある。人類学者、進化生物学者、社会心理学者、神経科学者、免疫学者、ネットワーク理論の研究者といった現代の科学者らは、私たちがお互いにどう結びついているのか、あるいは私たちの意思決定が、大きなものから小さなものまで、周囲の人々からどの程度影響を受けているのかなどについて、新しく強力な証拠を明らかにしつつある。彼らは「マーケターが創ったメッセージが個人へと届けられ、その人たちがメッセージを認知し説得されることで、行動変化がもたらされる」という、マーケティングの中心的な考え方に挑戦状を送りつけている。私たちは、広告メッセージは大抵の場合、きわめてソーシャルな状況の中で受け取られるということを発見しつつある。人々は広告で見たり聞いたりしたことを、ソーシャルな状況の中で、互いに共有し合い、経験や意見を比べ合い、そして集合的選択を行っている。したがって優れたマーケティングとは会話から始まり、この会話が人々に意思決定をもたらし、最終的にブランドの成否を決めるのである。

マーケティングがどのように作用するのかに関するこのような分析は、クチコミ業界と利害関係のない、ある優れた企業から、２０１１年の暮れにきわめて高い支持を受けた。マーケットシェア社はマーケティング・ミックス・モデリングのリーダー企業であり、米国の大企業トップ50社のうち半数に対してサービスを提供している。マーケットシェア社は、6つのクライアントの利益に対して、マーケティングは実際にどう作用しているのかという、広範囲にわたる分析を引き受けている。彼らが使用しているデータは多岐にわたり、広告支出、マーケティング支出、製品売上高、経済的要因、そして本書の目的に不可欠であるクライアントおよび競合のブランドについてのクチコミ・データ（このデータは私たちの会社であるケラー・フェイ・グループから提供されている）、およびそれらのブランドについてソーシャルメディアで議論されていることに関するデータ、といった具合である。マーケットシェア社は洗練された統計分析を行い、「ソーシャルな発言は、消費者の購買を生み出すうえで、有料広告および有料媒体の影響の半分以上に関わる重要な経路を担っている」という結論に至った。[3] 言い換えれば、大部分の場合、広告はソーシャルの影響によって作用していたのである。

広告やマーケティングの成功にはソーシャルの影響が不可欠であると結論づけたのは、マーケットシェア社が最初ではない。[4] 実はこのような考え方は1950年代から存在する。当時、ポール・ラザースフェルドとエリフュー・カッツというコロンビア大学の2人の教授は、大規模な調査プロジェクトの成果として『パーソナル・インフルエンス』という独創的な著書を発表した。彼らは、広告には消費者の選好を直接変化させる効果がないことや、購買を直接促進させる効果がないことを発見した。そして広告は、「オピニオン・リーダー」と呼ばれる人々と、パーソナル・インフルエンス［オピニオン・リーダーからの個人的な影響のこと。本書ではこのような影響を「ソーシャル・インフルエンス」または「ソーシャルな影響」などとも呼んでいる」によって購買を説得されるオピニオン・リーダー以外の人々との会話を促すことで、効果を発揮すると主張した。「ソーシャルな影響がマス・コミュニケーションの効果を高める」というこの考え方は、その後50年間にわたってほとんど無視されてきた。しかしこの考え方は、すべてのマーケティング・キャンペーンが消費者同士の会話や、エンゲージメントや、ソーシャルな相互作用を生み出すように努力すべきであり、もしそれができなければ、キャンペーンは失敗しかねないだろうということを、実質的に意味するものである。

マーケターはどのようにして消費者の会話や、共有や、エンゲージメントを促したらよいのだろうか。これこそが本書の中心的な議題であり、また多くの研究者や科学者たちが今日強い関心を抱いている問題でもある。カール・マルチ博士は、この領域の代表的な研究者の一人である。彼は、現在ハーバード大学医学大学院における精神医学の教員であるとともに、心拍数や血圧などの生体データを使用して消費者反応を測定するインナースコープ社という市場調査会社の共同創設者でもある。ボストンにある彼のオフィスで２０１１年に行ったインタビューで、博士は感情とソーシャルの影響の重要性について論じた。感情は、社会的に複雑なこの世界を私たちが生き抜いていけるように手助けしてくれるうえに、とくに親密な他者のニーズやウォンツに配慮した意思決定をするのに役立つ。ヒトという種が生存できたのは、私たちが単に強かったり攻撃的だったりしたからではなく、協働的な行動をとってきたからである。ヒトの脳は、他のいかなる種よりも発達に時間がかかり、生まれてから20年以上を必要とする。このため私たちの生存は、常に、他者からのケアやサポートを得る能力に左右されてきた。私たちの子孫（そして彼らを通じた私たち自身のＤＮＡ）の生存は、育児に関して他者に支援を提供したいという気持ちと、他者の援助を受けたいという気持ちに依存している。この結果、私たちは進化の歴史の中で、他者の感情や考えを読み取り、彼らに適応するためのきわめて高い能力を獲得した。私たちは共感能力、倫理観、そして感情をきわめて高い水準に発達させてきた。それらの資質は、高度にソーシャルな世界で生存し繁栄するために不可欠なものである。

　これらの結論には、幅広い領域でコンセンサスが得られている。[5] また数多くの文献が発表されつつある。発表年順に並べてみると、マルコム・グラッドウェル（２００５）『第１感：「最初の２秒」の「なんとなく」が正しい』、ダニエル・ゴールマン（２００６）『ＳＱ　生き方の知能指数』、マーク・アールズ（２００７）『群れ』、ニコラス・クリスタキスおよびジェイムズ・ファウラー（２０１０）『つながり：ソーシャルネットワークの驚くべき力』、ティナ・ローゼンバーグ（２０１１）『クール革命：貧困・教育・独裁を解決する「ソーシャル・キュア」』、デイヴィッド・ブルックス（２０１１）『人生の科学：「無意識」があなたの一生を決める』などがある。これら一連の書籍は、対人関係論、教育学、社会学、薬学、社会運動論、政治学における、ソーシャルな相互作用の影響に焦点を合わせたものである。

　本書の目的は、ヒトとは高度にソーシャルな種であり、ソーシャルな意思決定をする種であることを新たに理解することで、企業やブランドがいかに多くの利益を得ることができるかを示すことである。さらに企業や組織が消費者とより深くソーシャルに関わり、それによって具体的成果を得るための、さまざまな方法について明らかにすることも本書の目的である。

ハーバード大学のクリスタキスとカリフォルニア大学サンディエゴ校のファウラーは独自の調査を行い、ソーシャルの影響力について説得力のある証拠を提示した。薬学、公衆衛生学、政治学、社会学、遺伝学の専門知識を持つ2人は、2010年に出版された著書の中で、ヒトは実際のところ、ヒト同士が互いに結合した「超個体」という、より大きなものの一部であると主張している。彼らは、感情がヒトからヒトへと素早く伝わること、またそれゆえ感情とは全体の行動であり選好であることを発見した。私たちに関わるすべてのことには、伝染性があるのだ。

ダニエル・ゴールマンによると、このような行動を理解する方法の一つは、人から人へと感情が伝わる経路に着目することである。私たちは本能的に、一緒にいる人を真似する。幸せな人といるときは自分も幸せになるし、悲しい人と一緒に過ごすと自分も悲しくなる。驚くべきは、感情が伝わるこのメカニズムだ。「情動的求心性」と呼ばれるプロセスによって、私たちは一緒にいる人の表情を真似する。ゴールマンは「悲しみ、いらだち、喜び、といった強い感情をうかべた人の写真を見つめたとき、私たちの顔の筋肉は、その人の表情を自動的に映し出す」と記している。言い換えれば、表情の方が気持ちよりも先行するのであり、その逆ではないのである。こういった非言語的コミュニケーションの力がヒトの進化に影響を与えたことは容易に想像できる。言葉がまだ生まれる前に、猛獣がこちらにやってくることに気づいた原始人たちが「走れ、速く！」といったメッセージをすばやく伝えたこともあっただろう。

原始人の例は、マーク・アールズによる著書のタイトル『群れ』をほのめかしている。アールズは

「私たちのほとんどの行動は……他の人々の影響の結果なのである。なぜならば私たちはきわめてソーシャルな種だからだ。群れる動物といってもいい」と述べている。私たちは、彼のコミュニケーションについてのアドバイスに賛同している。それは「人類についての理解をいっそう深めれば、大衆の行動を変えることは、もっと簡単なことだとわかるだろう。ただしこれまでの考え方を捨て去り、ヒトは独立した存在ではないし、自己決定的な個人でもないという考えを受け入れるならばである」というものである。

感情や意見の伝達が最も強そうなのは、親密な結びつきを持つ人たちの間のようである。[6] つまり家族、友人、恋人といった、対面的な接触をすることが多い人との間である。2011年に『米国科学アカデミー紀要』は、ある斬新な実験の結果を公表した。それはスペインのサン・ペドロ・マンリケにおいて、夏至を祝う年中行事［火渡り祭と呼ばれる、真っ赤に燃える炭のカーペットの上を歩く行事］にて行われたものであり、デンマークで生物工学を学んでいた博士課程大学院生のイワナ・コノワリンカをリーダーとする科学者グループによるものだった。彼女は12人の、火渡りをする人たちの心拍数を測定した。この測定は、燃えさしが残っている23フィート［約7メートル］のカーペットの上を横断するときに行われた。さらに、火渡りをする人の家族9人と、このイベントに来ていた無関係の観客17人の心拍数も測定された。調査結果は次のようなものであった。火渡りをする人の家族の心拍数や心拍パターンは、火渡りの前も、渡っているときも、そして燃えさしを渡った後も、実際に火渡りをした人と同じであった。他方、無関係な観客の心拍数は、火渡りをした人と同じように上昇することはなかった。

ソーシャルな伝染は感情に限ったものではない。クリスタキスとファウラーは「フラミンガム（マサチューセッツ）心臓研究」〔米国マサチューセッツ州フラミンガム市の住民を対象に1948年に開始された疫学研究で、現在も追跡調査が続けられている〕として知られている、32年間にわたる長期的な医学研究についての分析を記している。2人は、当初のフラミンガム研究が、調査対象者1万2000名の個人的な関係に関する大量のデータを収集していたことを発見した。これは調査対象者の住所が変わった場合、新しい住所を突き止めるために、友人や家族にたずねるためであった。10年ごとに行われる定期インタビューのとき、当初の調査対象者に再びインタビューできるようにしておくことは、調査を成功させるために必要なことであり、また研究者らには、調査協力者が研究者に新しい住所を伝え忘れて引越しをしてしまうことを心配するという大義名分があった。研究者らは、調査協力者ごとの親しい友人と家族の名前や住所を知っており、それらの友人や家族の多くもまた、この調査の協力者であった。

クリスタキスとファウラーは、この個人的関係の情報を用いて、調査協力者らのソーシャルネットワーク・マップを作ることができると気づいた。彼らは、ネットワーク上で孤立している人々と対比することで、ネットワークの中心に位置している人や、複数グループと結びついている人たちを特定化できた。最も重要なことは、調査協力者らと強い結びつきを持っていることで、ライフスタイル、行動、および健康に関する変化が、ネットワーク上を広まっていく様子をモニタリングできたことである。彼らの仮説は、ある調査協力者の変化は、彼らと密接に結びついている人によって模倣されることが多く、さらに、共通の友人を通じて結びついている他の人に模倣されていくというものだった。

分析結果は、まさに仮説の通りだった。行動と健康の変化は、ソーシャルネットワークの中を拡散していった。クリスタキスとファウラーはコンピュータで処理したダイアグラムによって、これをドラマチックに図示した。ある人に生じたことは、彼の友人や、そのまた友人にも生じることが多い。この流れは中心から始まり、周辺に向かってさざ波のように広がっていった。クリスタキスとファウラーは、ある人の友人が肥満になると、その人が肥満になる見込みも3倍になることを発見した。この驚くべき発見によって、彼らの研究は多くのメディアから注目を集めることとなった。彼らはまた、ポジティブな行動も伝染することを発見した。たとえば彼らが発見した最も強力なソーシャルの効果は、禁煙に関するものだった。ある人が禁煙をすると、彼女の友人がタバコをやめる見込みも大幅に高まった。クリスタキスとファウラーによって測定された大きな効果がソーシャルの影響だけによるものかは、議論が続いている。[7] しかしこの分野の研究者たちは、フラミンガム研究で観察された行動変化の少なくとも一部がソーシャルの影響によるものだと信じている。

私たちは、ソーシャルな要因が人にとって重要であり、また行動を変化させるということを、永きにわたり気づいていた。これは「ウェイト・ウォッチャーズ」〔肥満問題を解決するための相互援助グループ〕や「アルコホリクス・アノニマス」（AA）〔飲酒問題を解決するための相互援助グループ〕が大きな成功をおさめ続けてきた理由である。いずれの組織も、参加者らがお互いに議論をして経験を共有する定例ミーティングを重視している。このような、人々が直接会って行うソーシャル・サポートによって、ポジティブな生活変化はより容易に達成可能となる。ティナ・ローゼンバーグは、著書『クール革命：貧困・教育・独裁を解決する「ソーシャル・キュア」』で、「ソーシャル・キュア」について述べている［原著タイトル『Join the Club: How Peer Pressure Can Transform the World』をそのまま訳せば『クラブへの参加：仲間からのプレッシャーが、いかにして世界を変えるか』となる］。それはセルビアの独裁者スロボダン・ミロシェヴィッチを転覆させたり、インドの貧困地帯における健康改善と生活水準向上に用いられたり、マイノリティの生徒に算数を教えたりすることに用いられてきた。これらのケースでは、人々の結びつきをより深くして、相互支援的な組織を形成し、他の方法では得られないような結果を生み出すように、プログラムが設計されているのである。

「ソーシャル・キュア」は、ウェイト・ウォッチャーズやＡＡの場合のように、人々が意識的かつ自主的に参加を選択するときに機能する。変化に対して意識的な意思決定をすることによって、結果として私たちのライフスタイルに変化が生じる。また支援的なコミュティーだけが、私たちの心の中で、きわめて個人的な目標の達成を助けてくれる。こうしたソーシャルの影響についてこの本が示す驚くべき事実は、上述した効果が、ほとんどの場合無意識だということである。クリスタキスとファウラーが行ったフラミンガム心臓研究は、調査協力者の知らないソーシャルの影響を測定している。つまり私たちの友達は、気づかないうちに私たちを太らせるかもしれないのである！　これは、どのくらいの体重が適正であるかという感覚が友人によって変化することや、食事やその量の選択において友人を真似る傾向があること、そして運動習慣についても友達を真似る傾向があることによって生じる。

喫煙についても同様である。公共の場所における喫煙禁止の規制は、喫煙している人々を目にする機会を減らしてきた。テレビや映画における喫煙シーンが減少したのは禁煙を支持する集団からの圧力によるものである。人々は喫煙をするとき、貨物の積卸し所のような場所や、冬の冷えた歩道のような場所に追いやられることが多くなってきた。タバコを吸うことが流行遅れになり、魅力的とは感じられなくなるにつれ、わずかな人しか喫煙をしなくなり、また喫煙者はタバコの量を減らしたり、禁煙したりするようになった。

ソーシャルの潜在的な影響力を示すもう一つの例を紹介しよう。それはニュージャージー州による「社会的規範」についての試験的プログラムであり、ある地域の10代の若者による問題行動を減らすためのものだった。ニュージャージー州モンゴメリー郡区の高校は、このプログラムに参加している学校の一つである。このプログラムはローワン大学の中毒・意識性研究センターによって運営され、同校の薬物乱用カウンセラーが現場を管理している。[8] 同プログラムは、若者たちは「必ずしも自分自身の信念体系と一貫していなくても、自分の所属している社会的集団の規範や信念に沿った」形で振る舞うことを望むため、浅はかな意思決定を行うことが多い、という仮定に基づいていた。つまり多くの若者は仲間うちでいくらか流行っている行動を、とても流行していると勘違いするため、「みんながやっている」という間違った考えを信じることになり、飲酒、ドラック、喫煙のような有害な行動を取り入れることがある、という仮定である。

このプログラムは、生徒を対象とした匿名調査によって「危険な」行動が実際にどの程度蔓延しているかを明らかにし、その結果を学校のポスターに公表したり、調査と関連したイベントやゲームを行って広く告知したりすることで、大半の生徒たちがやっているという誤った理解の撲滅を目指すものだった。モンゴメリー高校に貼り出されたポスターには「私たちの3人に2人はお酒を飲んだことがない」とか「私たち5人のうち4人以上は友達がタバコを吸うことに反対している」といったメッセージが描かれていた。同校の職員も、ニュージャージー州も、ほとんどの生徒がアルコールやドラッグに関わっていないことや、支持していないことを繰り返し強調することで、10代の若者にみられるこれらの有害行動を減少させられると考えた。

モンゴメリー高校は、本書の著者の1人であるブラッド・フェイが持つ2人の10代の子ども、ブレンダンとアリソンが通っていた学校でもあった。2人は父親とともに、春休みのバカンスのときにボストンから家へ戻る車の中で、ソーシャルに関するまったく別の実験に参加することになった。ブラッドは前日にニコラス・クリスタキス氏にインタビューをしており、3人はフラミンガムの街を通り抜けながら、フラミンガム心臓研究やソーシャルの影響力の話をしていていた。話が盛り上がってきたとき、ブラッドは自分たちが、集団で走っているような複数の車に左側から追い越されていくのを目にした。それまでもっと長い列をなしていた車が、3人の車を追い抜くときには勢いよく連なって走って行ったのである。ブラッドは、その運転者たちが集団の他の車に合わせてスピードを調整していたならば、自分たちはソーシャルの影響の一種を目撃したのかもしれないと言った。

そこで3人は、この仮説を確かめることにした。もし人々がお互いの運転速度に影響を及ぼし合うならば、［自分たちの車を追い抜く車は］ランダムな間隔で通過していくよりも、集団で走っていく傾向があるだろうという前提に基づく仮説である。ブラッドはマサチューセッツ・ターンパイクの三つのレーンの中央を、制限速度からほんの少しだけオーバーしながら西へと向かって運転した。38分間に70台の車が追い越して行く間、ブレンダンはダッシュボードの時計の表示に従い、1分ごとに通過した車の数を書き記していった。ルート84のインターチェンジに到着した時点で調査を終了して分析を始めた。

その結果、38分中のわずか13分間に、70台中の36台もが追い抜いて行ったことがわかった。つまり3分の1の時間に、半分の車が追い抜いて行ったということである。もし運転車が互いに独立して意思決定を行うとすれば、おおむね3分の1の時間に3分の1の車が通過していくことが想定される。ここから、多くの運転者は、他の運転者の影響に基づいてスピードを決めていたと考えることができるだろう。これは人の「群れ」としての行動を生き生きと描写した、もう一つの例である。

この小さな調査に数多くの問題点が存在することは、疑う余地がない。何台かの車は直前の車にブロックされており、すぐ後ろを走行することを強いられていたかもしれない。また今回の調査は短期間であり、ある朝のある道に限られたものだ。それでもこの発見はソーシャルな影響を強く示している。

家につくと、ブラッドはソーシャルな影響と運転速度に関する新たな文献をみつけることに興味を持った。グーグルで検索すると、すぐさま1993年の論文がみつかった。[9] それはアリゾナ大学のテリー・コノリーとスウェーデンのウプラサ大学のラーズ・アベルクによる「スピードの伝染モデル」という論文であり、『ジャーナル・オブ・アクシデント・アナリシス・アンド・プリベンション』という学術誌に掲載されたものだった。この論文の最後で述べられている著者の結論の一つは、「近くを走っている車のスピードと自分のスピードの比較が、重要な役割を担っているだろうというのが、私たちの主張である」というものだ。この結論の一部は、さまざまな交通状況のもとにおける、２４９組のペアになった自動車と、８４３台の自由に流れている自動車を観察した調査から導いている。

高速道路での運転という文脈におけるソーシャルな影響の例の好都合な点は、ほとんど誰もが、ブラッドが子どもたちと行ったのと同じテストを実施できることである。ほとんどの人は、一度や二度くらい、意図した以上に速い速度で運転していることに気づいたことがあるだろう。これは、まわりにいる車の流れのスピードに原因がありそうである。無意識のうちに他の人たちの「影響のもとで運転している」ことに気づくことは、私たちにとってめずらしいことではない。

現実のオフライン世界で、人々がどのようにして無意識のうちに影響を与え合っているかに気づく機会は、その他にもたくさんある。たとえば、部屋にいる誰かがあくびや咳をすると、他の人もあくびや咳をすることが多い。誰かが足を組むと、他の人も足を組む。会話の途中で誰かが前のめりになると、他の人も前のめりになる。さらに、人々の食事や喫煙が（あるいは食事や喫煙をしないことが）、他者の影響に基づいているという証拠もある。これらと同じように、人々が「ソーシャルの影響によって」買い物をしたり、食事をしたり、飲んだり、テレビを見たりすると考えることに、疑いの目を向ける余地はあるだろうか。

それが意識的なものであれ無意識的なものであれ、ソーシャルの影響とは私たちが地球上で最もソーシャルな動物であるために生じるものである。デイヴィッド・ブルックスは『ソーシャル・アニマル』

誌の中で、ドイツのライプチヒ大学のマイケル・トマセロによる調査を紹介している。[10] この調査では、私たち人間にとってソーシャルであることがどの程度欠かせないかを調べるために、人間の赤ちゃんとチンパンジーが比べられた。ブルックスは「生後12カ月の赤ちゃんは、指をさすことで他者に何かを伝えようとするが、チンパンジーや他の猿人は、お互いに進んで物事を伝え合おうとしない」と記している。このことから、私たちは言語の習得より前の段階で、本能的にアドバイスや助言を与えようとすることが理解できるだろう。こうしてブルックスは、人生の成功には感情的スキルやソーシャル・スキルの方が、知的で合理的な意思決定よりも重要である、という命題を立てるに至った。

これまで論じてきたように、ソーシャルな影響は、成長するに伴い、意識的にも無意識的にも生じるようになる。有史以前から、どこにいけばいちばんおいしい食べ物や水をみつけられるのか、あるいはどのようにして住居を建てたらよいかなど、情報の共有にはとても大きなニーズがあった。こういった基本的なニーズは、いまも存在している。ただし私たちが共有しているアドバイスは、いちばんおいしい食べ物のブランド、レストランチェーン、ソフトドリンク、あるいは最も優れた不動産業者などについてである。今日、私たちが行う意思決定や、お互いに共有するアドバイスは、その大半がブランドや企業に関するものなのである。

実際のところ、消費者が毎日ブランドについて交わす会話の量は、驚くほど莫大なものである。そしてこれは、私たちの誰もが現代のソーシャルな市場から影響を受けており、また誰もがソーシャルな市場に対する積極的な参加者でもあるということの、明白かつ否定することのできない証拠である。私たちの会社の調査によると、米国人の半分が、毎日、食品・飲料・エンターテインメントのブランドについて話をしている。また3分の1以上の人々が、スポーツや趣味・通信・ハイテク・健康・自動車について話している。

私たちは誰でも生まれつきソーシャルであるため、ソーシャルな要因がマーケティングやメディアの効果にとって重要であることには疑いの余地がないのである。

■ なぜ、そしてどうやって、私たちはクチコミを研究するのか

最近、消費者行動研究の領域ではクチコミを研究することが流行している。しかしそれはソーシャルの影響というものが私たちのＤＮＡに深く刻まれており、購買意思決定においてきわめて重要な役割を担っているということを、研究者やマーケターが認識した結果ではない。むしろオンライン・ソーシャルメディアに対する興味が高まったことが大きな理由である。

「Web 2.0」と呼ばれた領域が急激に成長するのに伴って、莫大なお金が、伝統的メディアからデジタルメディアへと移動した。[11] デジタル・マーケティング、デジタルメディア、電子商取引に対するデータの分析や考察を行っているｅマーケター社によると、ソーシャルメディアに対する２０１１年の支出は31億ドルと想定され、対前年比で55％増加した。広告主の後を追いかけるようにして、マーケティング研究者らもソーシャルメディアの世界へ入り込んでいった。その理由の一つは、マーケティング研究は

企業がその時々において最もマーケティング支出をつぎ込んでいる課題を追いかけていくという、ごく自然なものである。しかしもう一つの理由は、ソーシャルメディアを用いて消費者に質問をしたり、あるいは事前スクリーニングを行ったりすることで、彼らから膨大な数の自発的かつ直接的な意見を得ることができるためである。現在では何百という企業が「オンライン・バズ」や、消費者の意見の測定に取り組んでいる。消費者の意見はソーシャルネットワーク・サイト、掲示板、ブログ、消費者レビューサイトなどから、誰にでも入手可能である。このことについてさらに知りたければ、米国広告調査財団（ARF）のスティーブン・ラパポートによる包括的な著書『リッスン・ファースト！：ソーシャルリスニングの教科書』を読むとよいだろう。[12]そこでは「ソーシャルメディア研究」に関わる、さまざまな企業と手法が紹介されている。

ただし「ソーシャル」とは技術のことではない。またすでに述べたように、ソーシャルネットワーク・サイトに存在するクチコミは、実在するそれらのごくわずかに過ぎない。そこで私たちの会社は、あらゆる種類のクチコミを測定することにした。対面のクチコミ、電話でのクチコミ、そしてオンラインでのクチコミである。このような調査を定例業務として行っている企業は、私たちの会社だけである。

私たちはローパー・スターチ・ワールドワイド社やいくつかの有名な市場調査会社に20年ほど勤務したのち、2005年の暮れに自分たちの会社を設立した。会社を設立するまでの20年間の大半は、ローパー・スターチ・ワールドワイド社の設立者であり、マーケティング・リサーチのパイオニアであるエルモ・ローパーの息子であるバーンズ・W・〝バド〟・ローパーのもとで働くことに費やした。1933

年にローパー社とギャラップ社が設立され、商用のサーベイ調査業界が立ち上がったころから、エルモ・ローパーは特別な方法でクチコミ調査を行っていた。1940年代に入ると、彼はニュージャージー州のスタンダード・オイル社（現在のエクソンモービル社）との仕事を通じて、自分の考えを他の人と共有しようとする日常的な「オピニオン・リーダー」をみつけ出す方法を考案した。彼がみつけ出した「オピニオン・リーダー」層は、政治的および社会的に最も活発な10％に相当した。また『ウォール・ストリート・ジャーナル』や『ニューヨーク・タイムズ』のような影響力のあるメディアを購読している人たちであり、自らの意見を他者に拡散することを期待できた。

1980年代の終盤から1990年代にかけて、私たちはローパー社の同僚たちと働き、オピニオン・リーダー層についてのレポートを作成した。[13] このオピニオン・リーダー層は最終的に「インフルエンシャル・アメリカンズ」（影響力ある米国人たち）と名づけられ、［本書の著者である］エドと彼の同僚であるジョン・ベリーによる2003年の共著『インフルエンシャルズ：米国人の10人に1人が残りの9人に選挙や食事や買い物を告げている』へとつながった。この本はローパー社がWOMMA（米国クチコミ・マーケティング協会）の設立メンバーとなるきっかけになり、またエドが初代の（そして在職期間最長の）会長となる後押しとなった。[14] マーケターがクチコミの役割や影響を理解するために役立つ研究が必要であるということが、WOMMAの当初からの設立基盤となり、またWOMMAカンファレンスの主要テーマの一つであった。2005年にローパー社を辞めてから、私たちはクチコミ調査に対するこのようなニーズを満たす最善の方法について考え始めた。

そのころすでに、ブログやチャットルーム（これらはその後ソーシャルネットワーキング・サイトによって補われることとなり、また最終的に「ソーシャルメディア」と総称されることになった）を用いたバズのモニタリングは、大きな注目を集めていた。またソーシャルメディア・サイトをモニタリングすることで収集可能となるデータに依拠した調査は、ソーシャルメディア・リサーチ（SMR）として知られるようになっていた。しかし消費者調査に関する私たちの経験によれば、オンライン上のバズとは消費者の行動の一部分を描写したものに過ぎず、実際にはかなり歪んだ描写であった。

私たちは2005年の秋に、米国人の代表的サンプルに対して彼らのすべての会話（オンラインとオフライン）のデータを収集するという、継続的な調査を開始するアイデアに至った。このアイデアは、消費者は「前日」に行ったものならば、ブランドや企業に関するすべての会話を覚えているだろうというものである。私たちは、会話の詳細について徹底的に調べることにした。「前日」の行動について研究するというアプローチは、人々の記憶が確かな期間として、リサーチャーの間で共通認識が得られているものである。私たちは、どのくらいの量の会話をしたか、どのようなカテゴリーについて会話をしたか、そしてどのブランドについて会話をしたかについて、知りたかった。またそれらの会話はポジティブなものかネガティブなものかも知りたかったし、自宅、職場、その他どこで生じたものか、そして対面の会話だったのか、電話での会話だったのか、オンラインだったのかも知りたかった。さらに、アドバイスはどのくらいの信憑性をもって受け取られ、また購買を検討させるに至ったかも知りたかった。

私たちは、これらを1年間365日、毎日行うことで、米国人のクチコミ会話について継続的な理解が可能となると考えた。何が話題となり，どこで会話が行われているか，そして何が彼らを動かす力となっているか，などがわかると考えたのである。

私たちは，マーケターがいくつかの点でこのデータに価値を見出すであろうと考えていた。まずこのデータによって，消費者に本当に気に入られているブランドはどれか，つまりクチコミ競争の勝者は誰で，敗者が誰なのかを明らかにすることができるだろう。またクチコミを増大させるための優れた戦略を開発することも，可能となるだろう。さらにメディア企業やメディア・エージェンシーは，クチコミ計画の立案や，実際にクチコミを生み出して成功するまでのトラッキングといったものを，よりよい形で行えるようになるだろう。これらすべては，消費者が「現実世界」（それはほとんどのクチコミが生じる場でもある）において意思決定をするうえでソーシャルな影響がきわめて大切であるという考えや，マーケターはブランドについての消費者の会話を断片的ではなく完全な形で理解することが必要となる，という考えに基づいたものであった。

この「トークトラック」は２００６年の6月に公式に開始され，それから毎週，13歳から69歳にわたる新たな７００人の米国人消費者サンプルに対して調査が実施された。★ サンプルとなる人々には，いくつかの大手オンライン調査パネル会社と協力して「会話」に関する調査に参加してくれるよう依頼した。調査に同意した人々は，まず2ページ分の日記へのリンクが貼られている電子メールを受け取る。そして24時間にわたってノートをとるために，そのページをダウンロードしてプリントアウトする。翌日彼らは，この会話日記を手助けにして記憶を思い出す形で，会話についてのオンライン調査を完成させる。

★　私たちは，調査業界の倫理ガイドラインに基づいて13歳を最年少としてトークトラック調査を開始した。また70歳以上にはオンラインの利用が十分に普及していないので，消費者行動を真に横断的に測定するために，最年長者として69歳を選択することにした。

毎週700人からインタビューを集め、1カ月当たりおよそ3000名、年間で3万6000名になった。市場調査としては非常に大規模なサンプルである。2011年には、英国において継続的な調査を開始した。そしてここ数年にわたり、オーストラリア、日本、韓国、ロシア、ギリシャ、アルゼンチン、メキシコなど、世界各国で単発的な調査も行ってきた。これらの調査を通じて、私たちはクチコミについて非常に多くのことを学び、マーケターがマーケティングや広告をより効果的に実践する手助けをしてきた。たとえば、他の誰かと共有されるであろう「話す価値のある」メッセージの開発、クチコミを後押しする「インフルエンサー」の的確な選定、そして会話を促すメディアやマーケティング・チャネルの上手な選択などについてである。これらはいずれも、本書の第2章以降で語られるトピックである。

トークトラックの最初の分析結果から、私たちはクチコミについてそれまで知られていないことを数多く学ぶことになった。この調査から、平均的な米国人は毎日およそ10のブランドについて話すことや、ブランドに関する典型的な会話は3分から5分程度続くことが示された。これらの会話の3分の2以上は、そのブランドの購買や検討を薦めたり、あるいはやめた方がよいという忠告だったりした。つまり、ブランドについて毎日たくさんの会話が行われており、しかもそれらは単なる表面的な会話ではなく、他者がどのブランドを買ったり、あるいは避けたりするかを決めるための手助けとなるものだった。他の国の調査結果も、米国で見られた結果とほぼ同様であった。

米国で毎年インタビューを受けた3万6000名の人たちは、およそ2億5000万人いる13歳から

69歳の米国人の代表である。このサンプルは米国の人口を代表するように注意深く設計されているため、あたかもすべての人たちが調査に参加したかのように、調査サンプルから、あらゆる人の推定や予測をすることが可能である。これらの計算に基づくと、人々は1週間に１５０億回もブランドに関する会話にさらされていることになる。ブランドについての会話がこれほどまでに存在するということを考えると、市場はまさにソーシャルだということに疑いの余地はないだろう。マーケターは成功を手にするために、次のようなことを知らなくてはならないはずだ。それは人々の会話のどの程度が自社ブランドに関するものであり、またどの程度が競合ブランドに関するものであるのか、いったい何がこの会話を生み出しているのか、この会話は人々の市場における行動にどのようなインパクトを持っているのか、そして、どのようにしたら自社ブランドはクチコミの成果を高められるか、といったことである。

トークトラックは、多くのマーケターが心に抱いている大切な質問にも答えを提供してくれる。たとえば、オンラインで行われるクチコミの量は、オフラインと比べてどの程度なのだろうか。この質問に対する答えは、いつでも、たいがい驚かれるものだ。90％ものクチコミがオフラインで行われており、オンラインのクチコミは８％に過ぎないのである。

たいがいの人が見せる最初の反応は、ソーシャルメディアの盛り上がりを考えると、このインターネット時代において８％はあまりに小さく思えるというものである。しかし毎週１５０億ものクチコミが消費者によって生み出されていることを思い出すと、８％であっても、ブログ投稿、ツイート、近況の更新、電子メール、インスタント・メッセージの露出は相当の数になる。およそ毎週12億である。

これは、オンラインが小さいのではなく、オフラインが巨大だということを意味している。ソーシャルな生きものである私たちは、話をしたり気持ちを分かち合ったりすることをやめられないのである。私たちは、自分たちの経験や意見を、他の人と共有するために生きている。私たちは賢い判断をするために、他の人の親切に頼っている。私たちは分かち合うために生まれてきたのである。

■ 二つの異なる会話：オフラインとオンライン

ソーシャルメディアには、オフラインと比べてオンラインでどのくらいの会話が行われているかと同じくらい重

図表 1.1
クチコミの実情（オンライン対オフライン）

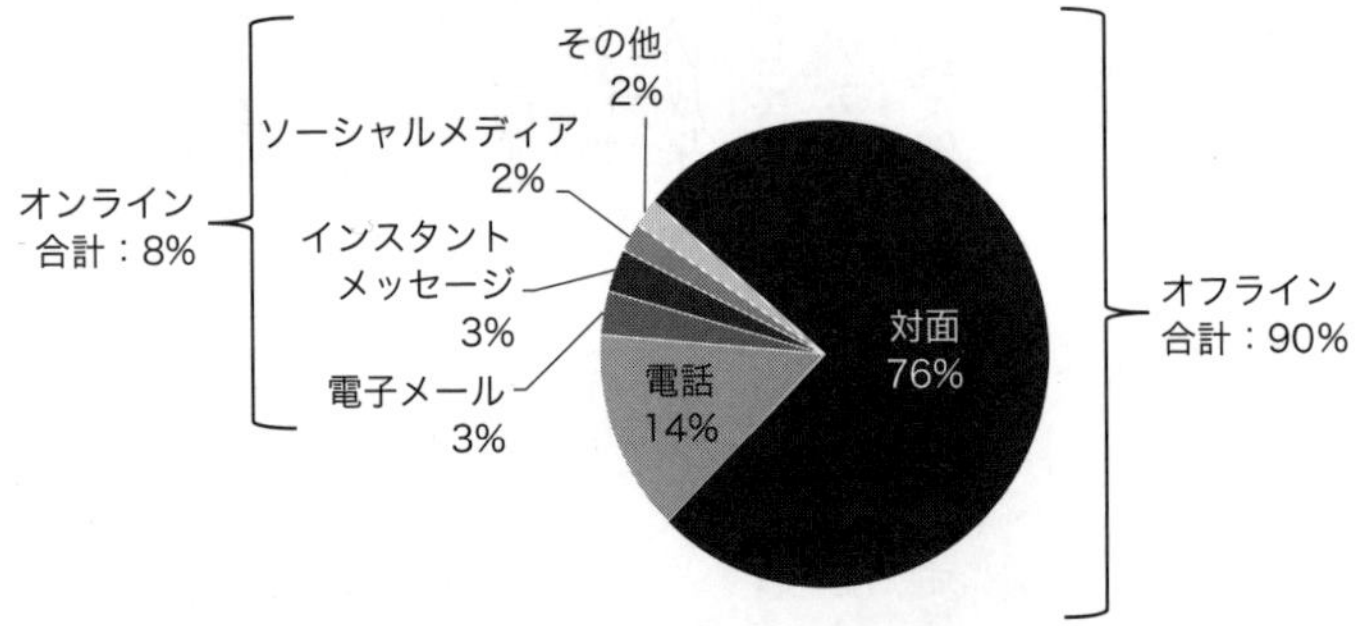

1 週間当たりのクチコミのインプレッション量（オンライン対オフライン）

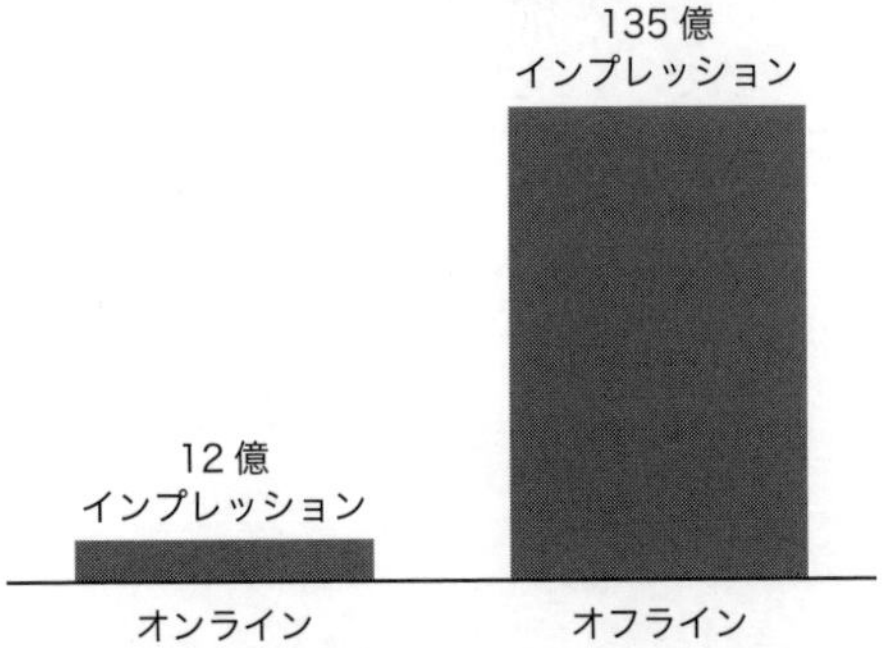

［訳注］「インプレッション」とは，デジタルマーケティングの用語であり，広告やクチコミが表示された回数のことをいう。

（出所） ケラー・フェイ・グループのトークトラック（TalkTrack®），2010 年 7 月〜2011 年 6 月。

要な問いが他にもある。それらは、次のようなものである。オンライン上のブランドに関する会話は、オフラインにおける会話をどの程度反映したものなのだろうか。フェイスブック、ツイッター、ブログスポット、Gmailなどの会話は、［オフィスや学校の］給湯室や、ディナーテーブル、近所のバーやグリルで交わされる会話と、どの程度密接に関わっているのだろうか。そして、これらの会話はどのようにビジネスに結びつけることができるのだろうか。もしも、どの会話も基本的に同じものだとすれば、「すべてのクチコミ」の代わりに、ブログやチャットルームに投稿された簡単に活用できるコメントに頼る方が、誰にとっても明らかにいちばん便利である。しかし現実はそうではないことがわかった。

2009年に2人のイスラエル人のマーケティング教授が、オンラインのクチコミとオフラインのクチコミの関係や、それらがブランド・エクイティやブランド・イメージといったブランドの重要な特徴とどのように結びついているかについて、理解を深めようと考えた[15]。この2人とは、当時はペンシルベニア大学のウォートン・スクール［同大学のビジネススクール］の客員教授であった、イスラエルのヘブライ大学のレナナ・ペレスと、ヘルツリーヤの学際センター出身で、デューク大学フクア・ビジネス・スクールの客員研究員であるロン・シャハーだった。2人はプロジェクトの一環として膨大なデータを収集した。その中には、オンラインのクチコミ、オフラインのクチコミ、ブランド・エクイティ、その他自分たちのブランド調査に関する項目などが含まれており、16の製品カテゴリーにわたって、およそ700におよぶ米国のブランドが分析された。対象となった期間は2007年から2010年であった。彼女たちの研究では、これまで行われたものよりも、きわめて幅広く頑健な調査活動によって、オンラインのクチコミとオフラインのクチコミの比較や対照が行われた。

本書の執筆段階において、ペレスとシャハーによる一連の論文はまだ作成途中であるが、彼女らはウォートン・スクールと米国マーケティング・サイエンス協会（ＭＳＩ）によって開催された２０１０年12月のコンファレンスにおいて、その知見の要点を発表し、２０１１年の終わりにこれをワーキングペーパーとして公開した。２人の研究の結論は、非常に衝撃的なものだった。オフラインの会話は16種類の製品／サービス・カテゴリー全体にある程度等しく分布しており、クチコミ全体において13％を超えるカテゴリーは存在しなかった。対照的に、ソーシャルメディアの会話は三つのカテゴリーに大きく集中していることがわかった。オンラインのクチコミの32％はエンターテインメント・ブランド（テレビ番組、テレビ・チャンネル、映画など）に関するものであり、これはオフラインでは９％だった。また、自動車ブランドとハイテク・ブランドの二つで、オンライン上のクチコミの34％を占めていた。オンラインにおけるこれらの割合はいずれも17％ずつだったが、オフライン上では10％と13％だった。

その一方で、家庭用品、美容製品、子ども用品、インテリア、旅行、健康といった、重要な消費財カテゴリーは、オンラインのクチコミにおいてわずか１％か、それ以下だった。この結果は、オンラインの会話が、オフラインの会話といかに異なっているかを示すとともに、オンラインはオフラインで話されていることを映し出しているという考えに対して異議を申し立てるものとなった。このような状況が生じている理由には、以下のようにいくつかがある。

・人々の違い：　オンラインでブランドについて語っている人々と，オフラインでブランドについて語っている人たちは異なっている。最も重要な要素は年齢である。オンライン上のソーシャルネットワークに加わっている人々のデモグラフィック特性は，さまざまな年代にわたっているが，自分の考えを定期的に投稿するのは若い人の方が多いため，若い人の声がより広く行き渡ることになる。私たちはトークトラックの中で，ソーシャルメディアにおけるブランドに関する会話の半分近くが25歳以下の消費者によるものであることを発見している。しかし25歳以下の消費者は，調査のためにインタビュー

図表 1.2
オンラインのクチコミでは３つのカテゴリーが支配的であるのに対して，オフラインでは幅広いカテゴリーにわたっている。

オフラインおよびオンラインにおけるブランドカテゴリー別クチコミ分布

業界（オンライン比率順）	オンラインの比率（%）	オフラインの比率（%）
メディアとエンターテインメント	32	9
自動車	17	10
ハイテク製品およびその小売店	17	13
スポーツと趣味	8	3
通信サービス	7	9
食品・外食	4	12
百貨店	4	5
飲料	3	13
アパレル	3	7
金融サービス	2	4
健康製品・健康サービス	1	3
旅行サービス	1	3
インテリア	1	1
美容製品	1	5
家庭用品	—	2
子ども用品	—	2

（出所）　Renana Peres and Ron Shachar, "Multichannel Word of Mouth: The Effect of Brand Characteristics," presentation at the WIMI Multichannel conference, December 2010.

された人たちの4分の1未満に過ぎない。若い人たちは年配の人たちと比べて，オンライン・ソーシャルメディアにより高い頻度で参加している。また若い人々は年配の人々よりも，オンライン・ソーシャルメディアに対して，はるかに頻繁に参加している。しかしそれでも10代や，ヤングアダルトを含めたすべての年代にとって，いまだ最も普及したコミュニケーション方法とは，対面の会話なのである。

・ブランドの違い：　ペレス教授とシャハー教授は，オンラインで最もよく会話がなされるブランドはユニークさを提供するものに偏っていることを発見した。人々は自分自身のユニークさや社会的地位をシグナリングする手段として，これらのブランドについて語る傾向にある。また彼女らは，オンラインよりもオフラインにおける共有の方が，満足や興奮といった感情表現を伴いながら行われることも発見している。

・カテゴリーの違い：　私たちは，製品カテゴリーとクチコミの発生場所には関連性があると考えている。食品や飲料は人々が顔を合わせて《フェイス・トゥ・フェイス》座る食事中に話し合われる傾向があり，オンラインで語られることは少ない。これが「ペプシ・リフレッシュ」のソーシャルメディア・キャンペーンが期待外れに終わった要因の一つであったことに疑う余地はないだろう。小売ブランド，家庭用品，子ども用品，アパレル，そして美容ブランドは，店舗内，読書会，PTAの打合せで語られることだろう。これらと比べるとオンラインショッピングや，（自動車や電子機器のように）商品比較のためにインターネットが利用されることの多いブランドは，オフラインだけでなく，オンラインでもよく語られている。

ペレス教授は、ウォートン・スクールとＭＳＩによって開催されたカンファレンスで研究結果の論文を配りながら、経済学者についての古い（しかしマーケターやマーケット・リサーチャーにもよく当てはまる）ジョークを聴衆に思い出させた。それはこんなものだった。

ある男性が暗い道を歩いていると、経済学者が街灯の明かりで地面を探しているのに出くわした。彼が「何をお探しですか？」とたずねると、経済学者は「私の鍵です」と答えた。彼らは数分の間一緒に探したが、なにもみつからなかった。男性が「鍵は、本当にここでなくしたんですか？」と聞くと、経済学者は「いいえ、ここじゃないんですよ。でも、ここは明かりのある場所じゃないですか」と答えた。

もちろんこのジョークのポイントは、ソーシャルメディアは誰でもアクセスできるところなので「明かりのある場所」だ、というものである。しかしそれはソーシャルメディアが、マーケターの最も必要とする問題解決を提供するという意味ではない。ペレス教授とシャハー教授によれば、問題となるのは「オンラインのデータはオフライン行動をきちんと反映していない」ことである。私たちが調査を行ったり、本書を執筆したりすることで目指してきたものは、現実社会における会話は膨大な規模であり、また欠くことのできない重要なものであることを明らかにすることだ。そうすることで、マーケターは現代のソーシャルな消費者とうまく関わるために、より賢明で知的な意思決定をすることが可能となるだろう。

明かりのあたっている場所だけで答えを求めようとする現象は、ESPN〔米国にあるスポーツ専門のテレビ・チャンネル〕で調査を率いているアーティー・バルグリンによって、「デジタル・ジレンマ」と呼ばれてきた[16]。デジタルメディアは物事をモニタリングしたりトラッキングしたりするために、すばらしい能力を提供してくれる。しかしアナログの世界も、測定が難しいということだけで重要でないとか、事実でないというわけではない。ESPNはバルグリンのリーダーシップのもとで、簡単に測定や観察をすることができることだけに基づくのでなく、正確な真実に基づいて意思決定ができるよう、「正しい」調査尺度を用いることを率先して提唱している。

■「人々の戦略」を目指して

フェイスブックは「ソーシャル」というものが、オンラインで生じること以上のものであることを理解している。WOMMA（米国クチコミ・マーケティング協会）がスポンサーとなった2011年のカンファレンスで、フェイスブックの製品開発担当エグゼクティブであるポール・アダムスは、聴衆に向かってこのように語った。「皆さんはご自身のビジネスを、テクノロジーに向けてではなく、人々に向けて舵取りする必要があります。『フェイスブック型戦略』『ツイッター型戦略』『フォースクエア型戦略』をとるのではありません。人間の行動についての地図をつくるべきであり、テクノロジーが目的ではないのです」。

アダムスは人間の脳が数千年かけて、どのように進化したかを話した。そしてこう語った。「ソーシャルは電気と似ています。ソーシャルとは所与のものです。そしてそれは人間というデバイスに動力を与えるものです」。彼はさらに人類学の用語を使って、フェイスブック・ユーザーを描写し始めた。それによると同社の統計学者は、ほとんどの人たちが1週間にたった4人の友人としか、そして1カ月に5～6人の友達としか直接コミュニケーションしないことを発見したという。この統計学者が示した数字は、人々が人生においてわずか4～6の「強いつながり」しか持たないという、他の研究結果とも整合するものである。またフェイスブックは人々が１００から１５０もの「弱いつながり」を持つことも発見しているが、これは新石器時代の村の規模と一致している。これらのつながりは、典型的には、ライフステージ、共有された経験、趣味、家族など、およそ四つのグループに分けることができる。こういった考えに基づくと、人々がフェイスブックに適応しているのではなく、フェイスブックが人々に適応しているということがわかる。それは、私たちがお互いに結びつく速度や効率性を高めるツールであり、アクセサリーや道具であっても、中心となるイベントではないのである。

このことについて、ソーシャルメディアの優れた分析業者の一つであるシスモス社が行ったツイッターのつぶやきに関する研究に基づき、検討をしてみよう。[17] 彼らは12億のツイートを分析し、その71％

には何の反応もなかったことを発見した。同社のリサーチャーによれば、これは「無視されている」ことを意味している。残りの23％は（通常はたった1件だけの）返事をもらっており、リツイートされたのはわずか6％に過ぎない。ツイッターにはバイラル［バイラルとは本来「ウィルス性の」といった意味だが、マーケティングでは「拡散性が強い」といった意味で使われる］となる大きな可能性があるものの、そのように機能することはほとんどないのである。

ソーシャルメディアのバイラル・パワーが過大評価されがちな一方で、フェイス・トゥ・フェイスのコミュニケーションが持つバイラルとは違った強みは、過小評価されている。[18] フェイス・トゥ・フェイスのコミュニケーションの力は、感情、表情、口調を通じて行われる非言語コミュニケーションによって強化される。ボストン大学およびドイツのコンスタンツ大学のピーター・バーガーとトーマス・ラックマンによる1966年の社会学の名著には、このようにある。「他者に関する最も重要な経験は対面的状況《フェイス・トゥ・フェイス》によって生じ、その典型的なケースがソーシャルな相互作用である。他のいかなるケースも、その派生にしか過ぎず……他のいかなる形態のソーシャルな関連性も……対面的状況《フェイス・トゥ・フェイス》を再現することはできない」。

この本から45年が経ち、新しいテクノロジーの時代になったにもかかわらず、その基礎的な真実は、いまなお正しいままである。[19] マッキンゼー・アンド・カンパニー社のコンサルタントによって書かれた2010年のクチコミに関するレポートには、以下のように記されている。[20]「クチコミが広まる環境は、メッセージの力にとって、きわめて重要である。緊密で信頼されているネットワークの中で伝達されるメッセージは、リーチ［リーチとは広告用語でメッセージの到達範囲のことをいう］こそ大きくならないものの、分散的なコミュニティを通じた広まりよりも強い影響力を持つ……これこそが、昔ながらの食卓で交わされるレコメンデーションが重要であり、またオンラインでもそれに相当するものが重要だとされる理由である。結局のところ、フェイスブックで３００人の友達を持つ人も、２９０人のアドバイスは上手に無視するだろう。本当に影響力を持っているのは、小さく、緊密に結びついたネットワークである」。同様のことは、私たちのトークトラックによる調査でも発見された。そこでもやはり、人々はオンライン会話で得られたアドバイスよりもフェイス・トゥ・フェイスで獲得したアドバイスの方が信用できるため、参考にする傾向があるということが示されているのだ。

オンラインで結びつく機会と、現実世界で本当の結びつきをつくることの違いについて、マーケターは依然として気づいていない。これはペプシコ社の「リフレッシュ・キャンペーン」の失敗よりも、さらに幅広い問題である。多くのブランドが、膨大な数の「フェイスブックのファン」を、ソーシャル・マーケティングの成功の証としてしつこくアピールする。しかし、大抵これは中身のない統計データである。２０１１年に、ソーシャルメディア・マーケティングの代理店であるファンゲイジャー社は「フェイスブックでエンゲージメントを集めるトップ１００ブランド」というリストを公開した。[21] このレポートではいくつかのブランドが、フェイスブックで信じられないほどのファンを持っていることが示されている。たとえばコカ・コーラは３４００万人、ディズニーは２８００万人、スターバックスは２５００万人といった具合だ。しかし、いったいこれらの何人が、メンバー登録作業以上のことを行っている「アクティブ・ファン」なのだろうか。ほとんどすべてのケースでアクティブ・ファンは10万人未満であり、登録ファン数の1%以下であった。それではエンゲージメントの高いファンを持っているのは、どのブランドなのだろうか。「ソニー・エリクソン」「ウォルマート」「レッド・ブル」「ディズニー」「ペプシ」は、いずれも10万程度のアクティブ・ファンを持っていた。

確かにペプシは2011年に7万9000人のアクティブ・ファンを持っており、これは590万人のフェイスブック・ファンの1・3%に相当した。しかしフェイスブックやソーシャルメディアには巨大なリーチがあるものの、オンライン上でブランド・アドボケーツを本当に生み出す力は、いまだ限られたものである。[22] またそれらの力は、米国で毎年消費される140億ガロン［約532億リットル］というソフトドリンクの消費者購買に対して強い影響を及ぼすには、明らかに不十分である。

伝統的メディアからソーシャルメディアへマーケティング資源をシフトするという、ペプシが2010年に行った意思決定が悲劇的なのは、トークトラック調査が2006年に開始されて以来、同社がリアル世界において話題にされたトップ10ブランドの常連だったためである。ペプシはしかも、広告やマーケティングによってオフラインでの会話を生み出すことに成功してきた。2009年と2010年に発生したペプシについての会話の約半分は、消費者がメディアやマーケティングで見聞きしたこと（たとえば広告、店内活動、プロモーショナル・イベントなど）に関連したものだった。

実際のところ、ペプシはリアル世界において、きわめてソーシャルなブランドである。すでにうまくいっているメディア・ミックスにソーシャルメディアを加えることはよい判断であっただろうし、さらなる成功の手助けとなっただろう。しかしそれは、ペプシが２０１１年に戦略をもとに戻してから行ったことだった。ソーシャルメディアのゴールドラッシュを追い求めるために「すべて」をつぎ込むことは必要でもなく、賢くもない、大きな賭けだったのである。

人々のソーシャルに結びつく力を刺激したり、あるいは互いに共有したり学び合ったりすることへの欲求を刺激するために、たくさんの方法が存在する。マーケターの中にはこれに気づき、適切な対応をしている者もいて、私たちは彼らを褒めたたえたい。これに対して、ソーシャルネットワーキング・ツールやソーシャルネットワーキング・テクノロジーという単一の機会だけを追い求めているマーケターは、膨大なソーシャルの機会の全貌を見ていない。もし歴史や調査が真実を示しているとするならば、彼らはこのためにビジネスを失うことになるだろう。ソーシャル・マーケティングのチャンスは無視するにはあまりに大き過ぎるが、そのほとんどはフェイス・トゥ・フェイスで生じているのである。

第2章 Conversation Starters: What Makes a Brand Talkworthy?

会話の前菜：何が語りたいブランドを生み出すのか？

ソーシャル・マーケティングのコンサルタントであるスティーブ・ハーシュバーガーは、インディアナポリスにおいて地ビールを製造販売するスタートアップ企業の共同経営者となり、自然と多くの時間をバーで過ごすことになった。[1] 彼は将来の顧客を理解するために、バーを訪れているときにさほどお酒を飲まず、主にただ観察をしていた。「私は誰が店に入ってきて、誰が出て行くか、そして花畑のミツバチのように、他者に惹きつけられるのは誰かを見ていたんです」。彼はそう私たちに語った。「時にはそういった人たちの似顔絵を描くこともありますし、また彼らに話しかけて、会話をすることもあります」。

ハーシュバーガーの頭から離れないシーンがあった。バーを訪れていたとき、彼はある客が「キリアン」をオーダーするのを見た。キリアンはクアーズ社が醸造したどこでも手に入るビールであり、クラフトビールファンにとってはとても受け入れることができないようなものだった。テーブルにいた別の男性が話に入り込んできて、その客に「ニュー・ベルジャン」というクラフトビール醸造会社の新しいビールを試してみるよう強く薦めた。これは、その男性の友人が好きなビールをもとにした推奨だった。ハーシュバーガーは「その男性はとても礼儀正しくはありましたが、居ても立ってもいられずにその客にクラフトビールを薦めたという感じでした」と語る。そしてビールについての幅広い会話が始まった。「男性はその客に対して30秒間のクラフトビール講座を始めました。とてもシンプルでありながら、よく考えられたものでした。私はただそこに座って見ながら、『オーケー、その通りだ』と思いました。ニュー・ベルジャンのビールを推奨した男性は平凡な人でした。20人ほどの人がいるショッピングモールに連れて行ったら、もう、彼をみつけだすことはできないでしょう。おそらく33歳くらいで、子どもがいて、アルティメットフリスビー〔かつては「フリスビー」と呼ばれたフライングディスクを用いて、7人のチームで敵陣のゴールを目指す競技〕かゴルフあたりを楽しんでいて、一緒にいたくなるような人でした」。

この瞬間、ハーシュバーガーはターゲット顧客について理解するだけでなく、彼らの暮らしの中でよいビールが演じる役割も理解することができた。彼らは確かにクラフトビール好きだったが、最も大切なものや、究極の目的となるものは、ビールそのものではない。よいビールとは会話のネタなのだ。この話の中で、ビールは重要な部分を構成しているが、主題というわけではない。ハーシュバーガーは、「ビールは、私が求めている人（つまりビジネスの顧客になりそうな人）にとって重要なものでしたし、私たちにとっても大切な目印となるものでしたが。しかし、私が求めている人が誰なのかを明確に定義するものではありませんでした」と述べた。

このわずかな時間が、「フラット12ビアワークス」と名づけられたビール会社の設立に影響を与えた。同社の名前は、その町の自動車レースの歴史やフラットヘッド12気筒エンジンを意識したものである。現在ハーシュバーガーは、フラット12ビアワークスを、米国中西部において最も急速に伸びているビールとして売り込んでいる。彼らのマーケティング費用はごくわずかであり、10万ドル未満という金額をハーシュバーガーは「野心的」だといっている。フラット12は伝統的なマーケティングの力をわずかしか借りずに初期段階における成功を達成した。その代わりに、自分たちのブランドを音楽フェスティバル、アートフェスティバル、トライアスロンといった顧客にとって大切な話題やイベントと連想づけたり、あるいは焼きたてピザの屋台トラックとタイアップしたりすることから生まれるクチコミの波に乗り続けてきたのである。さらにハーシュバーガーや共同経営者らは、このブランドのファンたちに対してフラット12について語るだけでなく、クラフトビールを楽しむ経験全般についても幅広く語るように働きかけてきた。こうしてフラット12は、単なるビールを超えて、メンバーたちにすばらしい生活をもたらすコミュニティとなった。フラット12のファンたちがこのブランドを薦めるとき、彼らは「これを飲めよ」と言うのではなく、「よいものを大切にする俺たちの仲間に入れよ」と言うのである。

もしあなたが、ブランドがクチコミの力をどのように利用できるかに関心を持っているとしたら、ハーシュバーガーによる洞察ポイント、すなわちクラフトビールは「ソーシャルな接着剤」だというアイデアは、非常に重要な考え方になるだろう。それは大麦や小麦のモルトを発酵させること以上に大切なことだ。このアイデアは多くの人々が、マーケティングとはどのようなものだと思っているかについて、私たちマーケターが想定してきた仮定とは反対であり、ブランドや製品はソーシャルな経験の邪魔をするものではなく、それらをよりよいものにするものであるという解釈である。消費者に慎重に対応すれば、彼らがためらうのではないかという恐れを抱くことなく、ソーシャルな生活の本来の特性をうまく活用することができるだろう。

ブランドは、生まれながらにしてソーシャルであるわけではない。ブランドは、それ自身で語られるだけの価値を得ることはないし、フェイスブックやツイッターに代理店がブランドを登録することでそうなるわけでもない。テレビコマーシャルの制作と同じように、クチコミの成功でも、その製品を語るべき価値のあるものにするための計画や実践が必要となる。そうすることで、ごく普通の炭酸飲料であっても、話題の新型携帯電話であっても、人々にとってのソーシャルな接着剤となる製品になれる。本章では、ブランドを会話の中に取り込むために顧客が必要と感じたり求めたりしているネタを、彼らに提供するための戦略や戦術について幅広く検討していく。それらの中には製品の特徴、パッケージデザイン、メッセージ戦略、あるいは単なる見掛け倒し的なものまでが含まれる。本章で示されるすべての例を通じて、大きなテーマが見えてくるだろう。それは、いくつかの主要な事柄を行いさえすれば、ブランドの古さや魅力、あるいは予算規模に関わりなく、どんなブランドでも語られる価値のあるものとなりうる、ということである。

■ 最も語る価値のあるブランド

米国人が最もよく話題にするブランドは何だろうか。

アップルやフェイスブック、あるいはグーグルという答えは、大きく間違っていない。しかし、おそらくこれら企業のマーケティング・コミュニティからもたらされる妄想によって、あなたは少々現実を見失っているだろう。もっと身近で、消費者のトップ・オブ・マインドを維持し続けているような競合企業を見落としているはずである。人々の間で最も話題になっているブランドが、「コカ・コーラ」「ウォルマート」「ベライゾン」〔米国の大手携帯電話事業者〕であると予想する人は、ほとんどいない。実際のところ、トークトラックによる、すべての調査参加者に対する最初の60カ月間のクチコミ追跡調査によれば、いちばん話題になったブランドは「コカ・コーラ」であり、消費者の会話の中に1週間当たり2億1200万回もあらわれていた。[2] また上位10ブランドは平均して1週間当たり1億5100万回も会話にあらわれていた。

最も話題にのぼったブランドには、いくつかの特徴があった。コカ・コーラの缶、ベライゾンの携帯電話、あるいは巨大な面積の小売店舗のように、いたるところに存在することが、いつも話題の製品となることを助けていた。そしてこのことが自然と会話を生み出していた（たとえば「いつも、ペプシよりコカ・コーラを選ぶの？」「ウォルマートのホワイト・セールのこと聞いた？」といった会話である）。「マクドナルド」のように、ソーシャルに消費される製品も上位に入っている。そして大規模な広告予算も、間違いなく話題になることに役立っている。こういった傾向を持つ企業は、最も話題にのぼる企業になりやすく、また実際に人々を驚かせていることも多い。クチコミ・ブランドの上位10の半分は、『アドバタイジング・エイジ』誌が年間メディア露出量に基づき選出した「メガ・ブランド」の上位10にも入っている。[3] たとえば、「ベライゾン」「AT&T」「ウォルマート」「フォード」「マクドナルド」などである。ブランドの広告が多いほど目に入りやすくなり、結果として語られやすくなり、最終的に購買されやすくなるという、単純な事実である。あらゆる広告は、消費者同士の会話を刺激する機会となる。これについては第4章で詳しく論じることにしよう。

しかし、全国的な広告キャンペーンを行う予算がない場合や、ブランド・ネームがあまり知られていないような場合には、どうすればよいだろうか。

より多く語られることだけが、成功するマーケティングではない。成功するマーケティングとは、推奨や購入に導くような、強く肯定的な会話をもたらすものである。最高のマーケターは、情報共有や推奨に導くさまざまなメッセージ技法を駆使していることを、私たちは発見した。これらの技法は大規模

図表 2.1
米国において最も話題とされているブランド

順位	クチコミのトップブランド	1週間のクチコミ・インプレッション
1	コカ・コーラ	2億1200万
2	ウォルマート	1億9000万
3	ベライゾン	1億8500万
4	AT&T	1億6700万
5	ペプシ	1億5000万
6	アップル	1億4700万
7	フォード	1億4500万
8	ソニー	1億800万
9	マクドナルド	1億600万
10	デル	9900万

（出所）　ケラー・フェイ・グループのトークトラック（TalkTrack®），2010年7月～2011年6月。

な予算を必要としないが、もしあなたが強力な製品を持っていれば、成功の可能性は高いものとなるだろう。

■ ステーキとはジューっという音のこと

多くの人々が、話題になるにはハイテクで革新的な製品（たとえば iPad など）が必要だ、と考えている。「話題になるのは、クールで、新しくて、ブレイクスルーとなる製品だけではないのですか？」「昔から身の回りにある日常的なブランドや製品はどうなんでしょう？」「『語る価値がある』ものになるのは、難しくありませんか？」私たちはこんな質問を、とてもたくさん受けてきた。

人々がこのような質問をするのは間違ったことでない。彼らは、シェス・ゴーディンによる２００３年のベストセラー『「紫の牛」を売れ！』を読んだことがあるに違いない。[4] この本のタイトルはゴーディン家のフランス旅行にちなんでつけられたものである。ゴーディンとその家族たちは、フランスに旅行したとき、牛でひしめく牧草地帯を通り過ぎた。彼らは、はじめはその光景に夢中になっていたが、すぐにどの牛も同じように見えてきて、見るのをやめたり、あるいは注意を向けなくなったりしてしまった。しだいに、ゴーディン家の人たちは牛を無視し始めた。しかしもしそこに、紫の牛がいたならば本当に目立ったことだろうと、ゴーディンは語っている。紫の牛は他の牛とは異なり、ユニークだろうから、とても目立つはずだ。

ゴーディンは、あまりに多くの製品が「ものまね」だと考えている。ちょうど、茶色い牛がもう一頭いたとしても、風景に溶け込んで見えなくなってしまうのと同じである。彼はブランドが人目について気づかれるには、目立っている必要があると述べている。「目立つものは語る価値があるし、注目する価値もある」。このことには、上手に組み立てられただけの広告活動やマーケティング以上の意味がある。すなわち、製品やサービスそのものが真にユニークで、他と異なっており、目立っていなくてはならないということだ。「iPad」や「新型アウディ」のように、紫の牛であることが必要だというわけである。

しかしながら私たちの調査によれば、紫の牛というゴーディンの主張は、会話を生み出す方法の一つに過ぎない。

すでに述べてきたように、「コカ・コーラ」「ウォルマート」「ベライゾン」といった、ごく普通の日常的なブランドも大きな話題になる。私たちの調査をクチコミ上位40ブランドまで広げたとすると、「バンク・オブ・アメリカ」「ダッジ」「JCペニー」「ダヴ」などが含まれる。[5] これらは「驚き」という要素を届けることを、いつも期待されているブランドではないのに、頻繁に会話の話題となっている。

楽々とクチコミを引き起こしているように見えるアップルでさえも、果てしなく続くように見える同社製品についての会話を、苦労して育んでいるのである。もしアップルのコンピュータ、電話、音楽プレーヤーがおしゃれであることだけを目指していたならば、それらは大ヒットすることなく、博物館行きになっただろう。アップルは意識的に、会話を促すように製品や広告をデザインしてきたので、消費者向け電子機器市場を支配し続けてきた。「iPod」のよく目立つ白いイヤホンは、大勢の人の中で気づかれるようにデザインされており、消費者が仲間からちょっとした注目を浴びるようにつくられている。「MacBook」を開こうとしているユーザーからしてみると、ふたにあるアップルのロゴは逆さまになっている。なぜだろうか。あのロゴは、ラップトップを開いたとき、近くにいる人たちに見えるようデザインされているからだ。つまりアップルのロゴは会話のための刺激であり、ソーシャルな影響のためのきっかけなのである。「アップルストア」は、人々がアップル製品を簡単に試せるようにしているし、アップルストアに入るとすぐに人々が話し合うのが聞こえてくる。アップルのデバイスや周辺機器を試している間に、店に入ってきた人や見知らぬ人が盛んに会話をしているのである。これはアップルによるよく練られた戦略の一部である。アップルストアは人々にとって、訪問場所であり、友達と出会う場所であり、学びの場であり、楽しい時間を過ごす場所としてデザインされている。それは、いわば近所のバーやカフェのような場所なのである。アップルストアは、取引を生み出すためだけにデザインされていない。ストアの訪問者が何かを買うか、買わないかにかかわらず、彼らが家族、友人、同僚にアップルストアでの肯定的な経験を語ることによって利益が得られると考えている。

私たちが２００６年にケラー・フェイ・グループを創設して最初に行ったのは、クチコミの拡散にきわめて積極的な人たちの調査を始めることだった。私たちはバズエージェント社（詳細は第7章を参照）とチームを組み、彼らの採用したボランティア・メンバーがブランドについてどのようなことを語りたがるかを深く理解することにした。[6]

この調査から、製品に関連した二つのインサイトを得ることができた。いずれも私たちが信じてきた、広く知られたクチコミの神話をくつがえすものだった。この調査によってくつがえされた一つめの神話は、クチコミで話されるのは「最新のこと」、つまり新しくて、画期的で、革新的な製品や、本質的に楽しい製品のことだけだ、というものである。私たちはクチコミの成功とは、実はコミュニケーションにおけるソリューション（問題解決）のことだと気づいた。それは消費者に、伝えたいと思うこと、話しやすく感じること、分かち合ったら気持ちいいだろうと思うような、答えを提供することである。マーケターらが口にすることの多い「革新的」「まったく新しくてユニーク」「楽しい」といった要素は、さほど高いスコアを示さなかった。

調査から得られた二つめのインサイトは、消費者のクチコミを獲得する方法は、風変わりなテレビ広告、ウェブサイト、ＰＲイベントのような、人目を引こうとする曲芸や巧みな仕掛けであるという、もう一つの神話に反論するものである。私たちが発見したのは、むしろ製品と関連性があること、とりわけ製品について学ぶことと、この学びによって得たインサイトを他の人と共有することへの動機づけが、消費者をクチコミへ向かわせるということだった。消費者と製品の関わりを示すさらなる証拠として、回答者の多くはクチコミ活動に加わることを、製品メーカーに自分たちの意見を届ける方法だと考えていた。

次に記したのは、消費者たちがバズエージェント社のような組織的な意見共有ネットワークに参加する主要な理由である。これらは平均的な消費者がなぜブランドについて喜んで語るかについての、大まかな説明とみなすことができるだろう。

・「最新の製品について学ぶため」
・「新製品について知っている最初の一人になることが好き」なため
・「友達や家族と新しい製品やアイデアを分け合うことを楽しむ」ため
・「その製品の製造業者にフィードバックを与える機会のため」

これらはいずれも、無料製品の入手やポイントの獲得といった、クチコミの発信者となることで得られる表面的で有形なベネフィットよりも重要である。製品について学ぶこと、他者とインサイトを共有できること、そして製造業者にフィードバックをすることの重要性は、最もクチコミに活発な回答者において目立っていた。

あなたがクチコミ・ネットワークを利用するマーケターであっても、あるいは自社のフェイスブックページや、他のソーシャル・サービスに人々を呼びこむ方法を探している人であったとしても、この教訓はとても重要である。要するに、この調査から得られるインサイトは、「ステーキではなくシズルを売れ」［シズルとはステーキが焼けるジューという音のこと］という古くからあるマーケティングの言い伝えを、新しい観点から捉え直そうということである。クチコミの世界において、ステーキ（つまり製品）とはシズルなのである。そしてこのステーキは、紫の牛から切り出される必要はないのである。クチコミは会員制クラブのように、一部の選ばれたブランドのためだけのものではないのだ。クチコミとは、カテゴリーやマーケティング・サイクルを問わず、いずれのマーケターにも利用できるものである。そこで必要とされる最も大切なものは、強力な製品ストーリー、つまり人々が他の人たちと分かち合いたいと思うようなソリューション（問題解決）である。

この調査において、私たちは二つの主要な結論にたどりついた。第一は、クチコミの基本とは推奨可能であり、話しやすく、語る価値があり、ほかの誰かと分かち合いたいと感じる何かがあるということである。これらは新しく、ユニークで、革新的で、エンターテインメント性に富むということより、クチコミの原動力としてずっと重要だということである。第二は、製品こそが、つまり製品について学んだり、他の人と分かち合ったり、企業にフィードバックすることが、消費者がクチコミに深く関わるために重要だということである。

■会話のきっかけ

私たちが2006年にバズエージェント社と調査を開始してから、現在に至るまで、クチコミ業界は何がクチコミを動機づけるのかについて、ほとんど注目せず、その代わりに会話、とりわけオンラインのクチコミを促進するために利用可能なチャネルの理解に努力してきた。[7] 人々が（オフラインで）話をしたり、（オンラインで）情報を共有したりすることを、いったい何が動機づけるのかについて、これまでわずかな注目しか向けてこなかったのである。ペンシルベニア大学ウォートン・スクールでマーケティングを教えているジョーナ・バーガーは、この隙間を埋める手助けをする人物である。

バーガーの研究プロジェクトは、クチコミの心理的および感情的な原動力に光を当てたものであり、それゆえ彼のプロジェクトは、最も語られやすいコンテンツに焦点を合わせるためにマーケターが活用できるものである。私たちの考えでは、何がブランド・ストーリーであり、なぜ語りたくなるのか、という点こそクチコミ戦略の出発点となるべき点である。したがって、誰が語るのか、あるいは「どのように」語られていくのか、すなわちクチコミが拡散していくチャネルについて焦点を合わせることは、ブランド・ストーリーの中身や語りたくなる理由が定まった後で意味を持つことになる。

２０１１年に発表されたバーガーの主要な研究の一つは、バズエージェント社とのコラボレーションによるものだった。[8] バズエージェント［バズエージェント社に登録した調査モニター］に対して直接アンケートを行う私たちの会社の調査とは異なり、彼の調査は、バズエージェントたちが試供品を受け取った後に家族や友人、同僚その他と行った会話に関してバズエージェント社に提出したレポートを精査したものだった。バーガーと彼のチームは、内容分析の技法を用いることで、複数の製品カテゴリーにわたる数百のブランドに関して、数千にのぼる会話の調査を行った。その中には食品のようなＦＭＣＧ(fast-moving consumer goods)［販売動向の速い消費財を意味するマーケティング用語であり、一般的にスーパーなどで販売される食品、飲料、日用雑貨などを指す］もあれば、自動車のように熟考して購入する製品も含まれていた。彼の調査はクチコミの時系列的な水準にも着目しており、短期的かつ即時的にクチコミを生み出すブランドと、長期間にわたり持続的なクチコミを生み出すブランドの間に違いがあるかについても検討していた。

バーガーの調査は、多くの専門家やマーケターらの見解と同じように、平均的な消費者は平凡なものよりもおもしろいものについて語ろうと考えていることを明らかにした。だがその一方で、消費者が実際にとった行動は、これとは異なっていた。彼は「マーケティング・キャンペーンが実施されている数カ月において、おもしろい製品ほど、より頻繁に語られるという証拠を私たちは発見できなかった」と述べている。おもしろいと思われる製品は即時的で短期的な会話を得るものの、こういったクチコミの波は短命であり、長期間にわたる継続的なクチコミへと続かない。また、このような製品が得るクチコミの全体量も、他のブランドと比べて多いわけではない。そして持続的なクチコミなしでは、売上に影響を及ぼすことは困難なのである。

それでは、もし継続的な期間にわたり話題となるものがおもしろい製品ではないとすると、長期的なクチコミの重要な引き金となるのは何だろうか。バーガーの研究によると視覚的なきっかけ（visual cues）が非常に重要なドライバーであり、それは製品の使用やマーケティング活動によって促されることが多い。このため頻繁に使用される製品ほど、頻繁に語られることになる。バーガーによると「より多くのきっかけを環境から与えられる製品ほど、即時的なクチコミも、継続的なクチコミも多くなる（ただしこれらの関係を比較すると前者よりも後者の方が有意に強い）。また、より多くのきっかけを環境から与えられる製品ほど会話の総量も多くなる」。これと対照的に「おもしろい製品ほど、より多くの即時的なクチコミを獲得するが……より多くの継続的なクチコミを得るわけではない」。

このようなクチコミのきっかけの役割は、ケラー・フェイ・グループのトークトラックによる調査結果と一致している。最も話題になるカテゴリーとは、実際に最も使用しているカテゴリーであり、とくに食品や食事、メディアやエンターテインメント、そして飲み物である。「新しくてクール」であるブレイクスルー的な技術や製品によって、クチコミが継続的にもたらされることはない。むしろ、クチコミは人々の生活にあまねく存在している。

バーガーの研究はクチコミの要因が、新製品、驚くべき製品、あるいは奇抜なマーケティングばかりではないことを気づかせてくれる点で、大切なものである。実際のところ、奇抜さは持続的なクチコミを駆動する最善の方法ではないだろう。日用品であっても、周囲の環境から頻繁にきっかけを与えられさえすれば、多くのクチコミを獲得することができる。このことはクチコミにおける全体論的《ホリスティック》なアプローチ、すなわち製品ラベル、クーポン、店頭ディスプレイ、あらゆる種類の広告など、顧客が関わるすべての側面を活用することの重要性を示唆している。その目標は、会話によるクチコミを生み出すきっかけを可能な限りいつでも提供することである（クチコミの引き金を作り出す方法については第５章で議論する）。

もちろんその前提として、消費者の期待を完全に満たす（そして理想的には期待を上回る）製品経験やサービス経験がなくてはならない。このような製品経験やサービス経験が存在することで、誰かにたずねられたり、きっかけを与えられたときに、その製品を高く称賛することになるのだ。

■ オレンジとブルー：ミラークアーズはどうやって会話のきっかけを与えるか

どのようにしたら全体論的《ホリスティック》なアプローチがうまくいくのかを理解するために、ビール業界の巨人であるミラークアーズ社のブランドについて注目してみよう。[9] おそらくアルコールは社会における、すばらしい潤滑油だろう。しかしマーケター自身が会話に油を差すことで、エンゲージメントやセールスを動機づけることも不可能ではない。バーテンダー、給仕スタッフ、ジャーナリスト、そしてもちろん顧客に対して、リキュール、ビール、ワインのブランドについて話すように促すことは、ビール会社の成功のためには不可欠である。この取り組みは、いつもたくさんの酒が飲まれているバーの中で、普通のこととして行われている。それゆえ、ミラークアーズ社がフェイス・トゥ・フェイスのマーケティングにかなりの重きを置いていることは驚くべきことではない。同社の上級副社長であり最高マーケティング責任者（CMO）であるアンディ・イングランドにとって、すべてのブランドが大なり小なり語るべき価値を獲得することは重要なことである。

「バーのスタッフは大切です」とイングランドは語る。「とくに、あなたがスタッフにクラフトビールや輸入ビールについて教えたとき、彼らはチップをより多くもらえるようなストーリーを語れそうだと思えば、それを話すことでしょう。ですから、あなたのブランドに関する、おもしろくて、何度も繰り返し語ることができて、しかもパンター（イギリスのスラングでお金を使ってくれる顧客）が、それを知っていることが知的であると感じるようなことを提供できれば、それは大変価値のあることなのです」。

イングランドはマーケティング業界で20年間以上の経験を持っており、ザ・ハーシー・カンパニー社、ナビスコ社、ドクターペッパー／セブンアップ社、オープンテーブル社の仕事をしてきた。彼は、自分自身ではクチコミという言葉を使っていないものの、クチコミに関して多くを語っているマーケターである。彼にとって会話とはすべてであり、ツイッターやフェイスブックによって定義づけられるものではない。実際、イングランドはソーシャルメディアを試してみているものの、懐疑的である。むしろ彼は、製品イノベーションと強力な広告活動のワンツーパンチによって消費者の会話を獲得することに強気な見方を示している。この方法には、はからずして私たちも同意する。

ミラークアーズ社のブランドの一つに、１９９５年に発売された「ブルームーン」がある。ブルームーンはクラフトビールと位置づけられているのだが、クラフトビールはバーで偶然みつけた「ディスカバリーブランド」として語られることが多い。しかしこのことは、発見のチャンスを顧客に完全に委ねるということではない。発見の引き金となる方法が存在する。

イングランドは次のように詳しく語った。「ブルームーンの助けになったのは、オレンジが添えられた、背の高いブルームーングラスによるプレゼンテーションなんです。人々は『私の飲んだブルームーンのお勘定をして』というのではなく、グラスを見てバーテンダーやブルームーンを飲んでる人に『ねえ、それなに？』とたずねるのです。これは発見と会話を後押しするようなおもしろい小売劇場をつくるという、クチコミ戦略の一種です」。イングランドは、オレンジとの関係には理由があると説明する。

ブルームーンにはオレンジとコリアンダーが入っており、スライスされたオレンジが、それらの香りを引き立たせる。しかしこのビールを考案した醸造者であるキース・ヴィラが、グラスに添えられたオレンジは、実はバーで客に出されるときに注目を集めること（そして会話のネタとなること）をねらっている、と語っているのも事実である。[10] オレンジは、人々がブルームーンについて語るきっかけをもたらすのである。[11]

多くのマーケターにとって、ブルームーンの例のように、比較的小規模な予算のブランドをクチコミで支援する事例は理解しやすい。しかしイングランドによれば、クチコミは大規模な予算を持つ大型ブランドにとっても、効き目がある。たとえば「クアーズライト」のようなブランドである。「私たちはすでに100％の認知をターゲット市場において獲得してきました。しかし話題にする何かがなければ、人々にはクアーズライトについて語る必要性がありません。」イングランドはそう語る。前述したウォルマートやベライゾンと同様に、クアーズはそういったブランドの一つである。イングランドは最近行われた二つのイノベーション、すなわち2008年の「ワイド・マウス・ベンティング」と2009年の「コールド・アクティベーション」が、いかにしてクアーズに関する会話の重要なきっかけとなったかについて語った。

「ワイド・マウス・ベンティング」では缶の飲み口を大きくすることで、ビールを注ぎやすくするとともに、注ぐときの「ゴボゴボ」という音を小さくした。[12] ミラークアーズ社と広告代理店は、ベンティングという言葉の「うっぷんを晴らす」という口語的な意味をうまく使ったキャンペーンを思いついた

［ベント（vent）とは本来換気・通気といった意味であることから、ワイド・マウス・ベンティングには、ビールの注ぎ口を大きくするという意味と、はけ口を大きくするというニュアンスが込められている］。ある広告では、「ベント（はけ口）を求めて」ガールフレンドから逃げ、仲間のいるところに行く男が描かれている。イングランドは、仲間内の言葉の一部になるようなアイデアを思いつくことが、成功を得る方法の一つだと考えている。彼はクアーズの「ベント」が文化の中にどう溶け込んでいくかを理解した。「私は24歳の男性とテニスをしたときのことを覚えています。私たちはダブルスをしていました。年上の方の男性が『それで、ビール事業では何か新しいことがあるの？』と私にたずねたので『新しいワイド・マウス・クアーズがありますよ』というと、24歳の男性は「レッツ・ベント！」と言いました。私はこの言葉に惚れ込みました」。

「コールド・アクティベーション」が施された缶は、クアーズのもう一つのヒットである[13]。イングランドは「もし製品について語り合ってほしいなら、話題になることを提供すべきでしょう。最終的に、人々にコマーシャルよりも製品について語ってほしいのです」という。コールド・アクティベーションは、温度によって缶の色が変わるというイノベーションであり、9℃になると缶は青くなり始め、7℃まで下がると真っ青になる。この缶は「ロッキー山脈の冷たいお酒」というアイデアを強く表現しているのだろう。イングランドは「山々が青くなったとき、あなたのビールはロッキーのように冷えている」というパッケージに記されたキャッチコピーを示しながら「男たちが自分の缶の山脈が青いかどうかについて話をしたり、パッケージや広告のキャッチコピーをそのまま使ったりするようになれば、成功です。これはすばらしいことです。『俺のビールは冷えてるぜ』ということを、仲間内の言葉で『俺の山は青いぜ』というようになるのです」。

これらいずれの事例でも、製品が基本的な要素である一方で（「ステーキとはシズルのこと」を思い出してほしい）、製品を追いかけるようにして生まれるクチコミにとってマーケティングが大切な役割を担っている（仲間内の言葉を提供するとともに、それを使うきっかけをより多く与える）。製品におけるイノベーションと、語る価値のある広告のコンビネーションが、ミラークアーズのために機能しているのである。トークトラック調査によると「クアーズ」（および姉妹ブランドの「ミラー」）は、クチコミを引き起こすメディア／マーケティングという面で大きな伸びをみせており、実際、いずれもここ数年間のトップ成長ブランドとなっている。ミラークアーズ社は、このように会話と売上を駆動するために、製品イノベーションと広告活動のコンビネーションを活用しているのである。

■ 感情の役割

私たちが行っているトークトラック調査では、会話の中でブランドや企業について語ったことを、自分の言葉でまとめてもらうようにお願いしている。同時に私たちは、最近会話で耳にしたことを、どのくらい他の人に伝えそうかについてもたずねている。こうすることで、会話の中で生まれた言葉や、フレーズや、アイデアについて計算できるうえに、会話全体を比べることで、どれがいちばん他の人に伝えられやすいかを知ることもできる。

　最も興味深かった発見の一つは、全般的な傾向として、ポジティブなクチコミの方がネガティブなクチコミよりもバイラルだということである。人々がポジティブなクチコミを他の人に伝えると回答する傾向は、ネガティブなクチコミを他の人に伝えるという回答より33％以上高かった（ポジティブなクチコミとネガティブなクチコミのパワーの比較に関する詳細な議論は第8章参照のこと）。私たちはまたポジティブで感情的なクチコミほどバイラルであることも発見した。ハイテク・カテゴリーの場合、電子機器ブランドを表現するときに、自分の聞いたことを他の人に伝えると答えた人はそうでない人と比べて「大好きだ」とか「すごい」といった強い感情的な言葉を2倍ほど使用する傾向にある。たとえば私たちの調査に参加した人たちは、「私たちはiPod Touchが大好きだ」とか「私はXboxで遊ぶのが大好きだ」と答えたり、iPadについて「信じられないほどすばらしい」と語ったり、「コール・オブ・デューティ」について「このゲームには驚かされる」と述べたりしている。

　これらの発見は、感情は広がりやすいと指摘している学術的な文献と一致している。米国広告調査財団（ＡＲＦ）の２０１１年の基調講演において『ニューヨーク・タイムズ』紙のコラムニストであるデイヴィッド・ブルックスは、神経科学および心理学の領域の科学的調査で明らかになった三つの重要な「基盤」の一つが感情の優位性であると考えていると述べた。[14] 彼の著書『人生の科学：「無意識」があなたの一生を決める』★で議論された調査によると「感情は私たちがいかに考えるかにおいても、また脳をつなぐ神経繊維においても最も重要なものである」とされている。彼は、やはり２０１１年のＡＲＦの

★　［訳注］ David Brooks (2011), *The Social Animal: The Hidden Sources of Love, Character, and Achievement*, Random House.（夏目大訳『人生の科学：「無意識」があなたの一生を決める』早川書房，2012 年）。

講演者であった、ジョナ・レーラーのコメントに共感している。[15] レーラーは自著『一流のプロは「感情脳」で決断する』において「どのような意思決定をするときでも、私たちの脳はフィーリングにどっぷり浸かっており、説明できないパッションに動かされている。理性的であろうと試みても、節度を保とうと試みても、この感情的な衝動は、私たちの判断に知らない間に影響を及ぼしている」と指摘している。

ペンシルベニア大学ウォートン・スクールのジョーナ・バーガーも、同僚のキャサリン・ミルクマンと一緒に「最も共有された」新聞記事に関する調査を行った際、同様の結論に到達した。このとき調査対象となったのは、上述したブルックスがコラムを執筆している『ニューヨーク・タイムズ』紙だった。ウォートン・スクールの調査では、ポジティブなストーリーの方がネガティブなものよりも、電子メールやソーシャルメディアなどのオンラインにおいてより多く共有されていたことに加えて、これら共有された記事に二つの種類があることが発見された。それは(1)お金の貯め方や健康の保ち方といった、実用的な有益性を提供する記事と、(2)感情を呼び起こすストーリー（とりわけ畏敬の念を起こさせるもの）である。バーガーは「畏敬」ということの意味について、「難病の克服、新しい惑星の発見、大きな困難に打ち勝った人の話は、いずれも読者に、この世界は驚くべき場所であるという感覚を呼び起こし、畏敬の念をもたらす。こういった記事は、この世の中は驚くべき場所であり、何が起きても不思議ではないという感覚を読者たちに与えるのである」と私たちに説明した。

この最新の調査は、悪いニュースはよいニュースよりも早く広まり、風変わりでクセのある内容や、抜け目ない内容がバイラル性向上の鍵となるというこれまでの知見とまったく反対である。その代わりに、マーケターは嘘偽りのないユニークなベネフィットを提供する製品を販売することに焦点を合わせるべきであり、理想的には消費者の期待を打ち壊すようなストーリー（とはいえ奇抜な方法である必要はない）をもってこれを行うべきである。価値あるものを与えれば（たとえばクーポンや健康的な生活のためのヒントといった実用的な事柄）、人々はそれらを共有する。強い感情を生み出すものを与えれば（心理学者はこれを「活性化」〔activation〕という）、彼らはそれを他の人たちと共有しようという気持ちになる。バーガーは「マーケターが、どのようにして自分たちのメッセージをバイラル化するかについて考えるとき、感情を呼び起こすことは重要な手段の一つである」と述べている。

「トムス・シューズ」の例を紹介しよう。トムス・シューズは伝統的な広告をまったく行わず、またサーチエンジン・マーケティングにもわずかな支出をしただけだったが、莫大なクチコミ価値を生み出した。同社の成功はきわめてシンプルなプロモーションによるものだ。トムスの主要な製品は男性用・女性用・子ども用のエスパドリーユ〔甲が布で底がゴムや縄でできたサンダル〕であり、小売店で54ドル程度で販売されているものである。彼らはサンダルが一足売れるごとに、恵まれない子どもたちにも一足ずつ寄付をしている。このプロモーションは、シンプルで、エレガントで、見事なものである。『クチコミはこうしてつくられる：面白さが伝染するバズ・マーケティング』の著者であるエマニュエル・ローゼンは、自身のブログで、同社を成功に導いた七つの要因を明らかにしている。[16] これらの組合せによって、顧客が寄付活動に参加し、それがソーシャルメディアや現実世界において拡散されることとなり、トムスは成功に至ったのである。

ローゼンは次のように語っている。[17]「去年、私は彼らが行っている「シュードロップス」活動の一つに参加しました。ケンタッキー州のブーンビルで行われたものです。私はこれまでそのことを、ずっと語ってきました……それは忘れることのできない経験でした。子どもの足のサイズを測って、靴を合わせて、子どもたちがトムスの靴に飾りをつけるのを手伝ったんです。先週の金曜日、アルゼンチンや南アフリカなどで行われたシュードロップスに参加した人たちに会いましたが、その人たちの話は感動的で忘れられないものでした。ほとんどの人はシュードロップス活動［恵まれない子どもたちにサンダルを与える活動］の現場に実際に参加することはできません。そこで同社はフェイスブックを通じて、人々に同社の靴を買うことや、シュードロップスという言葉を広めることを奨励しているのです」。

トムスは、人々が自社ブランドを思い出す方法も提供している。[18]それは人々が掲げる「トムス・シューズ・フラッグ」のような物理的リマインダーである。同社のウェブサイトで販売される大きな旗は、次のコメントに見られるように、人々がサイトにコメントを残したくなる気持ちを生み出している。「ぼくはこの旗を職場の教会の中の、自分のオフィスに掲げているんだ。学生たちはいつも部屋に入ってきて、この旗についてたずねる。『トムス！ Love it』という言葉を広めるすばらしい方法だと思うよ」と書き込んでいる。また他のある人は、次のようにコメントしている。「私はトムスの新しいステッカーを、自分の車、スケートボード、MacBook Pro、そのほかできるだけいろいろな場所に貼っているの！ 靴についてくる小さな旗をつかうのはやめてしまったけれど、販売されている大きな旗を見るとすごく興奮する!!!　この旗が郵送されてくるのを待てないわ!!!!」

２０１０年9月に１００万足目を寄贈したとき、トムスは支持者にお礼状、ＣＤ、ブレスレットをおくった。これは典型的な会話の引き金である。

２００9年の初めまでに4６0万ドルの利益を生み出した事業戦略から、製品マーケティングに至るまで、トムス・シューズはクチコミを生み出すようにつくられている。そのブランド・ネームでさえ、話題にする価値がある。この会社の創業者はトムという男性だと思うかもしれないが、そうではない。同社の創業者はブレイク・マイコスキーという男性である。彼は２００６年にアルゼンチン旅行から帰ってきた後に会社を立ち上げた。アルゼンチンで多くの子どもたちが靴を履いていなかったのを見たからである。トムスというブランド・ネームは「明日のための靴」といった意味の「tomorrow」の略からきている。これらはすべて消費者の感情に訴えるものであり、彼らが確実にクチコミするような、好ましくポジティブなストーリーを提供するものである。

■チックフィレイは「スキーマ」を破壊した

スキーマとは、脳が、とくに注意を払うべき重要なことは何で、そうでないものは何かを区別するための手助けとなるものの一つである。毎日繰り返される通常の物事は、私たちのスキーマに適合しており、多くの場合は深い思考を必要としない。逆に、私たちのスキーマを中断させる物事は、何が生じているのかと、それが何を意味しているのかを理解することに注意を向けさせることになる。これはチップ・ハースとダン・ハースがベストセラー書の『アイデアのちから』で示した理論と同じである[19]。彼らは「スキーマは推論する機械のようなものだ。スキーマは、何が起こっているのか、またその結果として、私たちはどのように意思決定をすればよいのかについて、予測する手助けとなる」と述べている[20]。スキーマがうまく当てはまらなかったり、機能しなかったりすると、私たちは驚きを感じる。彼らは以下のように書いている。「驚きは、予期せぬ何かに出くわして、私たちの推論メカニズムが機能しなくなったときに、緊急装置の一種として作動する。物事は休止され、取り掛かっている活動は中断され、私たちの注意は無意識のうちに驚きをもたらしたことに向けられる」。驚きをもたらす予期せぬ出来事は、私たちに休止と思考をもたらすことで、心の中に残りやすくなるのである。

スキーマの働きを中断させることができるブランドにとっては、その見返りはとても大きいものになる可能性がある。

驚きを起こすことで成功しているブランドの一つに「チックフィレイ」がある。チックフィレイは多くの点で、他のファストフード・レストランととくに変わるところはない。同社のミッションは、本当に特別なものでなく「米国で最高のクイック・サービス・レストランであれ」というものである[21]。チックフィレイはハンバーガーを扱わずチキンだけを扱っており、チキン・サンドイッチを考案したと主張している。しかしチキン・サンドイッチはたいがいのファストフードでも見られる。同社はまた、手書きの看板を持ちながら「もっと鳥を食べて」と叫ぶ牛が登場する印象的な広告も行っている。しかし

「マクドナルド」「バーガーキング」「ＫＦＣ（ケンタッキーフライドチキン）」といった同業他社も、やはり大規模かつクリエイティブなキャンペーンを行っている。言いかえれば、チックフィレイは他社と同じようなビジネスモデルで、同じようなニーズを、同じような方法で満たしているのである。それにもかかわらず私たちの調査によれば、チックフィレイは、すべてのクチコミに占めるポジティブなクチコミの割合という点で、ファストフード・レストラン業界で最も高い点を獲得している。[22] これは、なぜだろうか。

チックフィレイ社は比較的大きなチェーンだが（チキンのみを提供するチェーンとしては米国で第2位の規模）、株式は非公開であり同族経営である。トルート・キャシーは１９４６年に最初のレストランをはじめ、１９６０年代の初めにチックフィレイを創業した。現在彼は会長兼ＣＥＯとして同社に留まっており、息子のダン・キャシーが社長兼ＣＯＯを務めている。彼のレストランは、これまで一度も日曜日に営業したことがない。[23] トルート・キャシーは敬虔なキリスト教信者として知られており、日曜日に営業しないことについて「実務的観点からでもあるし、宗教的観点からでもある」と述べている。同社のウェブサイトによると、トルート・キャシーは「チックフィレイのフランチャイズ経営者やその従業員は、休んだり、家族や友達と過ごしたり、もし望むなら礼拝に出る機会を持つべきだと考えています。これが、チックフィレイが日曜日に閉まっている理由であり、私たちの成功のレシピの一つです」と述べている。同社は43年間連続で売上増大を享受している。２０１０年には、会社全体では11％以上の売上増を達成し、さらに同一店舗についても対前年度比で６％以上の売上の伸びを成しとげた。また私たちの調査によると、チックフィレイ・ブランドはクチコミの質という点でもナンバーワンである。このブランドに関する会話の80％以上はポジティブなものであり、同じカテゴリー全体の平均値の66％を上回っている。

人々がチックフィレイについて会話をするときに話題とする事柄の特徴を紹介しよう。図表2・2はトークトラックのデータベースからピックアップした例である。

スティーブ・ノックスはボストン・コンサルティング・グループのシニア・アドバイザーであり、アドボカシー・マーケティングを実践している。[24] ノックスはP&Gでクチコミ・マーケティングを行ってきたトレマー社の元CEOでもある（トレマー社についての詳細は第7章を参照のこと）。彼はなぜ人々がチックフィレイについて肯定的な会話をするのかについて、いくつかの考えを持っている。ノックスはクチコミが効果的となるには「スキーマを混乱させる」ことが必要だという強い主張を持っている。[25]

図表2.2
チックフィレイに関する会話トピックス

トピック	性別	年齢
どの店よりもおいしいチキン	男性	35
最高のチキン	女性	42
すばらしい食べもの。チックフィレイ大好き。	女性	27
どうしてぼくらは，他のチキンより，このチキンが好きなんだろう。	男性	49
チックフィレイが大好き。何がこんなにおいしくするんだろうとか，このソースを売ってくれればいいのにとかって，話をするんだよ。	男性	23
これまでのサンドウィッチでベストだよ。過ぎたるは，及ばざるがごとしだね。	男性	47
チックフィレイのお客さんやコミュニティって，どのくらいあるだろう。	男性	37
これはチックフィレイがなぜ日曜にしまっているか，なぜそれがよい考えなのかについて話すんだ。	男性	31
友達や私が，家族と一緒に大喜びで行くところ。ユーモアがあるしお客に対して感じがよい。食べ物はいつも温かくて新鮮。	女性	48
チックフィレイは私好みのファーストフード・レストランで，週末のたびに妻と通ってきた。	男性	47

（出所）　ケラー・フェイ・グループのトークトラック（TalkTrack®）。

スキーマが混乱すると，人々はこの状態を解決し，心理的な均衡を取り戻すために，そのことを人に語ろうとする。ノックスの経験によれば「大きな混乱ほど，大きな会話をもたらす」ということである。彼は，ある製品について人々の会話を生み出す最も確実な方法は「一般的な期待」や「経験則」といったメンタルモデルと矛盾するメッセージを持つようにすることだと助言する。たとえば私たちはファストフード・レストランについて，ある種の予想を持っている。安くて，便利だが，単に毎日利用するだけの場所，といったものである。ノックスは，スキーマを混乱させたい企業が「やらなくてはいけないこと」をあげている。それは，消費者を混乱させるメッセージがブランドのコア・アイデンティティと密接に結びついていること，ショックのためのショックとならないこと，風変わりなメッセージだけを覚えていて，ブランドのことを忘れてしまわないようにすることである。彼は「ブランドに忠実でありながら，人々を驚かすことが目的なのです」と述べている。

それではチックフィレイはどうやって，競合他社から抜きん出たのだろうか。ノックスは私たちに，同社が地方市場で行った「父と娘のデート・ナイト」というプログラムを紹介した[26]。同社は一年を通して，各店舗でそれぞれの「デート・ナイト」を実施している。プログラムの名前が示すように，これは父と娘が一緒に出かけてすばらしい時間をともにできる特別な機会である。プログラムが行われている間，その地元の店舗には，参加申し込みをした人以外は入れなくなる。それぞれの店が，いくらか異なる形で開催しているが，レッド・カーペットでのお迎え，テーブル・サービス，ダンス，生演奏，写真撮影，リムジンなど，思い出に残るアメニティを提供することは共通している。父と娘は会話の始まりとなる質問や話題が書かれたトレイを受け取る。これは会話の前菜（スターター）である。彼らは『この会話をいつまでも』という、おみやげの小冊子を受け取る。この小冊子には、父と娘がこれからも一緒に行える活動や話題についてのアイデアが載っている。

L・J・ヤンコフスキーはチックフィレイ社におけるスポンサーシップとイベント・マーケティングのシニア・マネージャーである。[27] 彼は２００９年から始まったこのプログラムについて、ミズーリ州カンザス・シティのジェフ・ラウという、たった1人のフランチャイズ経営者のアイデアがもとになっていると語った。ヤンコフスキーは、地方で始まったよいアイデアを学び、すべてのフランチャイズ経営者に広めることを自分の役割の一つだと考えている。ヤンコフスキーは「彼らは独立した起業家なんです。私たちは彼らから学び、それを他のフランチャイズ経営者へと横展開するんです」と語っている。実際２０１１年には、顧客からのフィードバックが今度はノースカロライナ州トライアドで行われた第1回目の「母と息子のデート・ナイト」へと実を結んだ。

ヤンコフスキーは、利益とは一時的な売上ではなく、「顧客によってつくられる感情的結びつき」から生み出されると語っている。これには2面的なベネフィットがあり、従業員側と顧客側の双方に作用する。ヤンコフスキーは従業員側のベネフィットを「レストランのスタッフの士気を高める」ことと考えている。また顧客側のベネフィットは、短期的にはグッドウィル（信用）とアドボカシー（擁護）であり、長期的にはコネクション（結びつき）である。ヤンコフスキーは「(プログラムに参加してくれた)娘さんが成長して大人になったとき、チックフィレイの前を通るたびに、あの特別な夜のことを思い出してくれるでしょう」と語った。

これらはいずれも、ファストフード・レストランにおける典型的な経験とまったく異なるものである。それはスティーブ・ノックスが「本当の共感」と呼んだものの一部である。それはあなたのスキーマを混乱させるものであるとともに、「地元の地域コミュニティを大切にする、家族のためのフードサービス」という、チックフィレイのブランド・プロミス〔ブランドとしての約束〕にぴったり合ったものである。ノックスは「私たちはこういったものをファストフード・レストランに期待しませんからね。つまり私たちはここまでのレベルの気づかいや、見返りや、本物感をファストフード・レストランに想像していないのです。これらはいずれもスキーマの混乱です。認知的な混乱が引き起こされるために、私たちの脳は均衡を取り戻す必要に迫られます。混乱した状態は、好まれないからです。私たちの脳が均衡状態に戻る方法の一つは、それについて他者と話すことです。他の人も同じようにその混乱を感じることを確かめたいのです。つまり『普通と違うって感じる私たちの方が普通なんだよね？』とたずねるわけです」と述べている。[28]

ノックスはクチコミ・マーケティングについて話すとき、幾度となくこの事例を使い続けている。彼はこのように語っている。「誰もそんなことを期待していないので、強力なんです。そして、さまざまなレベルで混乱を引き起こすから強力なのです。もう少し詳しく説明すれば、まず機能的なレベルで混乱を引き起こします。チックフィレイは店を閉めて、真っ白なテーブルクロスをひいたりします。まったく、考えてもみなかったことです。つぎに感情的レベルで混乱を引き起こします。それはお父さんと娘の結びつきであり、日常の経験からかけ離れた特別な瞬間の創造です。最高のクチコミは、これら双方の水準によって作用するのです」。

ノックスは私たちに、会話のスパイク［スパイクとは、グラフ上で針のように跳ね上がる形で示される、データの急激な山を意味する用語］が見られるはずなので、トークトラックで「チックフィレイ」のデータを確認するように勧めた。案の定、チックフィレイ・ブランドには、きわめて高レベルのポジティブなクチコミが確認された。またすでに述べたように、ファストフード・レストラン・カテゴリーにおいてナンバーワン・ブランドであることもわかった。私たちはさらにチックフィレイについてのクチコミが、ファストフード・レストランを声高に支援することが一般的でない二つの重要な消費者グループにおいて、はっきりと増加していることをみつけた。それは10代の女子と、お母さんであった。私たちのメンバーの1人が、10代の女子における増加と一緒に、お父さんのクチコミも増えるかもしれないと考えた。確かに、父親のデータにも穏やかなバンプ（盛り上がり）があった。しかし、やはりこのプログラムは10代の女の子に最も意味のあるものであり、彼女らがチックフィレイについてより多く語る要因になるとともに、父親と娘の会話を促す助けになるという理由で（あるいは母親に夜の休憩を提供してくれるという理由で！）、彼女らの母親がこのレストランを評価する要因にもなったようである。いずれにしてもこのプログラムは、家族にとってだけでなく、業界においても会話の前菜（スターター）になるものである。

■ ドミノ・ピザ：正直さが驚きをもたらすとき

「チックフィレイ」がファストフードのカテゴリーの競争で最もポジティブなクチコミを獲得してきたとすれば、２００９年に「ドミノ・ピザ」はこの点において最も苦しんでいた。私たちの調査によると、主な競争相手である「ピザ・ハット」や「パパ・ジョーンズ・インターナショナル」と比べると、ドミノ・ピザはポジティブなクチコミが非常に少なく、ネガティブあるいは混合的（ポジティブとネガティブの双方を含む）なクチコミが高いレベルにあった。

これはドミノ・ピザ自身の調査が示すところと一致していた。人々は同社のピザを好きでなかったのである（従業員がチーズを鼻に入れたり、品のないことをしたりしたビデオがユーチューブに公開されるという２００９年春に起きた同社の広報上の災難も悪影響を及ぼしていた）。味の問題について思い切った対応をするために、ドミノはレシピを全面的に見直すことにした。あるブランドが大きく変わったことを伝える伝統的な方法は「あなたの大好きなドミノ・ピザが、さらに新しくおいしくなりました」といったことを語るものだろう。しかしドミノ・ピザの広告代理店であるクリスピン・ポーター＋ボガスキー（ＣＰ＋Ｂ）社にとって、このアプローチはしっくりといかないものであり、同社は混乱を引き起こすメッセージ戦略を好んだ（ＣＰ＋Ｂ社および彼らがいかにしてクチコミを巻き起こす広告を計画したかについては第4章で説明する）。

CP＋B社は、顧客はそもそもドミノ・ピザを本当に愛していないのだから、「さらにおいしく」といった伝統的なアプローチは機能しないだろうと考えた。また問題について透明性を保ち正直であること、ドミノ・ピザ自身が自分達のピザをあまりよいものでないことを理解していることを人々に知らせること、そしてこの問題について耳を傾け、解決しようとしてきたことを伝えるように、ドミノ・ピザにアドバイスした。

「ピザ・ターンアラウンド」［ピザの建て直し］と名づけられた広告キャンペーンが、２００９年の12月に開始された[29]。このキャンペーンは、何もない白い画面に「まったく新しいドミノ・ピザをつくるために、私たちに寄せられた最も厳しいお叱りに耳を傾けています。しかし厳しいお叱りをくださった方々は、そのご意見に耳を傾けた私たちの新しいピザに、なんとおっしゃるでしょうか。この答えをお聞きすべく、２００９年の12月に、ご意見をくださった方々のご自宅の玄関まで新しいピザをお届けします」という宣言が、赤い太字で記されることから始まる。続いてドミノ・ピザが過去に実施したフォーカス・グループ調査［会議室に集められた数名の顧客に対して、主に製品やサービスについて詳しい聞き取りを行う調査］に参加してドミノ・ピザに批判的な指摘をした人々の自宅を、同社の料理長であったブランドン・ソラノが、突然訪問する。広告の中では、フォーカス・グループ調査の様子が回想シーンとして流れ、本人たちが「生地が固過ぎる」「ドミノ・ピザの品質はひどいし、まるで記憶に残らない」「ドミノ・ピザには、なんの愛情も感じない」などと語るシーンが映し出される。ソラノは玄関口で自己紹介をすると、ドミノ・ピザが人々の意見に耳を傾けて、まったく新しいピザを創り上げたことを語り（「私たちは生地も、ソースも、チーズも、すべてを変えました」）、批判的だった顧客に新しいレシピのピザを試してみるようお願いした。誰もが新しい味を大変好み（ある人は「これぞピザのあるべき味だ」と述べた）、ドミノ・ピザが耳を傾けてくれたことに感謝の意を示した。

２０１０年の暮れと２０１１年には、さらなる広告が行われた。いずれにおいても、ドミノ・ピザのよくない点や改善の必要な点を認めたうえで、それらの問題がどのようにして解決されたかを説明した。多くの場面でソラノや、他のドミノ・ピザの料理人が起用されており、またドミノ・ピザのＣＥＯであるパトリック・ドイルが登場するものもあった。さらに、ドミノ・ピザの問題について話し合っている「実在の人々」も登場した。どの広告も誠実さを伝え、消費者にもう一度ドミノ・ピザを試してみることをお願いするものだった。

ＣＰ＋Ｂ社の会長であるチャック・ポーターは、２０１１年の米国広告調査財団（ＡＲＦ）のコンベンションで、このドミノ・ピザのキャンペーンについて語った。[30] 彼は、ＣＰ＋Ｂ社はドミノ・ピザに「もし御社が包み隠すことなく誠実であれば、このキャンペーンは成功するでしょう」とアドバイスしたと述べた。ドミノ・ピザの「私たちは悪かったのです。私たちは耳を傾けました。そしていま、私たちは製品を改善して戻ってまいりました」と認めた広告は、消費者のスキーマを壊したもう一つの重要な事例といえる。人々は、このようなコマーシャルを見たことがなかった。それゆえ人々はチャンネルをあわせ、話題にせざるをえなかった。

クチコミという観点から見た場合、この新しいキャンペーンが始まってからドミノ・ピザは高い水準のクチコミを獲得し、「クチコミの質」も改善した。すなわちポジティブなクチコミが増え、ネガティブなクチコミが減った（ただし「ピザ・ハット」と「パパ・ジョーンズ・インターナショナル」に追いつく前に、彼らがやるべきことはまだある）。またドミノ・ピザについて語るとき、同社のテレビ広告を話題にする人の数も増加した。市場におけるドミノ・ピザのすばらしい成果は、まさにこのキャンペーンによるものである。「ドミノ・ピザは売上増大のために屈辱を甘受している」と題された2011年の『フィナンシャル・タイムズ』の記事は、このキャンペーンのインパクトについて「即効性があった」と伝えている[31]。それによると「米国内における2010年の第1四半期における同社の同一店舗売上高は、前年同期対比で、14・3％増加した。これはファストフード業界において、これまでで最も大きな伸びであった」。この勢いはその後も続き、ドミノ・ピザは（新規店舗の追加による成長を除いた）既存店成長率において二桁の成長をみせた。これはパパ・ジョーンズ・インターナショナル社とピザ・ハット社の成長率を2年間にわたり大きく引き離すものだった。『フィナンシャル・タイムズ』紙はキャンペーンの開始から2011年の5月までの間に、同社の株価が150％以上も上昇したことを伝えた。

ここで鍵となるのは、包み隠すことなく、誠実であることである。こういったことは有名ブランドのマーケティング・キャンペーンに対して、消費者が予期していないことである。しかし当然のことながら、これをマーケティング手法の中心的要素として採用するには、かなりの勇気が必要である。CP＋B社でチーフ・クリエイティブ・オフィサーを務めるロブ・ライリーは「ドミノ・ピザは十分に評価されていなかったんです」と述べた。「あのビデオが登場してソーシャルメディアにくまなく広がったときに、ドミノ・ピザは『私たちはピザを変える必要がある』と宣言し、またそのことをマーケティングに使う勇気を得たんです。才能と洞察力とガッツが必要でした」。

ドミノ・ピザが際立つためには、同社に対する消費者の予想を打ち砕く必要があった。誰だって自分たちの製品が悪いなんて明らかにしたり、認めるとは思っていない。靴の小売店が、靴が売れるごとに別の靴をプレゼントするとは誰も思わないように、ファストフードが家族の結びつきを強めようとするなどとは思わない。これらすべてのマーケティング・プログラムにおいて、その実践の根底に存在している誠実さ、透明さ、思いやり、気づかいといったものは、いずれも通常はブランドと結びつかないものである。こういった予想を覆すことで、トムス・シューズやドミノ・ピザのようにさまざまな企業がクチコミを好ましい形に変化させることができた。

本章の結論は次のようにまとめられる。すなわち、消費者に自社ブランドのすばらしいストーリーを語ったり、驚きを与えたり、感情的な結びつきを作り出して、クチコミの価値があると思ってもらうチャンスは、流行の最先端を行くブランドのマーケターや、多額の予算を持っているブランドのマーケターだけでなく、すべてのマーケターが持っているのである。

第**3**章　Influencers: The People at the Center of the Conversation

インフルエンサー：会話の中心にいる人たち

マルコム・グラッドウェルの『ティッピング・ポイント：いかにして「小さな変化」が「大きな変化」を生み出すか★』が2000年に出版され、また［本書の著者の一人である］エドの『インフルエンシャルズ』が2003年に出版されてから、メディアとマーケティングの世界に大きな変化の波が打ち寄せている。[1] 比較的少数の個人が、大衆の行動に対して不釣り合いとも言える影響を与えることがよくあるという考えが、いまだ一般的である一方で、ソーシャルメディア・ネットワークの成長は、インフルエンサーを特定し、彼らに接触するための最適な方法を探るための技法と科学について、人々にあらためて考えさせるに至った。今日では「主にソーシャルネットワークを経由することによって、オンライン上に影響が発生する」という考えに惑わされることで、影響とは何かについての明白な定義が流動的で不透明なものとなっている。こういった考えを支持する人々は、誰が誰に影響を及ぼしているかという重大な問題について、人々のオンライン活動と、彼らとオンライン上で結びついている人々を観察するだけで明らかにできると考えるのだろう。

★ ［訳注］ 2007年に出版された文庫版での邦訳書名は『急に売れ始めるにはワケがある：ネットワーク理論が明らかにする口コミの法則』（高橋啓訳，ソフトバンククリエイティブ，2007年）に変更された。

本章ではインフルエンサーに焦点を合わせ、彼らがクチコミにおける重要な役割を担っており、それゆえいまなお重要である理由について説明する。同時に私たちは、オンライン上の影響だけに焦点を合わせることがなぜ間違っているのか、そして現実の生活における友人や結びつきの影響を定義したり理解したりすることがなぜ重要なのかについても説明する。最後に、私たちが支持するタイプのインフルエンサー・マーケティングを成功させてきた、大小いくつかのブランドと、全米で行われた政治運動について紹介する。

■ クラウト・スコアは影響力を表していない

本書でも紹介しているように、ソーシャルメディアに関連するさまざまな事柄と並んで、ソーシャルメディアの影響力の測定も、大きな関心を集めつつある。よく言われるように、その目標はソーシャルメディアのトップユーザーと、話題の出どころを明らかにすることである。最近では、ツイッター、フェイスブック、その他のオンライン・ソーシャルネットワークのトップユーザーの特徴を明らかにすることをミッションとするクラウト社やピアインデックス社のように、ベンチャーキャピタルから支援を受けた新興企業があらわれてきた。ソーシャルメディアが消費者に急速に普及したことと、それがマーケターにアピールしたことで、これら新しいシステムが、マーケターがどのようにインフルエンサーを定義しターゲットとするかに影響を及ぼしている。しかしこのようなサービスが影響力の本当の尺度となりうるかは、まだ判断が下されていない。私たちはオンライン上の影響力というものはパズルの1ピースに過ぎず、それだけでは全体像を明らかにするに不十分であると、最終的に結論づけられるだろうと予想している。また影響力という点では、インフルエンサーによってリーチ（到達）された人々の総数よりも、一つひとつの相互作用の質の方が重要であるということが発見される可能性がある。

これらの企業が何をやろうとしているかを理解するために、本書の執筆時点において、マーケティング業界で最も注目を集めているクラウト社について、もう少し詳しく見ていこう。シリコンバレーの新興企業の多くがそうであるように、クラウト社は興味深い背景を持っている。同社は２００８年に、創業者のジョー・フェルナンデスが、３カ月間ワイヤーであごを固定しなくてはならない手術を受けた後に設立された。その間、彼にとってソーシャルメディアは重要なコミュニケーションの場となった。そしてソーシャルメディアで最も影響力のある人を識別することが、大きなビジネスチャンスになりそうだと気づいたことで、クラウト社は生まれた。

クラウト社のビジネスの核は、ツイッターのアカウントに割り当てられたスコアである。ただし同社は継続的に調査対象チャネルを増やしており、フェイスブック、リンクトイン、ユーチューブにおける活動も測定している。同社のスコアは０から１００の値を示し、ある人のフォロワー数、その人のメッセージが誰かに何らかの行動を生じさせる可能性、そして、その人のネットワークが持つ影響力を測定している。この値は、三つのサブスコアに分類された35以上の変数を重みづけするアルゴリズムによって決定されている。したがって、もしあなたが自分のツイートを熱心にリツイートしてくれる人たち

(あるいは、あなたのフェイスブックやリンクトインへの投稿をレコメンドしてくれる人たち) の集団を持っていれば、そしてその人たちにもまた多くのフォロワーがいるのであれば、あなたのスコアは限りなく100に近づくはずである。そうすれば、あなたは人気歌手のジャスティン・ビーバーのような有名人の仲間入りである。

クラウト社は2011年の半ばまでに、評判を落としていった。1000万ドルを超える資金調達や、加熱するマスコミ報道に加えて、同社のサービスは「スターバックス」や「ヴァージン・アメリカ」など、「クラウト・パークス・プログラム」に初期から参加していたブランドによって支援されていた。クラウト社はこのプログラムについて、クラウト・スコアの結果としてもたらされる「特別なオファーや経験のこと」と述べている。つまりクラウト・スコアの高い人々は、ソーシャルメディア内で彼らをフォローしている他の人々とその経験をシェアしてくれるだろうという期待のもとで、各社は高スコアの人々に素敵なごほうびを提供していたのである。

ツイッターやフェイスブックをマーケティング文化に統合することに楽観的なことの多いソーシャルメディアの専門家でさえ、クラウトの人気の高まりには疑問を呈した。とくに論点となったのは、クラウト・スコアは、ソーシャルメディアのフォロワー規模と、投稿がリツイートされたりレコメンドされたりする程度によって、ほぼ決まるということだった。リツイートにどれくらい価値があるかということは、議論の余地の多い問題である。リツイートとは、何のコメントもつけずに (あるいはわずかなコメントをつけただけで)、元のコメントを他の人にまわすことである。クラウトは、ある人が何を言っているかについて何の指標も付加しないし、またそのメッセージが肯定的か、否定的か、または中立的な論評であるかについての解釈もしない。そのコメントが、購買やその他の行動を動機づけるかについて、まったく指標づけしないのである。クラウトをはじめとする、オンライン・ソーシャルネットワーク上の統計分析だけに基づいたいかなるシステムも、その人のネットワーク規模と、多くの人にシェアされるメッセージを投稿できる能力というもの以上を語ってくれることはない、というのが現実である。その人のメッセージがどのくらい信用できるか、そしてそれらがどのように、どんな種類のオンライン購買を促進するかについて、何も明らかにしない。ましてや、どのようなオフライン行動を引き起こすかについては、なおさらである。このようなことから２０１１年の終わりまでに、クラウトは論争の中で評価を落とした。また同社がスコアを決定するアルゴリズムを変更したことも、クラウト・スコアを「勲章」のように思ってきたユーザーや、スコア１００に近づくために長い時間を費やしてきたユーザーから激しい非難を浴びた。

クラウトの欠点を理解するために、ケネス・コールの事例を考えてみよう。２０１１年の初め、アラブの春が起きようとしているとき、このファッション・デザイナーは「数百万人が #Cairo（カイロ）で騒いでいる。私たちの春の新作コレクションをオンラインで入手可能だと彼らが聞いたからだという噂だ」とツイートした［本当はエジプトで起きた政権打倒運動である「アラブの春」のために人々が“#Cairo”というハッシュタグをつけて多数のツイートをしていたのに、ケネス・コールは多少のユーモアを込めつつ強引に、これを自社の新作コレクションに関するニュースと結びつけようとした］。するとツイッターやウェブ上のあちこちで炎上が生じ、同社にPR上の危機をもたらした。しかしコール社のクラウト・スコアだけを見ていたら、このことを知ることはできなかっただろう。同社のスコアは、このとき30ポイント上昇した。大半が批判的なリツイートによるネットワークの成長であり、ブランドに損害を与えるものであったにもかかわらず、クラウトのシステムはそれを評価できずポイントを与えてしまったのである。

それから間もなく、著名なソーシャルメディア・アナリストであり、またアドボケーター（支援者）でもあるアルティメーター・グループのジェレミー・オーヤンは、以下のように結論を下した。[2]「私はクラウトの絶対的な信者に対して、単一の測定基準では不十分だと警鐘を鳴らさなくてはならない。実際のところ、クラウト社の100ポイント式採点システムのような単一型の測定基準は、絶対的な影響力（全体的な影響力）にはうまく当てはまるが、相対的な影響力についてはうまく当てはまらない。たとえば、赤ちゃん用おむつのような、特定の市場に関する影響には適用できないのである」。リシャド・トバコワラは、パブリシス・グループの一部門であるヴィヴァキ社において、最高戦略責任者（CSO）兼最高革新責任者（CIO）を担当している。彼はメディアやマーケティング展望の考察者として、評判もよく思慮深い人だが、やはりクラウトについて関心を持っており、（ツイッター上ゆえに簡潔な表現だが）次のように発言している。「クラウト・スコアは影響力を表していない。オフラインでの影響力はないに等しい。薄っぺらいスコアだ。質よりも頻度にバイアスがかかっている」。トバコワラは79ポイントのクラウト・スコアを持っているのだが、はたしてクラウト社には、この声が届いているのだろうか。[3]

クラウトのようなサービスは主に、ツイッター、フェイスブック、リンクトインにおけるある個人の状態に基づいて、オンライン上の影響力を測定している。[4] このチャネルを通じて最も活発である人々は、『エンパワード』の著者であるフォレスター社のジョシュ・バーノフとテッド・シャンドラーが「大衆の接続者」（マス・コネクター）と呼んでいる人たちである。[5] きわめて小さな集団（すべてのオンライン消費者の6％）が、これらのチャネルにおける書き込みの大部分（80％）を生み出している。バーノフとシャンドラーによれば、彼らは「瞬間を生きる」人たちであり、オンライン上で数多くの「友達」と頻繁にコミュニケーションをしている。バーノフとシャンドラーは、このような人たちは頻繁に書き込みをするが、彼らの作り出すインプレッション〔デジタル・マーケティング用語で消費者が広告や書き込み等を見ること〕は「ほんの一瞬」でしかないと述べている。これとは別に、オンライン上のインフルエンサーには、2人が「大衆の目利き」（マス・メイヴン）と呼ぶ別のグループがいる。このグループは「より長続きする影響力」を作り出す。彼らは平均の10倍に近いレベルで、ブログ、ディスカッション・フォーラム、オンライン・レビューに貢献する人々である。彼らの投稿は「大衆の接続者」を特徴づける頻繁だが単発的な投稿よりも長続きし、かつ思慮深いという傾向がある。このグループはそれほど凝集しているわけではなく、オンライン消費者の14％がこれらのチャネルを通じて80％のコンテンツをつくりだしている。多くの企業があらゆる種類のオンライン上のソーシャルな影響を一括りにする傾向がある一方で、フォレスター社の分析は、何が言われているか、誰がそれを言っているか、オンライン上のどこで言われているかの違いに着目することが大切であることを思い出させる、有用なものである。

そしてもちろん、オンライン上の会話の影響力も、さらにはオンライン上で影響力を持つ人々も、オフラインの現実世界におけるそれらとはまったく異なる可能性がある。

これらを明確にするものは、現代の最も重要な二つのマーケティング・キャンペーン、すなわち、2004年と2008年の大統領選挙をおいて他にない。

■ホワイトハウスへの道にはインフルエンサーが並んでいた

あなたの周りの典型的な政治オタクに、バラク・オバマがどのように無名の状態から初のアフリカ系米国人大統領になることができたかをたずねてみてほしい。おそらく、インターネット全般を巧みに利用したキャンペーン、とりわけオンライン・ソーシャルネットワークによるところが大きかったと聞かされるだろう。これはマスコミが報じたわかりやすい話であるが、誤った結論である。ソーシャルネットワーキング・サービスという最新の組織化ツールを利用することで選挙キャンペーンの初期に小さな役割を果たしたコミュニティ・オーガナイザー（地域のまとめ役）の話を、主要メディアはとても好んだ。中でも最も注目に値したのは、2004年の民主党大統領予備選におけるハワード・ディーンの失敗である［2004年の大統領選挙において民主党予備選挙に出馬したハワード・ディーンは、インターネット、とくにブログを活用し、大手マスメディアや大口献金者を頼らずに一般市民からの小口献金を集めて選挙戦を進めた最初の候補者として脚光を浴びた。しかしマスメディアを敵に回したため、自身の発言の失敗がマスメディアで繰り返し大きく報道されたことなどが原因となって予備選の早い段階で敗退した」。これに対して２００８年の大統領選挙におけるオバマ陣営では、フェイスブックとマイスペースにおける何百万人ものオバマの「友達」は、オバマに有利になるよう選挙を進めたとされ、たびたび高く評価された。

しかし、選挙キャンペーンの内部関係者は、異なる見方を持っている。[6] オバマ陣営において、２００８年に全米フィールド・ディレクターであったジョン・カーソンは、ソーシャルメディア・ツールのキャンペーン利用への注力が「報道陣によって大きく誤解された」と指摘し、「私たちにとって、オンライン上での努力は受け皿であり、駆動力ではなかった」と述べている。カーソンは「結局のところ、熟練したフィールド・オーガナイザーが、ボランティアたちをシステムに取り込み、彼らがドアをノックし、電話をかけるようにしたことで、有権者とのコンタクトが生まれたんです……共和党が優位の州で勝つには、これまで民主党に投票したことのない多くの人々を説得しなければなりません。端的に言うと、その大半は、仲間からのプレッシャーによることになります。そこで私たちは、地元のボランティアが隣人たちに掛け合ってくれることを、最優先事項としたのです」と語った。

２００８年のオバマの選挙キャンペーンで、ニューメディア・オペレーション・マネジャーを務めたメアリー・ジョイスも「オフラインでのエンゲージメントこそがキャンペーンの原動力」であり、支持者らの家で毎日行われたハウス・パーティーが「きわめて重要な組織戦略」だったと考えている。[7] 彼女は「人々のパーソナルネットワークを活用することが、すべてだった」と述べている。

２００８年の選挙において、マスコミではソーシャルメディアが大きく取り上げられたが、すでに述べたような最も困難で手間のかかる「売り込み」作業は人的ネットワーク、つまり人から人へのクチコミによって行われた。[8] 地元コミュニティの中で誰がインフルエンサーかを明らかにし、彼らがオフラインで活発に活動するようにすることは、選挙戦略の中できわめて重要であった。2008年のオバマ・キャンペーンにおいて代表を務めたデヴィッド・プラフは「私たちはブッシュの2004年のキャンペーンを、とても注意深く研究しました。彼らはよい仕事をしていました」と語っている。

プラフや他のキャンペーン・スタッフが言っていることをよりよく理解するために、当時現役の大統領だった共和党のジョージ・W・ブッシュと、民主党の大統領候補であったジョン・ケリーがホワイトハウスをめぐり戦いを繰り広げた2004年5月まで、時間を少しさかのぼろう。『ワシントン・ポスト』紙は、その月に「オハイオにおける政治的やまびこの形成：大統領選キャンペーンはクチコミにメッセージの流布を依存する」と題した記事を掲載した。[9]

この記事は、クリスタ・クリドゥルという有権者のプロフィールから始まり、彼女は「選挙対策スタッフが『オピニオン・リーダー』について語るときに思い浮かぶタイプの人ではない。彼女はコラムも、トークショーも、ウェブサイトも持っていない。しかしもし彼女が住むオハイオ郊外の一地区の世論に影響を与えたいならば、この35歳となる3児の母親は、手始めとして持ってこいの人である」と書かれていた。同紙の記者はさらにこう続けて書いていた。クリドゥルは、ブッシュのキャンペーン・マネジャーであるケン・メルマンが［本書の著者の一人である］エドの著書から用語を借りて「インフルエンシャル」と呼ぶ人の典型である。メルマンは『ワシントン・ポスト』紙の記事で「あなたは、大量の情報と引き替えにわずかな注目しか得られない世界に住んでいるのです」「この世界でうまくやる方法は、人々から信頼される人物となることです」と述べている。

キャンペーンのチーフ・ストラテジストであるマシュー・ダウドは、オハイオのような重要な激戦州でキャンペーンのエッセンスとなるメッセージを広めるために、ブッシュ陣営がどのようにクチコミの力を利用したか、そしてクリスタ・クリドゥルのような地域のインフルエンサーにどのように権限委譲をしたかに関する内部情報を、私たちに説明した。このキャンペーンではブッシュのサポーターに、彼らの友人、家族、そして隣人にクチコミを広めるよう毎日働きかけた。彼らは、浮動票有権者を含む知人たちを招待して一緒にコーヒーを飲むこと、その人たちと地域集会で話すこと、地域のローカル紙などの編集者に手紙を書くこと、そして地域のラジオ番組に電話をすることを促された。彼らが「やまびこ政策」と呼んでいるこのアイデアは、選挙キャンペーンのスポークスパーソンが日曜日の朝のトークショーで話をしたり、あるいはそれが夜のニュースで特集されたりしたときに、クリスタがブッシュの経済や教育についての計画、あるいはイラク戦争に対する見解を語ることによって、信憑性がより高まるというものである。同じようにキャンペーンの広告も、すでに友達から聞いたことを人々が「やまびこ」のように繰り返したら、より効果的になるだろう。それは人々が「ああ、これはクリスタが話していたことだ。よく理解できる」と自身に言い聞かせることをねらっていた。

このキャンペーンにおける、インフルエンサー戦略の動機づけ要因は、ダウドが２００４年のキャンペーンの前に得ていたインサイトだった。[10] 彼は、選挙結果を左右するために共和・民主両党が支持を取り付けようとしている真の無党派層の割合が急速に低下しつつあり、2002年までには有権者の7％に満たなくなることに気づいていた。支持政党を持たない有権者が徐々に少なくなりつつあるということは、彼・彼女らを標的に定めてコミュニケーションをとることに選挙活動の資源の75％以上を費やすという、かつての選挙の定石が、もはや意味をなさないということであった。[11] むしろ受動的で活動的とはいえない共和党支持者たちをターゲットにして、彼らに投票をしてもらうために、大半の時間とお金を費やすべきであるとダウドは考えた。そしてこのための最善の方法は、もはやマスメディアではなくクチコミであり、とくにインフルエンサー（あるいは選挙キャンペーンで「ナビゲーター」と呼ばれる人々）に焦点を合わせたものであることに、彼は気づいた。ダウドは次のように述べている。[12]「情報の流れは洪水のようであり、乱発されるメッセージが、混乱の中にある懐疑的な市民に、あらゆる方向から襲いかかっています。人々は、いまふたたび、互いに向かい合おうとしているのです。今日のオピニオン・リーダーは、1世紀前にそうであったようにメディア・政治・企業といった高い場所から働きかけるのではなく、草の根レベルの働きかけをしています。21世紀のオピニオン・リーダーというのは平均的な米国人であり、他の平均的な米国人をたくさん知っており、大規模な社会ネットワークに心から信頼を抱いている人たちです。[13] 彼らのようなナビゲーターは、さりげない会話一つひとつで世論に影響を及ぼし続けています」。

このキャンペーンでは、クリスタのような地域のインフルエンサーを組織的かつ大規模な方法でリクルートしたうえで、彼・彼女らに情報へ簡単にアクセスするツールを提供したうえで、その社会的ネットワークにいる友人、家族、職場の同僚、その他の人に評判を広めてもらった。キャンペーンでは、インフルエンサーを平均的な人々から区別する指標がわかっており、インフルエンサーの資格がありそうな人を探し出すために、高度なデータマイニング技術やその他の統計技術が使われた。ブッシュのチームは、サポーターに志願した７００万人の電子メールリストから、２００万人のナビゲーターのデータベースを構築した。この人たちには、友人や隣人と議論できそうなテーマが書かれた電子メールが定期的に送られた。また彼らには、地方のトーク・ラジオ番組の電話番号と、プロデューサーの審査をパスしオンエアされるような質問の書き方のコツも送られた。

選挙キャンペーンの最終日には、人と人との結びつきが生み出す真の価値が効果を発揮することになった。民主党が「伝統的な」投票推進運動を行う組織（そのメンバーには州の外から重要な激戦区に連れてこられたボランティアも含まれていた）に頼った一方で、共和党は、個人的なネットワークの中で他の人にブッシュを宣伝する地元のボランティアをナビゲーターとして動員した。「人々に影響を与えるのに最高のメディアは、日常会話という最古のメディアであることに、ブッシュのチームは気づいたのです」、ダウドはそう言った。「これが、ブッシュのケリーに対する大きなアドバンテージとなった点です[14]」。

２００８年にオバマチームは、ブッシュのインフルエンサー作戦を研究し、それを大がかりに借用することにした[15]。インフルエンサー戦略は２０１０年に共和党が下院の議席数を63議席も純増し、その支配権を奪取した際にも、重要な役割を果たした。その中心には、多数のイベントで互いに結びつき、全般的に同じ考えを持ち、影響力の大きい人々から構成される「ティー・パーティー」があった。頻繁な個人的接触が、マスメディアとオンライン・メディアで伝えられるメッセージによって補強されることで、支持者はこの運動にコミットし、投票日に投票へ向いやすくなった。

2010年の連邦議会選挙と、2004年および2008年の大統領選における各候補者の成功の少なくない部分が、適切なインフルエンサー集団を発見し、彼らを動員したことによるものであることは明白である。メルマンやダウドが語らなかったことについて考えてみよう。彼らはオンライン上の活動やソーシャルメディア・アルゴリズムについて、まったく触れていなかった。インフルエンサーであったクリスタ・クリドゥルは、クラウト・スコアでどのように評価されたのだろうか。彼女のスコアは13点と振るわない。しかし、もしあなたがオハイオの政治に注目していたならば、彼女の影響力が低かったとは考えないだろう。ツイッターに長い時間を費やさなかったからといって、彼女は軽視されるべきだろうか。クラウト社のフェルナンデスは、このことをよくウォーレン・バフェット問題として説明する。伝説的な投資家であるウォーレン・バフェットは、きわめて大きな影響力を持っているが、ツイッターのアカウントを持っていないため、クラウトのようなサービスでは目に見えない。このことは、「影響力の基準」として自らを宣伝してきたものの、実はそれに取り組んでこなかったクラウトのサービスに大きなジレンマをもたらしている。

■ 手段、動機、そして機会：影響力の礎石

私たちの会社が、２００６年に米国で消費者のクチコミに関する継続的な調査を始めたとき、インフルエンサーについての発見をそれ以外の消費者と比較したり対比したりするために、まず個々の調査においてインフルエンサーを明確に定義することが重要だと感じた。[16] そこで私たちはＷＯＭＭＡ（米国クチコミ・マーケティング協会）のメンバーたちとのディスカッションを通じて、インフルエンサーを「関連市場でのクチコミにおいて、平均よりも大きなリーチとインパクトを持っている人」と定義した。[17] これはインフルエンサーがセレブリティである必要もないし、巨大なプラットフォームを持ったブロガーである必要もないことを意味している。もちろん、これら二つのタイプの人々は確かに影響力を持っているにもかかわらず、である。この定義が意味するのは、普通の人がインフルエンサーであることも多いということである。クリスタ・クリドゥルのような「お隣に住んでいるインフルエンサー」がイメージできるだろう。

こういった人たちをみつけるために、私たちは調査協力者に対して、インフルエンサーであるかをたずねたりしない。あるいはツイッターやその他のソーシャルネットワークで、何人くらいのフォロワーがいるかをたずねることもない。学術論文の丁寧なレビューと、社会における影響力やインフルエンサーについて真剣に取り組んできたマーケティング・リサーチャーとしての自分たちの経験に基づいて、

私たちは、ある人がインフルエンサーであるかどうかを決める三つの重要な基準があると判断した。その個人が、他の人に影響をおよぼす手段、動機、機会を持っているかである。

他者に影響を及ぼすための手段を得るには、他の人と定期的に接触する必要がある。ある特定の分野において、世界で最も知識のある人であったとしても、一匹狼であり、他の人と頻繁に交流しないならば、その人の考えを広めることは難しい。それゆえ、現実世界における社会的ネットワークの大きさと幅が、その人の影響力の中心となる。毎日の日常生活において触れ合っている、数多くの人たちから構成される大きなネットワークが、会話に積極的に関わるための手段となるのである。

動機も、手段と同様に重要な役割を果たす。あなたは、新しいこと、変わっていること、よりよいことについて「知りたいというニーズ」を生まれつき持っているだろうか。こういった好奇心の強い人は、自分自身が所有しているメディアを活用したり、最新のすばらしいイノベーションを体感するためにお店や展示会を訪問したり、あるいは他の人の動向を知るために会話に参加したりして、最新動向に遅れをとらないために複数のチャネルを活用することに、自らの時間とエネルギーを投資している。インフルエンサーは、情報マニアであり、最新の情報を手に入れるよう動機づけられているのである。

最後にインフルエンサーは、自らが学んだことを他者と共有する機会を持っていなくてはならない。人々は彼らの意見に価値を見出して、探し回るだろうか。あるいは彼らの意見は、他の人の考えや最終的な行動を揺さぶるだろうか。

私たちは自身の調査の中で、いま議論した鍵となる側面、つまり手段、動機、そして機会に関連する一連の質問に基づいて、インフルエンサーを識別した。たとえば、あなたの社会的ネットワークの規模を測ってくださいという質問である。平均的な米国人は、密接な個人的接触、つまり現実世界のオフラインのコミュニケーションにおいて、およそ16人の友人、家族、知人と緊密な連絡をとっている。他方、インフルエンサーは、約2倍の大きさの社会的ネットワークを持っており、33人の友人、家族、そして知人と、頻繁にコミュニケーションをしている。

私たちの会社のインフルエンサー・セグメンテーション・システムである、「カンバセーション・カタリスト（Conversation Catalysits™）」［インフルエンサーの類型化に用いられているケラー・フェイ・グループの商品名であり、直訳すれば「会話の触媒者」という意味］によれば、米国人10人につきおよそ1人、およそ2000万人の人々がインフルエンサーである。比率にしてみると比較的小さく思えるかもしれないが、市場に対して非常に大きな影響をもたらす「普通の人」たちが数多く存在するということである。

カンバセーション・カタリストたちは常に、最新の情報をフォローしている。私たちは食品、飲料、パーソナルケア商品のようなＦＭＣＧ（日用雑貨品）、旅行や金融サービス、そして自動車やハイテク製品のような高額製品に至るまでを定期的に追跡しているが、

図表 3.1
一般人とカンバセーション・カタリストの社会ネットワークの大きさの違い

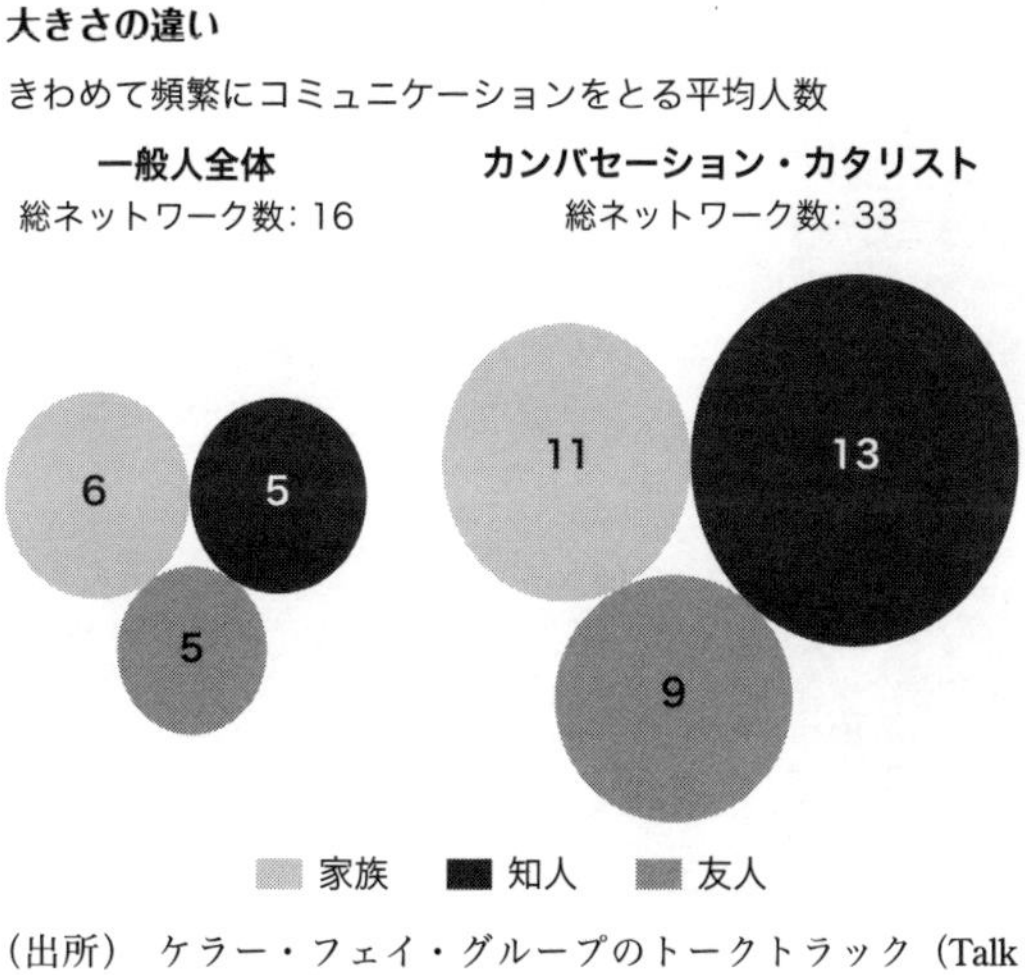

（出所）　ケラー・フェイ・グループのトークトラック（Talk Track®），2010年7月〜2011年6月。

図表 3.2

カンバセーション・カタリストは平均の２倍のアドバイスを発信する

各カテゴリーにおいてアドバイスやお薦め情報を発信する人の割合

	カンバセーション・カタリスト	一般人全体
食品／外食	77%	36%
小売／衣料	61	25
メディア／エンターテインメント	59	26
飲料	56	24
ハイテク	55	26
スポーツ／趣味	52	21
パーソナルケア／美容	50	21
健康／ヘルスケア	48	22
家庭用品	46	19
自動車	41	19
公共問題／政治	41	18
住宅	40	16
通信	40	15
子ども向け製品	37	18
金融サービス	37	17
旅行サービス	31	12

カンバセーション・カタリストは「最新情報」に通じている傾向が強い

そのカテゴリーにいつも注目している人の割合

	カンバセーション・カタリスト	一般人全体
食品／外食	68%	41%
小売／衣料	66	36
メディア／エンターテインメント	66	33
飲料	63	37
ハイテク	55	29
スポーツ／趣味	55	30
パーソナルケア／美容	51	28
健康／ヘルスケア	48	27
家庭用品	48	26
自動車	48	24
公共問題／政治	44	25
住宅	44	22
通信	42	20
子ども向け製品	37	21
金融サービス	36	20
旅行サービス	31	15

（出所）　ケラー・フェイ・グループのトークトラック（TalkTrack®），2010 年 7 月～2011 年 6 月。

彼らはこれら多くのカテゴリーにおいて、一般人のおよそ2倍の最新情報を獲得し続けている。

またインフルエンサーは、彼らの意見を共有する機会も豊富に持っている。カンバセーション・カタリストによれば、他者からアドバイスやお薦め情報を求められる程度は、カテゴリー全体にわたり、平均のおよそ2倍の水準にある。

カンバセーション・カタリストは、明らかに「手段、動機、機会」の基準をクリアしている。この結果、カンバセーション・カタリストは、米国におけるクチコミの多くを作り出している。平均的な米国人は、さまざまなブランドについて週に65の会話を行う。これに対してカンバセーション・カタリストは、週に１５０という、２・5倍近くも多くの会話を行っている。これを米国の全人口に対して当てはめてみると、米国市場において生み出される毎週１５０億のブランド・インプレッションの会話のうち、30億がカタリストによる会話と関わっていると考えられる。この集団は、もしあなたのために思い入れを高め、活性化されるならば、間違いなく会話を駆動し、結果を出してくれる人たちから構成されているのである。

マーケティング関係者の一部は、ある1人の人が、自動車、旅行、金融サービス、ハイテクなど、さまざまな対象にわたって、アドバイスや

図表 3.3
カンバセーション・カタリストは一般人の 2.5 倍近いブランドに関する会話をする

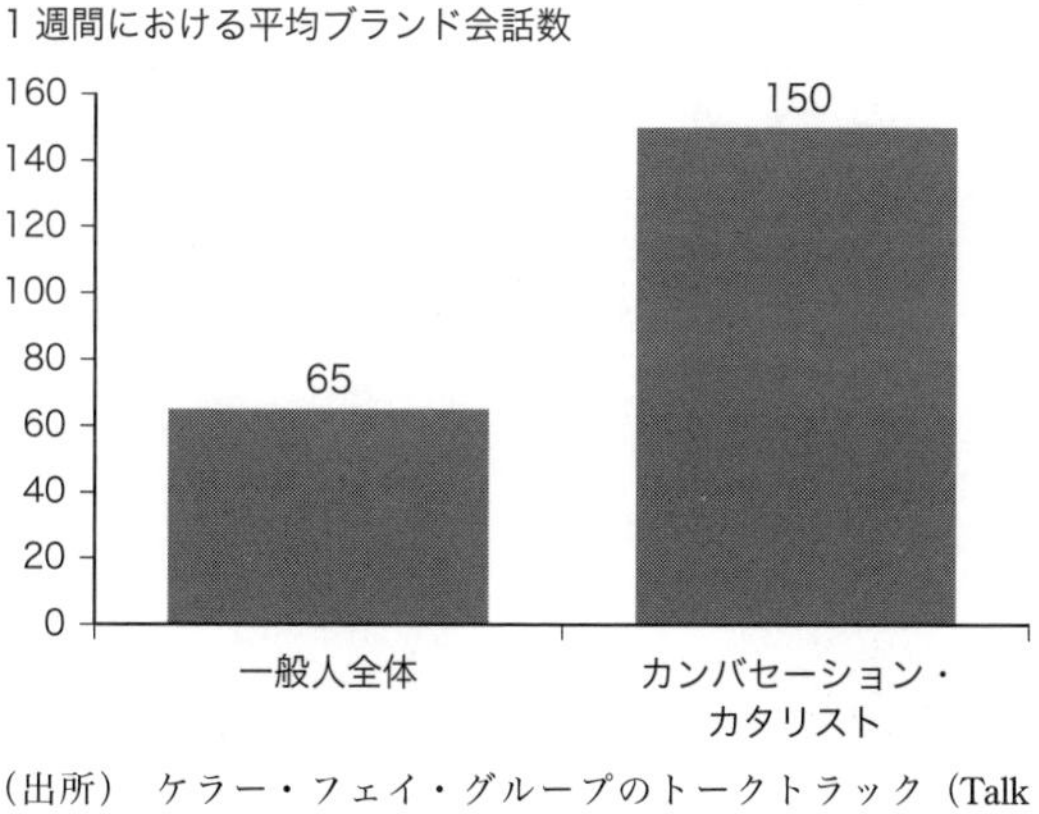

（出所）　ケラー・フェイ・グループのトークトラック（Talk Track®），2010 年 7 月～ 2011 年 6 月。

お薦め情報の信頼できる発信源となりうることに懐疑的である。確かに私たちも、単一のカテゴリーで活発に推奨発言をすることの多いカテゴリー・スペシャリストたちが存在することを発見した。しかしそこには、複数カテゴリー間におけるきわめて大きな重複も存在した。すなわち、ある領域で推奨をする人は、他の領域でも多くの推奨をする傾向があるのである。

『インフルエンシャルズ』で紹介されたインフルエンサーの1人であるテレサ・グラハムは「みんなが私のところに来て、あらゆることをたずねるわ」と語っている。[18]「私がその情報を知らなかったとしても、私なら手に入れられると、彼らは思っているの。私自身、十中八九、可能だと思っているわ」。つまり彼女は、いくつかの分野に精通しているとともに、それ以外の分野については、誰にたずねるべきかを知るための豊かなネットワークを持っているのである。グラハムのようなインフルエンサーは、マルコム・グラッドウェルが言うところの「目利き」「コネクター」「セールスマン」のすべての特徴を持ち合わせている。[19] そのため、目利きの役割を担えないときでも、現実世界に持っているネットワークの大きさゆえに、コネクターとしての役割を担うことができるのである。

■ インフルエンサー・マーケティングがもたらす利益はどれくらい大きいのか?

ここまで、インフルエンサーは平均的な米国人よりも多く話すことをみてきた。しかし彼らの会話は、ただ単に量が多いだけなのだろうか、それとも何らかの違いを生み出すものなのだろうか。レコメンデーションのＲＯＩ（投資収益率）について、カンバセーション・カタリストによるものと、ジョーやジェーン［太郎や花子といった一般の人々という意味］によるものを、正確に対比して計算できるのだろうか。

私たちは『ヴォーグ』『ヴァニティ・フェア』『ザ・ニューヨーカー』などの雑誌を出版しているコンデナスト・パブリケーションズ社のために行った２００９年の調査において、これらの課題に真正面から取り組む機会を与えられた。[20] コンデナスト社の雑誌の多くは大勢のインフルエンサーを読者として保有しているが、インフルエンサーでない人々と比べてインフルエンサーが製品やサービスに関する話題を広めた方が経済的な倍増性が大きいことを、同社は広告主に示したかったのである。言い換えれば、他の一般の人によるものと比べて、インフルエンサーによるレコメンデーションは、どのくらい、話題にされたブランドの金銭的価値を高めるのだろうかということである（第5章において、多くのインフルエンサー集団を持つメディア経路を特定する方法を含む、クチコミのためのメディア・プランニングについてさらに議論する）。

コンデナスト社のための私たちの調査は、多くの女性誌の読者をサンプルとするものであり、アパレル、アクセサリー、パーソナルケア、美容、そして消費者向けハイテク機器など、数多くの製品カテゴリーに関する、最近経験したクチコミについてのインタビューを含んでいた。私たちは、どの人がカンバセーション・カタリストであるかを明らかにするために必要な質問を行うことで、彼女らを他の人たちと比較できるようにした。そうすることによって、この調査は、本書の中の他のクチコミ調査と適切な形で比較が可能となる。続いて私たちは、さらに重要な段階に進むことになった。すなわち、インタビューを行った1人ひとりに対して、彼女が最近アドバイスやレコメンデーションを行った人に同様のインタビューを行うために、その人たちを紹介してくれないかとたずねたのである。これは私たちが会話の輪に近づき、同じ会話の両面の人々と対話することを可能とした。私たちは、それらの会話のパートナーから、彼女らが受け取ったアドバイスがどの程度価値のあるものだったか、そしてその結果としてどのような行動をとったかを知ることができた。

私たちは、カンバセーション・カタリストが与えたアドバイスは、平均的な人が与えたそれと比べて、会話における説得力という点で大きな違いがあることを発見した（ここで重要なことは、会話のパートナーとなった人は、アドバイスをした人を私たちがインフルエンサーと分類したかどうかを知らないということである）。ここで初めて私たちは、インフルエンサーは数多くのアドバイスを行っているだけでなく、より強い説得力を持っているということについて、確固とした証拠を得ることになった。

これはきわめて重要な発見だった。しかし、私たちの調査はそこに留まるものではなかった。私たちは、クチコミの送り手と受け手の双方から得た情報を活用することで、会話の経済的価値を計算するために必要となる基本的要素を手に入れることができた。この部分の研究では、クチコミの経済的価値研究に関する第一人者である、バラク・リバイ教授に協力してもらった[21]。私たちは、以下に示すような、クチコミの経済的インパクトを駆動しうる四つの潜在的源泉を要素として組み込んだ経済的モデルを構築した。

・製品に関する会話の量
・クチコミの信憑性と説得力
・購買量と販売価格に基づく、彼らの友人の期待収益性
・ある人のクチコミがメディア／マーケティングによって拡散される可能性（このケースでは分析のスポンサーがコンデナスト社であったので、雑誌広告と記事内容に注目した）

分析結果は次のようにまとめられる。私たちのサンプルにおいて、インフルエンサーによるクチコミは、平均的な雑誌読者のクチコミの３・８倍という、劇的な経済的影響を生み出していた。言い換えれば、もし平均的な女性によるレコメンデーションがそのブランドに対して１００ドルの経済価値を生み出すとするならば、インフルエンサーの会話は４００ドル近くの影響力を生み出すということである。

それからおよそ一年後に、マッキンゼーのコンサルタントも、それまで取り組んできたクチコミ研究について報告した[22]。異なる研究アプローチを用いていたが、彼らもまた同じ結論に至っていた。すなわちそれは、インフルエンサーはインフルエンサーでない人よりも多くのクチコミを生み出すだけでなく、「一つひとつのメッセージが受け手の購買意思決定に4倍の影響力を持っている」というものだった。異なるソースに基づく二つのレポートが、インフルエンサーによるクチコミの影響力はインフルエンサーではない人の4倍であるという同じ結論を導いたのである。この違いは非常に大きなものであり、

インフルエンサー・マーケティングがマーケターに大きな利益をもたらしうるという、強固なデータを提供するものである。

■ インフルエンサーはブランドにどう影響を及ぼすのか

ここまで私たちは、インフルエンサーを定義し、彼らの経済的影響力を説明してきたが、次に足を踏み入れるのは数百万ドル単位の問題である。つまり、企業は自社ブランドをサポートするためのインフルエンサー・マーケティング計画をどのように開発するのかという問題である。まず知るべきことは、事業規模の大きさは重要ではないということである。機知に富んだインフルエンサー・マーケティングは役に立つものである。アンバサダー［「アンバサダー」については111ページの「ブランド・アンバサダー」についての訳注を参照のこと］のコミュニティを立ち上げて活発化することは、常に費用のかかることだが、他のタイプのマーケティングと比較して費用対効果が高いため、予算がわずかであったり、あるいはほとんどゼロのブランドに人気がある。しかしまた、大きな予算を持つブランドにとっても、インフルエンサー・マーケティング計画は効率的かつ効果的であり、やはり魅力的なものである。この点について説明するために、三つの大きく異なる企業について、少し目を向けてみよう。すなわち、新しく小さな地域企業、マーケティング力に欠ける古参企業、そして巨額のマーケティング予算を持っているグローバル大企業である。これら3社が共通して持っているのは、オフラインの影響力はブランドのクチコミを誘発し、ビジネス上の成功をもたらすのに重要であるという認識である。驚くべきインフルエンサー・グループを巧みに利用することで、自社製品を市場で誰もが知るものとしたキャンペーンについて、深く検討していくことにしよう。

第2章で取り上げた、スティーブ・ハーシュバーガーと、彼のクラフトビールを覚えているだろうか。[23]「フラット12ビアワークス」は、本書の執筆時点で、およそ４００人が参加する小さいながらも成長しているブランド・コミュニティを持っている。このブランドのファンは「ホップスターズ」として知られている。彼らは企業サイトに登録したうえで、ちょっと変わった活動（クラフトビールについての夢を持つこと）から、現実的な活動（冷蔵庫のビールの4分の1を必ずフラット12にしておくこと）まで、さまざまな活動に対してポイントを受け取ることになる。ただしホップスターは、ゲームをすることがすべてではない。このアドボケーターたちは、同社が自社製品についてのフィードバックを手に入れられるよう手助けをしたり、フラット12の長所を友人に語って広めたりすることで、最終的にはその小さなビール会社の売上成長を助けているのである。

フラット12がこのコミュニティをどのように利用してきたかについて説明するために、ハーシュバーガーは、ホップスターが友人にフラット12を薦めたときの話を語ってくれた。あるホップスターの友人が、バーでフラット12を試したが深く失望して、そのことをホップスターに語ったときの話である。ホップスターは失望した友人を説得すべく、彼を同社の醸造所の中にあるバーに連れていった。結果的に、その友人は醸造直後の新鮮なフラット12を味わうことになり、ファンとなった。もちろん話は、これで終わりでない。同社のメンバーはこの話を耳にして、その友人が最初にフラット12を試したバーにおそらく問題があると判断した。調査の結果、そのバーでは、ビールを樽から注ぎ口に運ぶ「ライン」と呼ばれるプラスチック・チューブに問題があることが明らかになった。この知見を得たことによって、数多くの地域の消費者に否定的なブランド経験をもたらす大規模で長期的な問題に、同社は取り組むことができるようになった。

インフルエンサー・マーケティングを用いたフラット12ビアワークスの経験は、ブランドのインフルエンサーやアドボケーターのネットワークをつくりあげるメリットが一つではないことを示している。クチコミを広めるだけでなく、アドボケーターとの対話を持つことで、自社が取り組む必要のある問題を明らかにすることができるのである。

フラット12が設立される約6年前にも、まったくタイプの異なる企業が、インフルエンサーの力を認識していた。世界で2番目に古い企業であり、フィンランドに拠点を置くフィスカース社である。同社はボート、コンパス、園芸用具、ナイフ、そしてオレンジ色の柄のハサミなど、多くのものを作っている。２００５年にフィスカース社はある問題に気づいた。同社の顧客は、同社のハサミについて基本的に何の会話もしていなかった。また同社の顧客は、同社に対して何のロイヤルティも、感情的な愛着も持っていなかった。同社が販売するツールに関心を寄せてくれるべき手芸マニアたちは、ニセ物や中国製の粗悪な模造品がいたるところに存在することを知らなかったし、気にも留めていなかった。フィスカース社の米国幹部は、ブランド認知とロイヤルティ双方を形成する何らかのアクションを起こさなければならないと決断し、ブランド・アイデンティティとクチコミ活用に長けたサウスカロライナ州の代理店であるブレイン・オン・ファイア社に話を持ちかけた。

フィスカース社は、ブレイン・オン・ファイア社の協力を得て、後にインフルエンサーの影響力活用に関する古典的事例となる計画を立案した。それはクチコミ・コミュニティの影響力が、製品発売のための短期的で爆発的なパブリシティとしてではなく、継続的で持続的なマーケティング努力として展開可能であることを教えてくれるものだった。この計画がどのようにして成功したかを、見ていくことにしよう。

ブレイン・オン・ファイア社は、フィスカース社にまつわるオンライン上の会話（あるいはそういった会話がないこと）を丁寧に観察し、さらに手芸マニアのコミュニティについて学んだ後、ブランド・コミュニティの構築に取り掛かった。同社はロサンゼルス、シカゴ、シャーロット、ボルチモアの4市場で、ブランド・アンバサダー［ブランドの熱心な協力者となってくれる顧客のことであり、直訳すれば「ブランドの大使」という意味］のオーディションを開いた。そのねらいは、アンバサダーに報酬を支払うことでブランドのエバンジェリスト（伝道師）になってもらい、フィスカース社のハサミを使った手芸デモンストレーションを各地で行い、このブランドのインフルエンサーやアドボケーターとなる人材を発掘することであった。発売の準備が整うまでプログラムを秘密にしておくことはなかったので、フィスカース社がスクラップブッカー［写真を美しくレイアウトして飾る「スクラップブッキング」という手芸の愛好者のこと］のコミュニティを作ろうとしていることはすぐに有名になった。そして、クチコミのベネフィットはすぐに生じ始めた。たとえば、ブレイン・オン・ファイア社はインフルエンサー・ブロガーと親密になった。これは、フィスカース・コミュニティがどのような存在として認識されるべきであるかについて、彼らの意見を知るためだった。さらに彼らからは、どうしたらフィスカース社がクールになれるかといった、一般的な話も聞けた。リード・アンバサダーとしての仕事が可能な候補者を得るため、ブレイン・オン・ファイア社は、このプログラムの実施予定都市にある手芸ショップのオーナーに推薦を依頼した。フィスカース社は弱い顧客基盤しか持っていなかったことを思い出してほしい。このため、どのようなおしゃべりであっても役に立ったのである。ブレイン・オン・ファイアの社長であるロビン・フィリップスは「アンバサダーを探すこと自体が会話になりました」と、インタビューで語っている[24]。「私たちは、最初からすべてを公にする形で始めました。そしてこれがクチコミに火をつけるのを助けたのです」。

およそ120人をオーディションして、4人のリード・アンバサダーが有給の非常勤として、選ばれた。その選択基準は、スクラップブッキングの分野で有名であることとも、手芸だけにひたすら取り組むこととも関係がなかった。実際、彼らは職に就いていたり、他の興味を持っていたりした。1人はロサンゼルスの警官であり、もう1人はシカゴの特別支援教育の教師だった。他の1人は、スクラップブッキングのお店のオーナーであり、専業主婦である4番目の人が、いちばんの技術的熟練者だった。彼らが共通して持っていたものは、手芸について情熱を持っており、話し上手であり、熱心なネットワーカーであることだった。つまり彼らは典型的なカンバセーション・カタリストであり、フィスカース社の手助けをすることで圧倒的な影響をもたらすことができる、一般の人たちだったのである。

「これらリード・アンバサダーは上昇志向が強いが、夢想家ではありませんでした」とフィリップスは語っている。「私たちは技術的に優れたスクラップブッカーや、きわめて影響力の大きなスクラップブッカーは探しませんでした。すでに多くのフォロワーを持っている人は、自分の『パーソナルブランド』の形成ばかりに興味があり、コミュニティ形成に関する関心は少ないだろうと考えたからです」。

フィスカース社が米国での運営拠点としているマディソン州ウィスコンシンでトレーニング・セッションを終えたあと、彼らは「フィスケイター」と名づけられ、自分自身のランキングを上げるために役立つツールを多数与えられた。掲示板、チャットルーム、ギャラリー、ブログを備え、彼らリード・フィスケイターによって運営されるウェブサイトが、コミュニティのハブとなった。ただし、オンラインで交流をはかることは、彼らのミッションの一部でしかなかった。オフラインのクチコミも非常に重要だったのである。ブレイン・オン・ファイア社は、これを活発化するために、古典的なクチコミ戦術を用いることにした。それはフィスカース社が選んだインフルエンサーに会話の流れをもたらす道具を与えるものだった。ブレイン・オン・ファイア社は新しいフィスケイターに対して、フィスケイターしか手に入れることのできない、ナンバーの刻印入りのハサミを提供した。フィリップスはこう言った。「もしあなたが友人と外出して、この風変わりなハサミを取り出せば、それが会話に火をつけるツールとなるのです」。２００８年に、リード・フィスケイターたちは、手芸ファンの大きな会合として、「フィスケの熱狂」と呼ばれる地域イベントを企画し、実行した。このプログラムは、人々に情熱を発散する場を与えるためのものだった。

フィスケイターの多くは根っからの熱狂的ファンであり、同社のオレンジと緑色の服を誇らしげに着ている。フィリップスによると、彼らのマニアぶりは「一部の人を怖がらせます。しかし、それでも人々は何かに属することが好きです。それはフェイスブックページの『いいね』とは違うんです。私たちは、自分自身の日々の生活よりも、もっと大きなストーリーを欲しがっているのです」。

入会には比較的高いハードルが設定されていたという事実にもかかわらず、コミュニティを成長させることはフィスカース社にとって容易だった。入会するためには、リード・フィスケイターの1人と接触しなければならず、応募者はリード・フィスケイターからなぜ興味を持っているか説明するよう求められる。その時点で60％が脱落する。これはコミュニティの質を高く維持するために機能している。参加資格を設けることは、このプログラムにとって非常に重要である。最初のリード・フィスケイターがブログを始めたとき、数か月の間に２００人の「フィスケイティー」［「リード・フィスケイター」のフォロワーのこと］を得ることを目標としていた。しかしこの目標は24時間で達成された。いまやコミュニティは総勢９０００人を越え、現実に売上の恩恵をもたらしている。フィスカース社は、リード・フィスケイターが訪れる店舗が平均的な売上の3倍という成功をおさめていることに注目して、不況の間も同社が安定して市場シェアを延ばし続けた要因を、フィスケイターのロイヤルティによるものだと考えている。さらにフィスケイターは自分自身でマーケティングツールを開発しており、また彼らはしばしば同社の製品開発プロセスにも参加を求められた。彼らはまた、同社の製品が実用的かどうかを同社に話すことによって、フィードバック・チャネルのような役割を担っている。

ホップスターは、フラット12社がビールの売上を向上させる手助けをした。またフィスケイター・コミュニティーは、フィスカース社のハサミの価値を、手芸コミュニティにクチコミで広げている。しかし、オフラインのインフルエンサー・マーケティングは、野心的な目的を持つビッグ・ブランドにも有効なのだろうか。その答えは、イエスである。

インフルエンサー・マーケティングを企業の取り組みの中心においた、ビッグ・ブランドの一つとして、数年前にテレビゲーム機「Wii（ウィー）」をブレイクさせた任天堂がある。Wiiが発売されるまで、ゲームカテゴリーは主に若い男性によって占められていた。任天堂の戦略は、一般大衆をゲームに取り込む製品によって、市場を大きく拡張することだった。この目標を達成するために、彼らは次のような判断をした。それは家庭の購買意思決定、とくに子どもに関連した製品の購買意思決定に及ぼす影響力を考えた場合、母親に向けた製品を市場に出す必要があるというものだった。しかし調査の結果、多くの場合、母親はテレビゲームに関心を持っていないことが示された。そこで任天堂と、その代理店であるスクエアグループは、地域密着型のインフルエンサー（同社では「アルファママ」と呼んでいた）として「Wiiアンバサダー」のチームを募集し、彼女らに公式的なマーケティング活動を始める前に製品を試してもらうとともに、Wiiパーティーを主催してもらった。このパーティーでは、彼女らの友人30人ほどにWiiを体験するチャンスが与えられ、このゲーム機についてお互いに話し合ったり、他の友人に話したりする機会が提供された。

その後、クチコミ戦略はPR活動と結びつけられ、アルファママがWiiで遊んでいることや、その体験を共有していることが、テレビ、新聞、雑誌で紹介された。さらにWiiアンバサダーや、Wiiパーティーに参加した友人には、クチコミをデジタル上で広めることが促された。これら影響力のある母親をターゲットとした初期のクチコミ活動に引き続いて、クルーズ船、老人ホーム、大学のキャンパス、そしてショッピングモールにゲームが設置された。いずれの場合も中心となる考えは、この製品を用いて、気の合う人と一緒に楽しさを分かち合うという、個人的経験の機会を人々に提供しよう（そしてこの経験は、おそらく、これまで使ったことのなかった製品を使用するときに生じる、小さなためらいを克服することも可能とするものだろう）というものだった。この活動には、後に彼らが他者とその話を共有してくれることが期待されていた。

このクチコミ・キャンペーンと、それに伴うPRによって市場の関心が高まったところで、引き続き2億ドル規模のTV広告と印刷広告によるキャンペーンが行われた。それまで売上が横ばいだった任天堂は、市場での順位を3位（Xboxとプレイステーションの次であった）から1位にまで向上させた。そしてWiiは、女性と30歳以上の人たちに初めてゲーム機を販売することで、カテゴリー全体を拡大したのである。

『アドバタイジング・エイジ』誌は、任天堂の名前を2007年の最優秀マーケターとしてあげるときに、次のように述べた。「あらゆる議論と宣伝と戦略を振り返っても、世界で300億ドルのビデオゲーム市場を、祖父母から赤ちゃんまでのすべての世代を巻き込んだ社会的経験にまで拡張した者は誰一人としていなかった」。このキャンペーンは、クチコミによってリードされたものである。トークトラックの調査は、製品の発売開始後数年にわたり、任天堂が他のいかなるブランドよりも多くの肯定的なクチコミを受けたことを示していた。さらに同社は、女性という新たに拡張された市場において、大いなるクチコミの優位性を保ち続けた。Wii の発売以来、任天堂はテレビゲーム機に関する母親のクチコミの約半分を獲得しており、これはビジネス上重要な発売後の最初のクリスマスの買い物シーズンにおいてピークを迎えた。

■ミルクの口ひげでチョコレートを少しいかが？

過去20年間、米国の１人当たりのミルクの販売数はずっと下落し続けているという事態を受けて、酪農業界は２００５年に広告キャンペーンへの投資を始めた。[25] この中には、ミルクの口ひげキャンペーンや、「牛乳ある？」（Got Milk?）という広告が含まれていた。このキャンペーンは牛乳の販売を促すために行われ、高い評価を受けることになった。しかしながら、彼らの努力はそれで終わりではなかった。クチコミとインフルエンサー・マーケティングに基づいた「燃料補給」と呼ばれるキャンペーンを２００９年に開始したのである。これはクチコミ代理店であるフィズ社によって考案されたものだった。フィズ社の創設者であるテッド・ライトは、２０００年の「パブスト・ブルーリボン・ビール」の再活性化に一役買った功績で、マーケティング業界において高い評判を得ていた。[26] 数十年に及ぶ売上減少の後、「パブスト」はほんの数年で米国において最も成長の早いビールブランドの一つとなった。『ファストカンパニー』誌は、同社のクチコミ・マーケティング戦略を称賛した「ささやきのマーケティング」という見出しのもとで、パブストを２００４年の「ファスト50受賞企業」の一つにあげて、「その『マーケティングをしない』マーケティング・アプローチは、マディソン街の流行となった」と評した。

牛乳復活という課題へ取り組むにあたって、フィズ社とそのクライアントである米国酪農協会は、新たに牛乳を飲む人を迎え入れるよう試みるよりも、すでに牛乳を飲んでいる消費者らに努力を注ぎ、彼らにより多く飲んでもらうよう試みる方がよいだろうと考えた。[27] しかしクチコミが機能するためには、「話すのに適したアイデア」をみつける必要があることを、フィズ社は知っていた。彼はその一つとして、激しい運動で消耗した身体にはチョコレートミルクが最適な飲み物であるという、インディアナ大学の調査報告をみつけた。フィズ社が立案したクチコミ・キャンペーンは、ミルク、とくにチョコレートミルクが「激しい運動の後に最適な飲みものであり、あなたにぴったりなハイテク・スポーツ飲料である」というアイデアに焦点を合わせたものであった。

次に彼らは、メッセージを広めてくれるのは誰かという課題に取り組んだ。その答えは、オハイオ一帯の栄養情報とパフォーマンス情報の事実上の発信源である高校のフットボールコーチだということになり、オハイオにおいてこのプログラムのテストマーケティングを行うことになった。ライトは次のように述べた。「コーチというのは、何でも疑ってかかる10代の高校生ですら敬語で話しかける数少ない集団の一つである。彼らは、小さな町から大きな都市のコミュニティまで、オハイオ中にわたる影響力を持つインフルエンサーだ。こうして戦略が明確になった。高校のフットボールコーチのサポートさえ得られれば、あとはうまく広まるはずだというわけだ」。

フィズ社は、コーチらが自然と集まる場所、つまりフットボール・クリニックで、彼と会話をすることにした。高校のフットボールコーチは、毎年、集中トレーニング・クリニックに通う。そこでフィズ社のチームは、チョコレートミルクについての会話を促進するため、その一角に場所を構えた。彼らは、チョコレートミルクに関する情報に加え、このことについてさらに議論し、知識を深めるための招待状を、オハイオ中の高校のフットボールコーチに郵送した。それではこのダイレクトメールは、どのようにしてクチコミ・マーケティングにつながっただろうか。「コーチは、できの悪い、安価な印刷のマーケティング資料をしょっちゅう受け取っています」とライトは説明する。「そこで私たちは、興味深く、高級感あふれる手紙をつくったのです。それはクールであるだけでなく、チョコレートミルクのベネフィットについての情報で満ちあふれていました。うまく機能しましたよ。この手紙はコーチたちの間に会話を作り出すことに成功しました。彼らは質問事項を書き込んだ黄色いポストイットを手紙に貼りつけて、クリニックへ持ってきたんです」。

フィズ社はメッセージをよく理解してもらうために、ＮＦＬやＭＬＢで活躍している卒業生と州の選手権のアスリート（「リングを勝ち取った」ギャングと呼ばれている）たちを、フットボール・クリニックに参加してコーチと交流を持ってもらうためにリクルートした。「彼らは言葉では表せない強烈なメッセージを発信してくれた」ライトはそう語っている。「これらのアスリートが身につけていた金の輝くリングは、何の説明も必要としませんでした。リングの所有者はチャンピオンシップを勝ち取るために必要なことを知っているということを、暗に示していたのです。リングの存在は、チョコレートミルクは激しい運動の後のための飲み物だ、という言葉によるメッセージをサポートするものでした。」クリニックの後、アスリートがいくつかの高校を訪問してチョコレートミルクを配ることで、メッセージはさらに強化された。

高校のコーチがチョコレートミルクを自分が指導する選手に推薦し始めたことによって、このプログラムはせきを切ったようにクチコミを生み出し始めた。選手は自宅で飲むためにチョコレートミルクを求め始めた。そしてこのクチコミは、アスリートではない人にも広がり始めた。後援団体も、試合や学校でチョコレートミルクの提供を始めた。その後、まもなくメディアがこの話を取り上げ始めた。その中にはESPNで「カレッジ・ゲームデー」という番組の間に放送した、チョコレートミルクについての4分間の特集も含まれていた。特集の終わりに、伝説的な大学コーチでありESPNのコメンテーターを務めるルー・ホルツがカメラに向かって言った。「もし私がこのことを知っていたならば、私の教え子たちもチョコレートミルクを飲んだだろう」。

これらがチョコレートミルクの売上に及ぼした影響は明らかだった。たとえばシンシナティでは、売上が475%も増加したと、スーパーマーケット・チェーンのクローガー社は報告した。またオハイオ全体では、初年度にミルクの消費が12~28%増えた。これは他の州の比率の10倍だった。その後2年のうちに、チョコレートミルクの消費量は、米国全体で50%近く増加した。

■ 現実世界の影響力に火をつける

この段階では、もしあなたがインフルエンサー・マーケティングの力を確信していたとしても、十分な数のインフルエンサーを効率的に発見する方法を、ほとんどのマーケティング組織が持っているということには懐疑的かもしれない。フラット12ビールは、４００人のインフルエンサーを持つ地域企業である。フィスケイター・プログラムは６０００人に達する。しかしもしあなたが大型ブランドのマーケターならば、これらのプログラムは現実的な効果をもたらすには小さ過ぎると感じるかもしれない。大規模なインフルエンサー・マーケティングに取り組みたいブランドにとって、私たちがこれまで議論してきたようなオフライン・プログラムによって大量の人々を発見することは、気が遠くなるような課題に聞こえるだろう。なぜなら、おそらく潜在市場の10～20％に及ぶような、広い社会ネットワークを持っており、シェアとレコメンドの意欲を持つ人々をみつけなくてはならないからだ。確かに、２００４年のジョージ・ブッシュと２００８年のバラク・オバマの大統領選挙戦では、それが行われた。しかし、総力をあげて大統領選を戦えるような資金を誰しもが持っているわけではない。多くの人は、ツイッターやフェイスブックのような既製のソーシャル・チャネルや、クラウトのようなソーシャル・チャネルの上に構築されたアプリケーションによってインフルエンサーを活発にすることが、自分たちにとって不可能であるか、あるいは、とても簡単であるかのいずれかだと決めてかかろうとする。しかしながら、これはある意味で、誤った考え方である。私たちは任天堂がPR発表会に先立って、よく統合されたアプローチによってこれを行い、その後の全国広告を牽引した様子を見てきた。他にも現実社会における社会ネットワークを認識し、インフルエンサーが機能する秘密を解き明かし、企業が大量のインフルエンサーを識別し接触することを可能とする、大規模に展開することが可能な方法を作り出した企業がある。

その一つがパースウェイ社である。同社は「友達」を特定することによって、通信、小売、旅行、そして金融サービスといった業界の企業が、巨大な顧客データベースからインフルエンサーを特定化することを支援している。彼らは、私たちと同じように、本当の影響力は、ソーシャルメディアの「友達」よりも、現実世界の人間関係から生まれると考えている。パースウェイ社は2005年に設立され、現在では世界中の市場で運営している。同社の2人の設立者であるエレイ・フェファーとガイ・ギルドールは、数学とコンピュータ科学というバックグラウンドを持っており、イスラエルの国防軍で働いているときに出会った。ガイは国防軍で、大規模で非構造的なデータ・ストリームに基づいて人々の社会的ネットワークを特定するといった、高度に分析的なデータマイニング任務を担当していた。同社の3人目の設立パートナーであるラン・シャウルはマーケティング出身であり、彼らの社会ネットワーク分析をマーケティング課題に適用することを支援していた。

パースウェイ社はアルゴリズムの力を適用することで、マーケターのために消費者のグループからインフルエンサーを識別するとともに、そのインフルエンサーが彼らをフォローする人々に対して及ぼす影響を計算している。同社は、消費者を顧客とする組織の大半が、相当の資源を投じて収集と分析を行ってきたデータに依存している。つまりそれは、カスタマー・リレーションシップ・マネジメントのデータである。多くの企業はこの種のデータベースを用いて高価値顧客（最も多く支出する人）を識別し、しばしば、それに基づいて彼らに売り込みを行う。また他の企業は、優良顧客を識別するためにデータベースを利用する。これと同じタイプのデータが、クライアントに代わりパースウェイ社によって、違う形で活用されている。彼らが「ショップ・トゥギャザー」分析と呼ぶものを利用することで、顧客データベース内の、現実社会におけるリレーションシップが明らかにされる。パースウェイ社のソフトウェアは、数十億に及ぶ取引を分析し理解することが可能であり、人々が一緒に購入をしたり、反復的に購入したり、異なるカテゴリーで購買したことを明らかにする。この分析を通して、クライアントの顧客データベース内で顧客同士に結びつきがあるか、あるとすればどの程度の強さかが特定される。要するにパースウェイ社は、現実社会において、どの顧客同士が一緒に買い物や消費をし続けているかについて、パターン分析を行うのである。

この分析が、顧客データベースにおける消費や購買の情報に基づいて、（ある企業から見た）社会ネットワークを浮き彫りにすると、特定の製品やサービスに関する行動における、各消費者のハブ＆スポーク特性も明らかにされる。ハブとは、データによってインフルエンサーだと示される人物であり、社会ネットワーク内で最初に行動を起こす人物である。スポークとは、一緒に買い物をするときに、インフルエンサーをお手本として従う人々である。したがってインフルエンサーは、オンライン上の社会的ネットワークの大きさによって定義されるわけではないし、あるいは、どれくらいツイートし、リツイートされているかによって定義されるわけでもない。むしろ彼らは、オフラインのネットワークと、彼らと一緒に買い物をする人々の購買行動にどのくらい影響を与えるかによって定義されるのである。平均的な消費者と比べると、インフルエンサーは自分たちのソーシャルサークルの内で10倍の売上を生み出せることが、パースウェイ社による分析で明らかになった。ひとたび企業データベース内でインフルエンサーを特定すれば、彼らをターゲットとして特別なマーケティング活動を行うことで、関連カテゴリーにおける友人の支出を50％増加させることができるのである。

私たちは大小の企業によって採用された、インフルエンサーを識別し活性化するための多様なアプローチを紹介してきた。これらのうちいくつかは比較的少数（数百から数千）のインフルエンサーをベースとするものだったが、新興ビール会社のビジネスを成功に導いたり、はさみやチョコレートミルクといった製品の売上を復活させたり、あるいは、任天堂のWiiのような新製品を爆発的に普及させる手助けとなった。またあるものは統計的な方法を用いることで、大統領選挙で支援をしてくれたり、新しい場所におけるクレジットカードの利用を促したりしてくれる数百万のインフルエンサーをみつけ出すものだった。いずれにおいても一致していることは、影響力は人と人の結びつきを基盤として生じるということである。

残念なことに「ソーシャルネットワーキング」という用語は、事実上、オンライン・ソーシャルネットワークのアプリによって用いられてきた。なぜ残念かと言うと、このツールは、現実の社会で生まれる実在の、社会構造あるいは潜在的な社会構造を明らかにする際に最も力を発揮するからである。「友達」という言葉は、名詞であり動詞ではない。友達とは、私たちが一緒に生活したり働いたりしている人たちのことであり、オンラインで「友達申請」をしてきた、よく知らない人のことではない。現実社会における友達関係の中には、複雑な社会システムの中心近くにおり、その位置やパーソナリティーゆえに、私たちが現実社会を生きるうえでどのような選択をするかに対して、平均的な人よりも大きな役割を担っている人たちが存在する。彼らは、その友人たちにとっても、ブランド・マーケターにとっても、価値ある人である。そしてすでに私たちが示してきたように、彼らのユニークな価値を測定することも可能であるし、またそれを企業利益や社会運動のために活用することも可能なのである。

第**4**章　Word of Mouth Meets Madison Avenue

クチコミとマディソン街の出会い

消費者は他の消費者が言うことを信じても、広告の言うことは信じない。また、たとえ消費者がある広告をおもしろいと思ったとしても、それらの広告が実際に、消費者の購買を動機づけることはない。このことは調査結果にもあらわれており、クチコミとソーシャルメディアが隆盛をきわめている理由もそこにある。[1] 今では、専門家でなくとも広告の死を予測するのは朝飯前である。[2]

しかしながら、この話の問題は、それが正しくないということである。確かに、広告はもう効かないと皆が言うのだが、人々の行動はいくぶん違っている。２０１１年に私たちが公表した調査（ＮＢＣユニバーサルの依頼を受けて実施）結果は、このことをはっきりと示している。女性を対象に全米から偏りなくサンプリングをして実施されたこの調査では、製品やサービスの購買を最初に想起した時点から情報探索、選択肢の絞り込みを経て、最終的な決定を行うに至る購買プロセスのそれぞれの段階に焦点が当てられた。調査結果の一部から、私たちは購買意思決定が近づくにつれて、消費者が語ることと実際に行動することの間に生じるギャップを突き止めることができた。

十以上の製品カテゴリーにおける購買意思決定プロセスの中で、役に立った情報源についてたずねられると、消費者は購買プロセスの初期段階において、ブランドのことを知るうえで広告が非常に有益であったと迷わず答えた。情報探索段階になると、広告はあまり役に立たないと評価されており、決定段階になるとその評価はさらに低くなった。しかし、購買意思決定の各段階における消費者のクチコミ行動を比較すると、購買決定に近づけば近づくほど、実は、広告について話す消費者の数が劇的に増加することがわかった。つまり、彼らが言うこととまったく逆の結果である。

図表 4.1

広告は，人々が考える（あるいは，言う）よりも大きな役割を果たしている

消費者の言葉

消費者は製品について知るときには広告を頼りにするが，実際の決定が近づくにつれて，その役割は低下すると述べている。

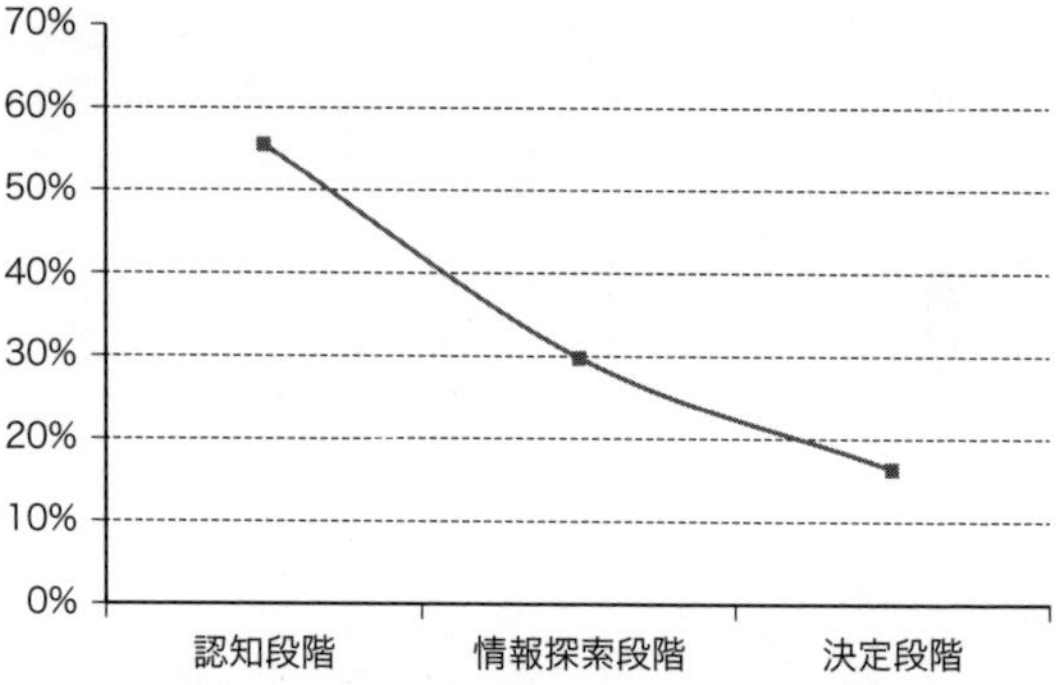

［訳注］ 縦軸は，「役に立った情報源」として広告を選んだ回答者の割合。

消費者の行動

しかし，実際には，決定が近づくほど，会話によるクチコミで広告が取り上げられるようになっている。

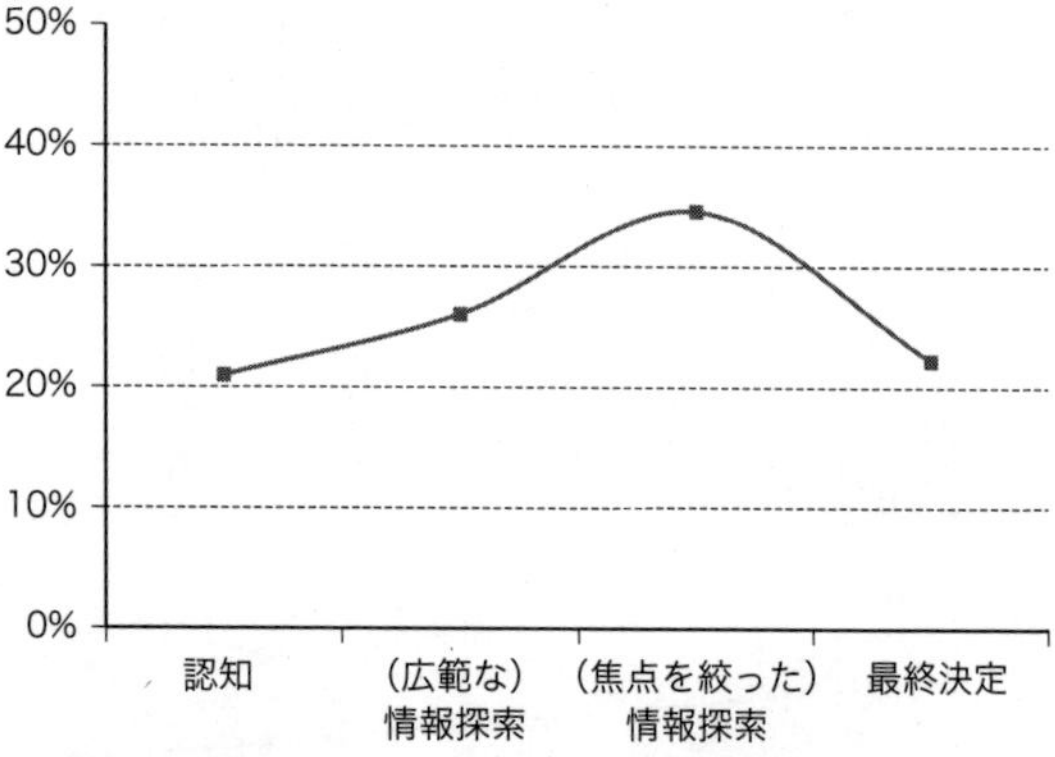

［訳注］ 縦軸は，広告について話した回答者の割合。

（出所） ケラー・フェイ・グループがNBCユニバーサルの依頼で行った調査，2011年3月。

人々が購買決定に近づくにつれ、クチコミ自体がされやすくなるという事実もある。これら二つの知見を総合すると、彼ら自身の言葉とは対照的に、消費者が購買について真剣に考え始める時にこそ、広告とクチコミがタッグを組んで機能することは明らかである。

そう、広告は死んでなどいないし、死にかかってさえいないのである。しかし、広告がマーケターの武器の中で輝きを放ち続けるためには、変化と適応が求められる。そこで、クチコミの出番である。（第１章で述べた通り）先駆的な学者たちによって広告とクチコミの関係性が最初に語られてから長い時間が経ち、広告とクチコミはセットで使われなければならないという考えは定着しつつある。本章では、クチコミにおける広告の役割、そして、こちらの方がより重要であるが、広告においてクチコミが果たす戦略的役割について説明する。

■「ベビーキャロット」が新しいジャンクフードになるまで

２０１０年春、ボルトハウス・ファームズ社のＣＥＯであるジェフ・ダンの頭には、ある問題があった。[3] 創業１００年になる同社は、米国のニンジン市場で依然として40％のシェアを有していたものの、人気があって収益性も高い「ベビーキャロット」の売上が大幅に減少していた。消費者は、より安価で長持ちする通常のニンジンを選んでいたのである。３年前にボルトハウス社に加わるまで、キャリアのほとんどをコカ・コーラで積んできたダンは、この製品の売上低迷を打破するために広告会社を雇い、新しいマーケティング・キャンペーンに着手する必要があると結論づけた。彼はいろいろな広告会社をあたってみたが、自分が求めているものを与えてくれるところはなかった。ダンは、ニンジンが持つ健康面でのベネフィットを語るような従来のアプローチは当たり前過ぎて効果が見込めないと感じており、もっとエッジの効いたアプローチを求めていたのである。

広告会社同士の譲り合いなどほとんどない中で、プレゼンを行った広告会社のうちの一社が、（自分たちはこの仕事を勝ち取れないと悟った後で）クリスピン・ポーター＋ボガスキー（CP＋B）社なら、ダンの求めているエッジの効いたアプローチを提案できるかもしれないと教えてくれた。コロラドのボルダーにあるCP＋B社のオフィスを訪問した際、ダンは同社のことをとても気に入り、「マイクロソフト」「アメリカン・エクスプレス」「オールド・ネイビー」「ドミノ・ピザ」「ベスト・バイ」などの優良ブランドが連なるこの会社のクライアント名簿に自身のビジネスを加えてもよいと思った。

CP＋B社は、広告が成功するためには、人々の間で話題に上るようにしなければならないことを理解し、クチコミがまさに構造的に組み込まれるよう統制されたアプローチを開発することによって、自社のビジネスを現在の地位まで発展させてきた。これは、多くの広告クリエイティブ・エージェンシーが開発しようとして長年もがき苦しみ続けていることである。ボルトハウス社は、今度もその魔法を使って、「ベビーキャロット」が人々の間で話題となり、低下した売上を回復できるのではないかと同社に期待した。

CP＋B社はクライアントのブランドに対して、常に壮大で大胆な野望を持っている。それは、前クリエイティブ・ディレクターで共同会長でもあるアレックス・ボガスキーの「私たちはブランドを有名にしたい」という信念に要約される。十数年以上前の同社は、フロリダのマイアミという広告業界の僻地における働きぶりから、小さなブランドのために際立った仕事をしているローカル広告会社として知られていた。その後、バーガーキング社やフォルクスワーゲン社の案件で大仕事を成し遂げ、幾多の全国誌で表紙を飾り、数えきれないほどの賞を獲得するなど、長期間、立て続けに新規ビジネスやクリエイティブ関連の成功をおさめた。それによって同社は、広告業界において、知る人ぞ知るといった位置から、おそらく米国で最も話題の広告会社へと飛躍を遂げた。広告業界のエージェンシー・オブ・ザ・イヤーを何度も受賞したり、２０１０年には『アドバタイジング・エイジ』誌からエージェンシー・オブ・ザ・ディケイドに選出されたりもした。

ボガスキーは社会貢献活動に取り組むため、２０１０年に会社を去ったが、後継者となったクリエイティブ担当役員のロブ・ライリーは、担当ブランドへの大きな期待と、それを実現させるためのプランを胸に、ボガスキーの後を引き継いだ。[4]「話す価値」という言葉が、ＣＰ＋Ｂ社の考えを象徴している。それは、賞を獲得するすばらしいスポット広告を制作するだけでは足りないことを意味する。広告は文化に浸透し、報道機関に取り上げられ、ソーシャルメディアで語られ、そして、井戸端会議や更衣室での会話に登場するようになって初めて成功したと言える。このような捉え方は、多くの広告クリエイティブ・エージェンシーとはまったく異なっている。クリエイティブのプロセスは一般に、もっと視野が狭いものである。ＣＰ＋Ｂ社のクリエイティブ・プロセスでは、ブランドが何を表すのか、そして、どうすればその意味を創造的かつ説得力のある方法で表現できるかということに焦点が当てられているが、この業界、少なくとも従来の伝統的なアプローチの広告会社には、「一つのアイデアが人々の会話を盛り上げることもできるし、文化を創り出すことさえできる。アイデアとはそういうものであるべきである」という考えはほとんどない。

　CP＋B社は、ニンジンの健康ベネフィットを強調するようなソーシャルメディア・キャンペーンが望み薄であり、ボルトハウス・ファームズ社が望むものでもなく、「牛乳ある？」のようにカテゴリー全体を成長させるべくデザインされた大型キャンペーンになりそうにないことも理解していた。自分たちに求められているのは、市場シェアを奪える別のもの、具体的にはスナック菓子として「ベビーキャロット」を再定義することであるという結論に至った。ライリーとCP＋B社の社員は、ニンジンは野菜というより、スナック菓子として捉えられる必要があるというインサイトを得た。そこで、ジャンクフードに見られる突飛なマーケティング手法のパロディを行いたいと考え、「ベビーキャロット」に派手なパッケージを導入しつつ店頭プロモーションを実施した。彼らは高校に目をつけ、すでに校内に設置されている「ドリトス」や「スキットルズ」などの自動販売機の横に「ベビーキャロット」の自動販売機を置いた。そして自動販売機には、「ジャンクフードのように食べろ」という掲示をつけた。こうした取り組みのすべてがメディアに受けた。[5]『ニューヨーク・タイムズ』紙は一面（カラー）で取り上げ、『ニューヨーク・タイムズ・マガジン』誌でも特集された。それは、大きな成果を生んだ。同キャンペーンは、実際にはPRに50万ドル足らずを支出しただけで、１０００万ドル以上の価値を有する

「アーンド（earned）」メディアを獲得したのである。あるいは、ＣＰ＋Ｂ社はメッセージに対する消費者のインプレッションという点で、３８００万人分の支払いで、4億９１００万人分を手に入れたと言うこともできる。

「ベビーキャロット」のキャンペーンは、現代のブランドがどのようにコミュニケーション戦略を考えるべきかに関する格好の例である。現代のブランドは、消費者に考えてほしいことを語るよりも、消費者に話題を提供する必要がある。セス・ゴーディンは２０００年に出版された著書『バイラルマーケティング：アイディアバイルスを解き放て！』の中で、「人々の邪魔をするマーケティングは、もはやコストに見合わない」と述べている。[6] 彼に言わせれば、「大規模な人々の塊を探し出し、その人たちに欲しくもないマーケティング・メッセージを送り、そのうちの何人かに買ってもらおうと望むことはできない。未来は、興味を持った人々が互いにやりとりできる場やプロセスを構築するマーケターの手の中にある。消費者のネットワークを刺激したらそこから離れ、消費者に話をさせなさい」ということだ。

しかし、どうすればこのようなアイデアを生み出す会社にできるのであろうか。伝説のクリエイターであるアレックス・ボガスキーのリーダーシップと彼のカリスマ性が、エッジの効いた会社であるという同社の評判に一役買っていることは事実だが、その長期的な成功は、ＣＰ＋Ｂ社の構造とプロセスのおかげでもある。そしてそれが、ＣＰ＋Ｂ社をその他多くの広告クリエイティブ・エージェンシーから差別化させる要素にもなっている。なによりもまず、ＣＰ＋Ｂ社の強みは、統合された強固な構造にあり、そこでデジタル、ＰＲ、経験価値マーケティング、クチコミのすべてが非常に熟練されたアイデアの中に組み込まれる。他の広告会社も、自分たちも同じことをしていると言うが、そうした機能は付け足し程度、つまり広告のアイデアを伝えるための追加的な方法であって、アイデア自体の核心ではないことが多い。他のあらゆる分野や職能の人たちが企画会議に呼ばれることもあるが、権限は実のところクリエイティブチームが依然として握っており、最終的には、彼らがうまくいくだろうと思うアイデアが広告として採用されるのである。

CP＋B社のプロセスでは、クリエイティブチームがクチコミされやすいアイデアを考え出すことも求められる。[7] これは、クリエイティブ部門の典型的なブリーフィングプロセスに、ひとひねり加えることによって行われている。ロブ・ライリーが説明したように、コピーライターとアートディレクターは、クリエイティブの仕事が入ると、プレスリリースの形でアイデアを提出するよう求められる。そのため、彼らは初めから、そのアイデアをメディアが取り上げるかどうか考えざるをえない。この過程で、彼らはまた、消費者もそれを話題にするようにアイデアを組み立てている。「ニュースで取り上げる価値」のあるストーリーの要素は、「話す価値」と共通する部分が非常に多い。つまるところ、報道とクチコミはどちらも、「アーンド」メディアなのであり、ストーリーもアイデアも記事あるいは会話を獲得しなければならないということである。

CP＋B社のアプローチから、いくつかの教訓を得ることができる。第一に、重要なことは、まさにメディア不可知論［ここでは「（広告キャンペーンに）最適なメディアをあらかじめ知る（計画段階で決めてしまう）ことはできない」という意味で用いられている］的なアプローチがプロセスの中に存在するという気づきである。CP＋B社は、アイデア自体よりも先にテレビ、デジタル、プリントといったメディアを決めたいという誘惑に耐えている。ソーシャルメディアも例外ではない。「もしあなたがすばらしいアイデアをひらめいたならば、人々はそれについて話すだろう。その事実がソーシャルメディアによって広められるに過ぎない」とライリーは言う。「アイデアを広めようという考えでツイッターを利用しても、私はうまくいくと思わない」。

第二の教訓は、このプロセスが、ブランドから大衆に向けて新しいマーケティングのアイデアが伝えられるという通常の流れとは逆向きになっていることである。通常は多くの場合、アイデアが作り出され、承認された後だけでなく、広告が制作され、オンエアされた後にもプレスリリースが打たれる。このため、すべての重要な訴求が、いろいろやってみた後の結果論的なものに過ぎないということになってしまっている。この考えの下では、本来ニュースで取り上げる価値のないアイデアまで広報しようとする無駄な仕事をPRチームに課してしまう可能性があるのである。ライリーのアプローチは、この問題を回避している。報道されやすさは、最初の段階でクリアされるべき一つのハードルとなっているので、広告が誰にも話題にされず、人々から忘れ去られていくことを首尾よく回避できるのである。

CP＋B社は、クチコミ広告のアートとサイエンスにおける現代の達人である。同社は、実践法を考案したわけではないが、初めて成功裏に実践した広告会社であり、しかも長期間にわたって成功させた最初の会社なのである。

本書では、会話を生み出すために、最も効果的に広告を活用する方法と、会話の創造が広告の新しい目標となるべき理由についてより綿密な考察をする。その前に、その起源にさかのぼり、そこから長い年月の中でどのように（そして、なぜ）その考えが流行し、廃れたのか見ていくことにしよう。

■ディヒターの所説と「マッドメン」の台頭

私たちが知りうる限り、「クチコミ広告」というフレーズは、1966年に『ハーバード・ビジネス・レビュー』誌に掲載された論文の中で、アーネスト・ディヒターが最初に用いた。[8] ディヒターは一般に、「モチベーション・リサーチの父」として知られ、「フォーカス・グループ」という用語を初めて造った人物であると考えられている。[9] フォーカス・グループは、人々が購買やその他の行為・思考を動機づけられる理由について理解する際に役立つ手法である。彼は自身の広告主に、単なる製品情報や統計といったものから、イメージや説得へと焦点を移すよう助言した。彼のアドバイスは、1955年に出版された古典『パーソナル・インフルエンス：オピニオン・リーダーと人びとの意思決定』の中で、コロンビア大学教授のポール・ラザースフェルドとエリフュー・カッツが示した明察に素直に従ったものであった。[10] その明察とは、広告が会話を促進し、次に会話が購買を引き起こすというマーケティングの「2段階流れ仮説」［「2段階流れ仮説」とは、広告などのマス・コミュニケーションが一般大衆へ直接的に影響を及ぼすわけではなく、第一段階としてマス・コミュニケーションを通じてオピニオン・リーダーに情報が届き、次に第二段階としてオピニオン・リーダーからフォロワー（一般大衆）へのパーソナル・コミュニケーションを通して影響が広がることを示すモデル」である。

ディヒターは、『ハーバード・ビジネス・レビュー』誌に掲載された論文にこの視点を導入した。[11] その結果、消費者に特定のブランドや製品を購買した理由についてたずねると、その答えは常に、「友人、専門家、あるいは親戚から教えてもらったから」であるという観察結果にたどり着いた。そしてこの観察結果はディヒターに、「広告の量が増えている時代にあって、なぜクチコミによるレコメンデーションがこれほど大きな影響力を持ち続けるのか」という重要な疑問を生じさせたのである。

ディヒターの研究は、クチコミによるレコメンデーションが広告に及ぼす影響、そしてその反対に、広告がクチコミに及ぼす影響について調べている。彼が目指したのは、広告メッセージの対抗勢力としてクチコミを捉えるのではなく、クチコミを取り込み、さらにこれを活用して自社の優位性につなげられるよう、広告主の技術を洗練させることであった。今日、多くのマーケターが三つの主要なコミュニケーション資産、すなわちペイドメディア（検索連動型やスポンサーシップを含む広告）、アーンドメディア（PRやクチコミ）、そして、オウンドメディア（ブランドのウェブサイトやパッケージングなど、コントロール可能な所有物）を統合したいと熱望している。ディヒターのアプローチは多くの点で、こうした願望の先駆けであった。

ディヒターは、これらのコミュニケーション資産をサイロ［サイロとは飼料や穀物などの貯蔵庫、または兵器の地下格納庫のことを言う。窓がなく周囲が見えないことから、部門間の連携を欠き、それぞれが孤立している状態を指す」のように扱ったり、ましてや反発し合う力のように扱ったりするのではなく、それらをいかに組み合わせるべきか理解しようとした。彼が広告関係者に投げかけた根本的なメッセージは、それから50年近く経った今日でも、驚くほどに当てはまる。それは以下のようなものである。

・「広告は個人的影響に逆らって売り込むことはできない」。
・広告は、「商品をさばこうとする販売員」という伝統的役割から、「有益で信頼できる製品を推奨する友人」という新たな役割へシフトしなければならない。
・そのため、広告主は個人間の相互作用を強め、それに応じてマスメディアのアプローチを修正するステップについて理解するべきである。「コミュニケーションには、人的なものと非人的なもの、および公式のものと非公式のものとがあり、これらは相互に支え合っている」。
・「(適切なメディアを用いた) 広告と適切なクリエイティブ・アプローチを用いることで到達し、影響を与えることができる『インフルエンサー、エキスパート、愛好家』といった人たちの既存市場が存在する」。

これらのような先進的なアイデアから、広告主や広告会社は、購買プロセスにおける個人的影響とクチコミの力を無視するのではなく取り入れることで、マーケティング努力のインパクトを最大化する着想は得ていた。

しかし残念なことに、これは実現に至らなかった。それどころか、AMCネットワークのヒットドラマで描かれたように、マーケティングは「マッドメン」の時代に取って代わられてしまった。自らの卓越した創造性に惚れ惚れし、アイデアの力でマス・マーケットを説得する自分たちの能力に酔いしれていた広告業界の幹部たちは、主としてテレビと発行部数の多い印刷媒体に広告を出稿していた。現実世界の購買決定は現在と同じく「フラット」で「ソーシャル」に行われていたにもかかわらず、当時の大ヒットドラマであった「パパは何でも知っている」ではないが、広告会社はまさに何でも知っている、何でもできると考えられていた時代だったのである。

人はこの時代を「広告の黄金時代」と呼ぶ[12]。もしあなたが当時の広告業界にいたならば、あなたもまた、間違いなくそう考えていただろう。しかしマディソン街のクライアントたちにとってのこの数十年は、長期にわたってビジネスチャンスを逃した期間であったと私たちは考えている。この間、クチコミ広告やインフルエンサー・マーケティングなどがその力を十分に発揮できなかっただけでなく、マーケターの意識から遠ざかってしまった。１９６０年代後半から１９９０年代末までを通して、それらに対する注目度は比較的低かった。マーケターはたいてい、他のアプローチ、とりわけプロモーション、ＰＲ、ダイレクト・マーケティング、それから創造的な広告の方を重宝した。

しかしその間にも、わずかではあるが大勢の逆を行く者や先駆者という、この章で述べる法則の正しさを証明するような例外的な事例が存在した。その一つは、広告会社のカーシェンバウム&ボンド社であった。

■スナップル・レディ大当たり

１９８７年に設立されたとき、カーシェンバウム＆ボンド（ＫＢ）社は、広告会社としては挑発的な立場をとっていた。[13]この新興企業は、「人々は広告を信頼していない……彼らが信用するのは他の人々である」と力説し、「クチコミ広告の作り方」を知る会社というポジショニングをしていた。ＫＢ社は、巧みに作り込まれた自社のクチコミ・キャンペーンが、「御社の販売部隊を拡大」し、クライアントの広告予算を増大させて、より確実に機能させるものであると触れ込んだ。「トークバリューのある広告を打つと、消費者がブランドの『エバンジェリスト（伝道師）』になる。これは文字通り、あなたのスタッフに販売員が加わったことを意味する……クチコミ広告は、１ドルの支出が5ドルや10ドル分の働きをするといった意味で『乗数効果』を生むのである」。

しかし、多くのブランドがすぐにこの提案に食いついたわけではなかった。共同創設者であるジョン・ボンドは、ほとんどの「大手クライアントはその考えを採用せず、より伝統的な広告アプローチの方を好んだ」と当時を振り返っている。[14]そんな中、ターゲット社やスナップル社といったわずかなクライアントのみが、思い切ってこの案を採用した。ＫＢ社はリスクをいとわないこれらのブランドのために、クチコミを目的とした、記憶に残る名キャンペーンを生み出した。どうすれば型にはまった考え方を打ち破ることができるかを学ぶために、これらのキャンペーンには振り返る価値がある。クチコミの原則を無視した広告が依然として多いことを考えると、これらの事例研究は今日でもそのまま通用する。

ＫＢ社は、ターゲット社がニューヨーク地域に1号店をオープンするための開店支援を担当した。[15] 課題は、ニューヨークにいる多くの「ファッション通」が決して大規模小売店には足を踏み入れないこと、そして、多くの人が「ターゲット」の名前すら聞いたことがないということであった。しかし、ＫＢ社は自社が行った調査の結果から、ニューヨークには、このブランドが十分な存在感を持っている地域に以前住んでいた経験のある人が、数は少ないものの存在することを知っていた。この人たちが広告の標的グループになったのである。

オープン前のイベントを告知する広告には、広告主が特定できる情報を掲載せず、ロゴを全面に出した。もしあなたがそのロゴを知っていたならば、あなたは広告が何を意味するかわかる。一方、もしあなたがロゴを知らなければ、その広告は少し不可解なものであろう。当時を振り返り、「これによって、ニューヨークに住んでいるターゲットのファンは「自分は事情通である」と感じる。そして、その多くは、ターゲットが何であるかを知らず、死んでも大規模小売店になど足を踏み入れたくないと思っているニューヨーク生まれの友人を連れて来てくれる。彼らが「私たちはあなたが知っているということを知っている」という広告の「暗号」を解読すると確信していた。私たちには、彼らがこれを「解読」するだけの洗練さを備えているという確信があることを伝えたのである。ターゲットの利用者がこのブランドについて話す際、ターゲットをフランス語なまりで発音したときの「tarjay」という隠語を用いていたことから着想を得たのさ」とボンドは語った。

しかし、誰もがターゲット社の顧客にこれだけの信頼を寄せていたわけではない。少なくとも、ターゲット社の経営陣はそうではなかった。事実、同社の経営陣は非常に不安に思っており、このブラインド広告が機能するとは考えていなかった、とボンドは述べている。そこで、KB社はもし広告が成功しなければ、費用を持つと申し出た。結果はいかに。「当イベントは（広告が載った）新聞が発売された1時間後に完売した。そしてそれ以来、ターゲット社が新規市場で店舗をオープンする際、これがスタンダードな手順になった」とボンドは述べた。

クチコミの視点からすると、ターゲットのキャンペーンがこれほどうまくいったのは、謎を作り出し、そして特定の人々、つまり過去の顧客やブランドのアドボケーター（支援者）に「自分にはわかる」と思わせたからであった。すると、そうした人々だけが、ターゲットのロゴを知らず広告の意味がわからない家族や友人にその意味を伝えることができる。広告の意味を理解できなかった人たちは、誰かに説明してほしいという衝動に駆られたであろう。さらに、イベント自体も会話を促進した。というのも、イベントに連れて来られた人たちが、そこで知ったことについて、イベントに参加していない人に伝えたからである。こうしてバイラル・キャンペーンが引き起こされた。「バイラル」がユーチューブでの動画視聴を意味するようになるより、はるかに前のことである。

一方、スナップル社の案件において、KB社は、また別のクチコミ原理を展開してみせた。スナップル社は、1972年にハイミー、アリーン、レニーというブルックリン出身の3人の仲間たちによって設立されて以来、20年間、さしたる広告投資もせずに自然と成長してきた。[16] 当初、同社は主に、東海岸と西海岸で健康食品店を通じたフルーツジュースと天然ソーダの販売に集中していた。その後、１９８７年にアイスティーを市場導入した。米国で健康意識が高まる中、「スナップル」はそのまま飲むことのできるアイスティーの中で唯一、天然由来の成分でできていた。炭酸飲料からスイッチする消費者がいたことなどが寄与し、売上は上昇した。

１９９１年、スナップル社はトーマス・Ｈ・リー・パートナーズに買収された。トーマス・Ｈ・リー・パートナーズは、莫大な予算を持つ大手飲料メーカーがもたらす競争上の脅威を回避するために、「スナップル」をより早く全国レベルで成長させる必要があると感じていた。コカ・コーラと提携している「ネスティ」、ペプシと提携関係にある「リプトン」が、巨大で潤沢な資金を持つチャレンジャーとして不気味に迫っていた。

ここで、ＫＢ社のカーシェンバウムとボンドの出番である。彼らは、「スナップル・レディのウェンディ」を主役にし、後にこの時代の伝説的広告キャンペーンの一つとなる作品を創り上げた。ＫＢ社は、スナップルが誠実で信頼できるブランドであると知覚されている一方で、マーケティング（とくに広告）が不誠実で信頼できないとみなされていることを理解していた。そこで、不信感を感じさせない全国規模の広告キャンペーンを展開するべく、ＫＢ社はまったく新しいアプローチを採用した。ボンドによると、「スナップルはクチコミで築かれたブランドであること（調査結果によると、スナップル飲用者の42％は、最初に飲んだきっかけはクチコミで知ったからであったと言っている）に加え、私たちはコカ・コーラやペプシと派手に競争することはできなかったため、『リアルな』マーケティングしか行わないと決めた。

私たちの戦略は、『無添加のマーケティング』を創造することであった。そして実際に、これがまさにクチコミ・マーケティングの本質なのである」という。その意味は、すべてのコミュニケーションが、まるで友人からスナップルについて聞いているかのように消費者に感じてもらわなければならないということであった。これはまさに、アーネスト・ディヒターが25年も前に説いた内容そのものであるが、現在に至るまで、彼のアドバイスに従った者はほとんどいない。

戦略の中心となったのは、ロング・アイランドにあるスナップル本社に勤務し、同社に届いたファンレターへの返事を率先して書いていたウェンディ・カウフマンであった。社内の誰もやりたがらなかったので、彼女は勤務時間外にこれを書いていた。彼女は、当時の代表的なCMスターではなかったため、スナップルの経営陣にKB社の考え方を理解してもらうには、多少の説得が必要だった。「依然として十分な数を保有する少数株主であり、経営にも携わり続けていたスナップル社の創業者は、有名人や魅力的でセクシーな女性を望んでいた」とボンドは言った。彼によると、「私たちがウェンディを提案したとき、彼らは「あのウェンディ⁉」といぶかしげに言った。そこで私たちは、当時米国で最も人気がある女性の写真を見せた。それはオプラ［オプラ・ウィンフリー、米国で人気のあるテレビ番組の司会者、女優］とロザンヌ・バー［米国で人気のある女優］であり、2人とも太っていた。だから、ほとんどの女性はセクシーなセレブより、ウェンディの方に親近感を抱くであろうと説明した。さらに、ウェンディは実在するリアルな人物であり、スナップルにとって、リアルで自然なことが重要であるとも付け加えた」という。

この広告キャンペーンは、消費者に手紙の返事を書くというウェンディの日課を再現しようとしたものであったが、彼女の返事をテレビで流すことにより、日課の規模は大きく拡大された。広告の大部分が、手紙の送り主とウェンディを映し出すために使われた。手紙を主役にすることでKB社は、スナップルを愛する顧客にメガホンを渡したのである。つまり、ブランドのクチコミによるアドボケーター（支援者）をマスメディアを通じて拡散したのである。ウェンディの個人的な実直さも、それらの手紙が本物であり、マディソン街の会議室で創作されたものではないことを示すのに効果的であった。

ボンドが説明したように、「私たちは、ちょうど今日のリアリティ番組［プロの俳優ではない一般人の参加者が、台本のない状況に置かれ、さまざまな経験をする様子をそのまま放送する形式の番組］のように、筋書きがなくてもおもしろいスポット広告になるような興味深い手紙を探した。ある女性から送られてきた一通の手紙の中で、スナップルのボトルを開ける音を聞くといつも、飼い犬のシェーンが走ってくると書かれていたので、私たちはその犬を「驚異の犬シェーン」と名づけた。私たちがその女性の家に行くと、シェーンは寝そべったまま、ボトルを何十回開けても決して起き上がらなかった。私たちはそれをそのまま放送した！　そこにあったのは『完璧であるべき』という考えではなく、今日のソーシャルメディアにとって鍵となるもの、すなわち『事実に基づくべき』という考えであった」。

このキャンペーンは大成功をおさめた。売上は急増し、その3年後、トーマス・H・リー・パートナーズ社は、わずか2億ドルで買ったスナップル社を17億ドルでクエーカーオーツ社に売却した。その850％というリターンの大部分は、クチコミ・ベースの広告キャンペーンがもたらしたものである。

KB社によるターゲットの広告から得られる教訓が、内情を知る人々をベースにしてクチコミを作り出し、彼らが他者と情報共有できるようにしたことにあるとすれば、スナップルの成功から得られる教訓は、自然で事実に裏づけられたマーケティングがとてつもなく大きな価値とインパクトを持ちうるということである。「ウェンディのような人と、もともとおもしろくて、視聴者の注意を引くための特別な味付けも、突飛な演出もいらない状況を見出すことである」とボンドはその秘訣を語った。

これらの成功にもかかわらず、ボンドと彼の同僚は、クチコミを当時の一流クライアントに売ることができなかった。彼らでもできないのであれば、他にできる者などいない。説得的キャンペーンにおいてクチコミがきわめて重要であるという強力なエビデンスがあるにもかかわらず、広告主は、ブランドを自宅のテレビ画面上でスターのように扱う「1段階」のコミュニケーション・モデルの方をはるかに好んだ。KB社はクチコミによって成長してきたが、それを戦略から外した。「時代の先を行き過ぎていた。大規模なクライアントは、とにかくよいスポット広告を望んでいた」とボンドは語った。

しかし、ボンドが言うには、クチコミのアイデアを完全に手放したわけではなかった。そしてKB社は、幾度となくそこに戻ってきた。デジタル革命が起こったとき、「クチコミがビッグビジネスであることが明らかになった」と彼は語っている。ボンドの会社が初めてクラアントに消費者のアドボカシーについて納得してもらおうと試みてからほぼ四半世紀が経った今、彼はクチコミとソーシャルメディアに（金銭的にも、個人的にも）深く入れ込んでいる。[17] ボンドは2010年にKB社を去り、翌年からビッグ・フーエル社というソーシャルメディア・マーケティング会社でCEOとして舵を取ることになった

（その後すぐに、通信系コングロマリットであるパブリシス・グループ社がビッグ・フーエル株の51％を獲得した[18]）。

■ P&Gがマディソン街に喝！

１９８０年代のマーケティング業界は、ＫＢ社の話に耳を傾ける心構えができていなかった[19]。しかし、２００４年、世界最大の広告主であるＰ＆Ｇ社のＣＭＯ（最高マーケティング責任者）であるジム・ステンゲルが、この年のメディア・コンファレンスと展示会で国内最大級の広告会社の面々に向けて発した「今のマーケティング業界は壊れている」という言葉は、間違いなく注目を集めた。あちこちで紹介されたこのスピーチの中で、ステンゲルは、「今日の消費者は、伝統的なメディアに反応しなくなっている。彼らは、商品を買う方法と時間をもっとコントロールできるようにしてくれる新しい技術を好んで使うようになっている。彼らはマーケターの直接的な影響力が比較的及びにくい環境（店舗内、クチコミ、専門家によるレコメンデーションなど）の下で購買意思決定を行っている……私たちには、消費者にリーチできる新しいチャネルが必要である。主流メディアに頼り、新しい技術やつながりを探究していないブランドは、時代から取り残されるであろう」と述べた。

ごく普通の人でも自身のソーシャルなネットワークを構築し、製品を称賛または酷評し、あらゆる種類のコンテンツを共有できるマスメディアとしてのインターネットの成長は、フェイスブックの誕生を待たずとも、マーケティング業界に地殻変動を起こしていた。ＣＰ＋Ｂ社のように賢明な広告会社は、ステンゲルの演説を聞く前から、この新たな現実を巧みに利用していたのである。多くの独立系機関も、それに注目していた。たとえば、『ウォール・ストリート・ジャーナル』紙は、「30秒スポット広告に陰り、どうする広告主」と問う見出しを掲載した。[20] セルジオ・ジーマンやジョセフ・ジャフィといったマーケティングの第一人者による『セルジオ・ジーマンの実践！ 広告戦略論★』や『30秒スポット広告後の暮らし方★★』といったタイトルの著書もこの頃に出版された。格式高い業界誌である『アドバタイジング・エイジ』誌でさえ、2006年のエージェンシー・オブ・ザ・イヤーの選出を行わず、この年を「消費者の年」であると宣言した。これは、オンライン上を駆け巡る消費者によって作成され投稿されたブランド関連のコンテンツが有する力を示すものである。このとき、表紙に選ばれたのは、消費者によって制作されたユーチューブのバイラル動画を映した写真であった。これは、ダイエット・コークの中にメントス・キャンディを落とすと、ペットボトルの口からすさまじい勢いで柱のような泡が飛び出すことを実演した動画であり、メントス・キャンディの尋常でない力を非常にユーモラスな方法で示したものであった。

それはまるで、消費者自身の手によって広告会社が衰退させられる運命にあることを広告業界が信じているかのようであった。

もちろん、実際には衰退などしておらず、変化と混乱が生じているだけである。広告会社は依然として健在で活気があり、デジタル、PR、ダイレクトといったマーケティング会社だけでなく、クチコミ・マーケティング会社とも連携している。確かに、デジタル広告は伝統的なメディア、とくに印刷広

★ ［訳注］ Sergio Zyman (2002) *The End of Advertising as We Know It*, John Wiley & Sons.（中野雅司・渡辺竜介訳『セルジオ・ジーマンの実践！ 広告戦略論』ダイヤモンド社, 2003年）

★★ ［訳注］ Joseph Jaffe (2005) *Life After the 30-Second Spot: Energize Your Brand With a Bold Mix of Alternatives to Traditional Advertising*, John Wiley & Sons.

告よりも早く成長しているが、テレビも２０１０年末までに大きく回復している。[21] ２０１１年のスーパーボウルに関しても、スポンサーが前年よりも早く、そして記録的な価格での参加の意向を示した。２０１１年の春には、大手放送事業者におけるテレビ広告枠の先行販売額が、対前年度比で7～15％増という数字をたたき出した。この著しい回復は、２０１０年12月にデロイト社が出した「テレビは、すぐに衰退するという一部のコメンテーターによる予言に反し、現在のスーパーメディアとしての地位を確たるものにするであろう」という予測と一致していた。[22] テレビは以前ほど真に大衆的なイベントを提供できないかもしれないが、依然として他のメディアよりも多くのものを提供している。マーク・トウェインの言葉を借りれば、テレビ広告の死に関する噂は、だいぶ誇張されてきたのである［マーク・トウェインは数々の名言を残したことで知られている米国の作家。ここでは彼の言葉である“The reports of my death have been greatly exaggerated”（私の死亡記事はずいぶん誇張されている）をもじっている］。

歴史を通して真実であり続けたことは、広告とクチコミはうまく組み合わせなければならないということである。以下では、その方法について論じていく。

■ 1週間で38億回

話す価値のある経験の特徴とは何であろうか。思いがけずファーストクラスにアップグレードしてもらえたことだろうか。ソファについた赤ワインの染みが本当にきれいに落ちる洗浄剤であろうか。それとも、万全の事故対応をしてくれる落ち着いた保険査定員であろうか。こうしたすばらしい顧客経験のすべてが、あなたをブランドについて語らしめるに違いない。では、あなたの好きな番組の放送中に流れるおもしろい広告、洞察に富んだ広告、あるいは有益な広告はどうであろうか。これには、少し考えてしまうかもしれない。

私たちの調査結果は、上記のすべての例が消費者の会話につながることを示している。[23] 確かに、人はすばらしい経験について話したくなる。革新的な製品もまたそうである。しかし、驚くほど、会話にとって広告はネタの宝庫である。トークトラックから、消費者がブランドについて話す会話のおよそ25％が、自分が見た広告について他人に話しているものであることがわかった。私たちの推計によると、これは、広告によって触発されたクチコミの会話や広告について触れる会話を通じて消費者がブランドに触れる機会が米国で毎週38億回以上ある計算になる。小売店の陳列、クーポン、ダイレクトメール、そして、パブリック・リレーションズといった広告以外のマーケティング手法も、重要な役割を担っている。それらは、合計すると、残り30％の会話でのネタになっている。したがって、マーケティングと広告に関連した会話の割合が、およそ半分ということになる。言い換えれば、広告とマーケティングは、クチコミの土台であると言えよう。また、私たちは逆も真なりと信じている。つまり、カッツ、ラザースフェルド、ディヒターが何年も前に述べたように、広告自体が効果を発揮するうえで、クチコミは中心的存在となるのである。

私たちにとって興味深いのは、カテゴリーによってばらつきはあるものの、この知見がカテゴリーを越えて概ね当てはまるということである。広告は、エンターテインメントと映画に関する会話において最も頻繁に話題にのぼり、次いで通信、美容、ハイテク、そして自動車という順になっている。しかし、広告がブランド関連の会話の一部になる傾向が最も低いカテゴリー（健康と金融サービス）でさえ、約５分の１の会話において、やはり広告が役に立っている現実を見出すことができる。したがって、適切なタイミングで適切なメッセージを伝える適切な広告は、カテゴリーにかかわらず、クチコミを誘発できるということである。

私たちの多くにとって、クチコミによる推奨の最も一般的なイメージとして真っ先に思い浮かぶのは、ある企業が期待を越え、単なる満足をはるかに超えたものを提供してくれたときの驚きと歓喜の瞬間である。こうした経験は、クチコミがいかにして作用するかを示すモデルを提供してくれる。そしてそこでは、どうやら広告の出番はないのである。ブランド構築にとって、クチコミと広

図表 4.2
ブランドに関するクチコミの４分の１が広告に由来する

広告に影響されたクチコミ比率のランキング

業　界	広告に影響された クチコミの割合（%）
メディア／エンターテインメント	31
通信サービス	29
パーソナルケア／美容	28
ハイテク	27
自動車	27
住宅	27
家庭用品	26
小売／アパレル	25
平均値	25
旅行	25
食品／外食	24
子ども向け製品	23
飲料	22
スポーツ／趣味	21
金融サービス	19
健康／ヘルスケア	18

（出所）　ケラー・フェイ・グループのトークトラック（TalkTrack®），2010年７月～2011年６月。

告が二者択一の関係にあると思う人がいるのは、このためである。そうした人々は、顧客に驚きや喜びといった経験を提供し続けることがブランドを育てる最善の方法であり、クチコミはその後についてくるものだと信じている。この理屈からすると、ビジネスが繁盛していて広告にお金をつぎ込む必要がない時には、あなたは正しい行動をしているということになる。アップルのように、最も優れたクチコミ・ブランドの中には、実際に多くの広告を行っているものもあることは気にするな、と。

残念ながら、驚きと喜びの瞬間というものは、人生と同様に市場でもめったにあるものではない。企業はそうした瞬間を生み出すよう必死に努力するべきであるが、多くの企業にとって、支払い可能なコストで、継続的に、そして、成長目標を達成するのに十分なスケールで、これを行うことは難しいだろう。しかし実際には、広告は、すばらしい経験を照らし出し、消費者にブランドのストーリーについて話すことを思い出させるうえで重要な役割を担うことができる。それゆえ、広告、とりわけクチコミを生成し、増幅させ、あるいは育むためにデザインされた広告が非常に重要なのである。スナップル・レディのウェンディが顧客から届いた感謝の手紙を読むという行為が、まさにそれに当たる。

私たちが行った調査結果から、広告によって引き起こされたクチコミに、同じくらい高い購買意図を生起させるという意味で、他のあらゆる方法で引き起こされたクチコミと少なくとも同等の価値があることが明らかになった。広告に端を発する会話は、特定のCMがいかに「クール」か、あるいは「ばかげて」いるかに関するただのつぶやきではない。事実、広告によって刺激されたブランドに関する会話は通常、3分から5分の間の長さである。これは、ブランドの特徴やベネフィットあるいは個人的経験について話したり，薦めたりするのに十分な時間である。

広告がクチコミを引き起こすメカニズムは，たくさんある。[24] 中でも重要なのは，広告が人々に非常にポジティブな経験を思い出させ，それを他人と共有するよう刺激できるということである。言い換えれば，強力な広告は，実体験に関するクチコミを増幅できるということだ。

ただし，こうしたリマインダーとしての機能によってのみ，広告が生産的なクチコミを作り出しうるわけではない。広告の娯楽的価値や情報価値も，会話の引き金となりうる。燃費を向上したという新車が本当に前評判通りであるかどうか，新しい旅行ウェブサイトが本当にお得な旅行を掲載しているかどうか，あるいは，広告しているゼロカロリー飲料の新製品は本当にオリジナルと同様においしいのかといった議論を他の人と（いますぐに，あるいは後で）交わすように促すことによって，広告は会話のきっかけになることができる。またあるときには，広告は「会話の余白」を埋めるのに役立つ。これは，業界用語で「気まずい沈黙のマーケティング」と呼ばれることもある。私たちの多くは，話すことがないという経験をする。このとき，マーケターは，空いてしまった間を埋めるタイムリーで魅力的な広告メッセージを送ることで，人々に貢献できる。人々の役に立てるという価値は，マーケターにとって決して小さなものではない。

消費者が広告について話すブランド関連の会話の中で，最も多くを占めているのはテレビ広告である。このことは，他のどのメディアよりもテレビ広告に多くの資金が費やされているという事実と整合する。しかし，他の広告形態（インターネット，新聞，雑誌，ラジオ，屋外）が占める割合を合計すると，テレビとほぼ同等になる。したがって、すべてのメディアが、クチコミを引き起こすのに適していると捉えるべきである。マーケターにとっての鍵は、適切なメディアを通じて、適切なタイミングで、適切なタイプの消費者に届く適切なメッセージを見出すことである。

メディアに関わらず、最も重要なことはエンゲージメント、つまり、アドバイス、経験、および意見の共有である会話を引き起こす広告である。学校の教師は、この秘密を知っている。講義形式の授業は、参加型の授業ほど効果的ではない。その広告は生産的な会話を引き起こし、持続させているか。これが、あらゆる広告やマーケティングの新しい成果指標になるべきであると私たちは信じている。答えがイエスであれば、ブランドの成長を後押しするであろう。一方、その答えがノーならば、おそらく資金を投じる価値のないものであろう。

この質問が、スーパーボウルの期間中ほど重要になることはない[25]。そしてそこで流される広告は、最も高価なマーケティング機会である。広告主が30秒のCM枠に対して300万ドルを超える資金を投じるのは、大量の視聴者がいるためだけでなく、クチコミを生み出し得るからである。中継を見る人は、他の人と一緒に観戦する傾向にあるため、ブランドについて話す機会は多い。また、広告はスーパーボウルというエンターテインメントの一部であると、十分認められてもいる。マーケターの多くがクチコ

図表 4.3
クチコミを誘発する広告（メディア別）

広告によって引き起こされた全クチコミ会話の割合

広告のタイプ	クチコミの中で言及される割合（%）
テレビ広告	11.4
インターネット広告	4.5
新聞広告	4.0
雑誌広告	3.0
ラジオ広告	2.0
屋外看板広告	1.7
その他の広告	2.8

（出所） ケラー・フェイ・グループのトークトラック（TalkTrack®），2010年7月～2011年6月。

ミ、すなわち「バズ」の価値を理由に、その途方もないコストを正当化するのである。「実際に、視聴者の50％近くが試合よりもＣＭを見るためにチャンネルを合わせている」とニールセン・スポーツ社のメディアリサーチ担当副社長であるスティーブン・マスターは２０１１年にＣＮＮで語った。[26]「スーパーボウルを見る理由として広告を選ぶ人々のエンゲージメント・レベルがきわめて高いことは明白である」。

それゆえ、スーパーボウルの中継中に流れる広告は、クチコミを引き起こすように巧妙に練られていると思うであろう。事実、２０１１年の放送では、すべての広告主にとって、クチコミ・レベルが、調査を開始した２００７年以降最大の「伸び」を示した。この年、広告対象ブランドのゲームの翌週におけるブランド・インプレッションは、ゲーム前１カ月の週平均と比べ、全体で１億７０００万も増加した。

しかし、この恩恵にあずかった、すなわちスーパーボウル後、少なくとも週に２００万以上の会話によるインプレッションを得ることのできた広告主は全体の半分、つまり測定対象となった42社のうちの21社と大きく偏っていた。２０１１年の上位はiPhone、バドライト、ドリトス、ベライゾン、そしてＢＭＷ

図表 4.4
クチコミを大きく増やしたスーパーボウル広告トップ 10

2011 年のスーパーボウル後，週間クチコミの増分（前月比）が最も大きかったブランド

順位	広告主	増加（百万）
1	iPhone	24
2	バドライト	23
3	ドリトス	17
4	ベライゾン	14
5	BMW	13
6	シボレー	10
7	ペプシマックス	9
8	バドワイザー	8
9	アウディ	7
10	モトローラ	6
スーパーボウルの全広告主の平均値		4

（出所）　ケラー・フェイ・グループのトークトラック（TalkTrack®），2010 年 12 月～ 2011 年 2 月。

であり、それらは皆、会話によって1000万以上の追加露出を得た。ペプシはソーシャルメディア・マーケティングに注力するとして、2010年にスーパーボウルへの広告出稿を見送ったが、2011年にはクチコミを駆り立てるトップ10のプレーヤーとして再び参戦した。同ブランドは、900万以上の会話によるインプレッションを得たが、その圧倒的多数はオフラインで生じたものであった。実際に、スーパーボウルのCM全体が生み出したオンライン上のクチコミは、フェイス・トゥ・フェイスのクチコミより少なかった。

うまくいかなかった広告主の問題点はさまざまであるが、最も共通しているのは、強いブランディングに欠けていたことであろう。記憶に残り、話す価値のある広告は時として、ブランドよりも、広告そのものに関する会話を生み出す。それは、ベテラン女優のベティ・ホワイトが庭でアメリカン・フットボールをして遊んでいるときにタックルされるという2010年の印象深い広告で起こった。多くの人々がベティ・ホワイトと、彼女がどのように復活したか［ベテラン女優であるベティ・ホワイトは1950年から長らくテレビで活躍してきたが、1990年代以降は主要番組の終了などに伴い人気が落ち目になっており、2010年のこのCMで復活した］について話したが、広告主つまり「スニッカーズ」のチョコレート・バーについて話す人はほとんどいなかった。

ここで、スニッカーズのアプローチと、同じくスーパーボウルに広告を出した「アウディ」のアプローチを比較してみよう。アウディ社のCMOであるスコット・キーオによると、会話を生み出すうえでは、関連性が重要であるという。[27]「誰かが私の股間をめがけて投げたフットボールが見事命中し、私はもんどり打って倒れる、というスーパーボウルのスポット広告を打つこともできる。そのような内容の会話を始めることはできるが、ここで重要なのは、そこに話題性があり、ブランドに関する内容という意味での関連性もあって、単に『誰かにフットボールをぶつけられたから、痛くて倒れている』で終わらない会話になるか、ということである」。

しかし、それは価格や製品属性に関するメッセージを消費者に無理やりぶつけるような単純なものでもない。「私たちが作る広告クリエイティブをよく見てもらえれば、私が行き止まり広告と呼ぶような広告活動を認めていないということをよく理解してもらえるだろう」とキーオは言った。「『これが私たちの製品です。これがその機能です。とても売れています。価格はこれくらいです』などという広告はない。カクテルパーティーやオンライン上で、『新型A4が出たよ。値段は3万8000ドル。よく売れているよ』などと言う人はいないだろうから、そんな広告から会話が生まれることはない。それを誰かに言おうとする人もいない。だから私たちはもっと突っ込んで、私たちはどのような内容の会話を生むことができるのか、そして、私たちはどこでその会話を始めさせることができるのか、と問う」。

アウディによる2011年のスーパーボウル広告は、ただのウケねらいにならないように十分練られた創造的なアイデアであった。それは、古くからのラグジュアリー・ブランド、具体的にはキーオの元勤務先であり、このビッグゲームの広告主でもある「メルセデス」を穏やかにからかったものであった。「やつを放て（"Release the Hounds"）」と題したこの広告は、「古めかしい贅沢な」家具で飾られた監獄のような館から逃げ出す2人の男が登場する。「それは罠だ。こっちのアウディA8で逃げるぞ」という相方の警告にもかかわらず、男は一人メルセデスに飛び乗る。「ばか言え。オレの親父も持っているんだぞ」男はそう言って忠告に耳を傾けようとしなかった。彼はそのまま走り去るが、結局逃げ出した館へと続く道に戻ってしまう。そして彼は「オレは騙されていたのか」と漏らす。一方、相方はアウディA８で自由の道へと加速する。CMはフェードアウトし、黒の背景に「古い贅沢の檻から抜け出そう。新型アウディA８、ここに誕生。贅沢は進化した」と書かれた白い文字があらわれる。

キーオにとって、この新しい広告キャンペーンへの投資は、クチコミの可能性と直接的につながっている。「広告は、会話における真の火付け役である。それがよいものであれば、会話は滞りなく続き、コーヒーショップやゴルフ場へと持ち越されるであろう。しかし、それが少しもよくなければ、会話はすぐに行き詰ってしまう」と彼は言った。２０１１年のスーパーボウルの場合、その投資は非常に効果的であった。スーパーボウル広告が有するクチコミへの影響力を測定しているケラー・フェイ・グループの年次調査から、アウディがスーパーボウルの翌週に人々の会話を通じて生み出したブランド露出は、その前の数週より720万回も多いことが判明した。このクチコミの増加によりアウディは、40社を超えるスーパーボウル広告主の中で、堂々の9位に輝いた。

アウディは、さらに成功するクチコミ・ブランドになるべく適切な行動をとっている。私たちの調査によると、アウディのクチコミは最近、飛躍的に伸びている。アウディは、２００9年から２０１０年にかけて、購入を強く薦めるという点で、全米最大の伸びを達成したブランドの一つ（自動車ブランドではナンバーワン）である。また、２０１０年と２０１１年には、人々がブランドについて話す際に話題にのぼる広告という点で、ナンバーワンの自動車メーカーにもなった。２０１０年、アウディは米国での販売台数が過去最高を記録し、国内販売台数が初めて10万台を超え、会話が「あったら嬉しい」というだけのものでなく、業績にもつながることを示した。

よりよい広告モデルに向けて

当たり前であるが、マーケターの意に反して伝えられようとしているならば、その広告は変えなければならない。小売業を経営するジョン・ワナメイカーの有名な言葉に「広告費の半分が無駄であることはわかっている。問題は、どっちの半分が無駄なのかわからないことである」というものがある。驚くべきことに、これはおそらくいまだに真実であり、広告費が上昇し続ける中、広告主はより投資に見合うリターンを求めている。

消費者もまた、うんざりしている。レジ付近や惣菜コーナーに設置されたテレビ画面、モバイル機器、公衆トイレの壁に貼られたポスター、果ては病院の診察室に至るまで、彼らの行く先々に広告があふれかえっている。消費者が接触する広告の大半が、自分に関係がないか、自らの行動を邪魔するか、気分を害するか、あるいはうんざりさせるものである。賞を獲得したどの広告についても、鈍感で、間の抜けた、時には不快でさえある受賞理由を見聞きするばかりである。消費者が自分自身、つまり彼らのニーズ、興味、生活により関連した広告を見聞きすることを好むのは間違いない。無関係で興味のない広告の量を減らすことは、消費者にも歓迎され、広告主にとってもよいことである。

広告を成功させるためにクチコミが重要であることは、広告クリエイティブ関係者の間で広く認識され始めている。理由の一つは、広告会社の重役がオンライン上のソーシャルメディアを非常に重視し、自社のキャンペーンがアップロードされ、転送され、ツイートされ、共有されるのを見たがっているからである。本書で明らかにしているように、ソーシャルメディアは機会のごく一部に過ぎないが、「共有されること」が広告会社のクリエイティブ部門における目標になりつつあることは有益である。

広告は何よりもまず、情報に通じた人々の間に会話を引き起こすことで機能する。そしてその人たちが新しい顧客へニュースやレコメンデーションを広げるのである。私たちはそう考えている。主として潜在顧客、とくに競合ブランドに対するロイヤリティの高い消費者に届くようデザインされている広告は、影響力を持ちそうにない。彼らは注意を向けないし、もともと持っている意見はぶれ難いからである。彼らを寝返らせたいと思うなら、その説得を支援してくれる既存顧客が必要である。言うならば、「説法は釈迦にしてもらえ」である。つまり、彼らが友人や家族にあなたの会社の顧客の一員として加わるよう説得してもらうのに使える美しい説話を提供するのである。

これはかなり単純な考えのように聞こえるが、広告に抜本的な変化をもたらすものである。直接的に訴えかけるという目的において、広告主は潜在顧客に絞ってターゲティングするべきではないと言っているに近いからである。認知度の向上を目的とする広告には重要な役目があるものの、単なる露出になるため、通常は売上に結び付きにくい。それより、広告主は、鍵となる二つのタイプの人々をターゲットにするべきである。一つめは、私たちが第3章で論じたインフルエンサー、すなわち情報に興味があり、ソーシャルネットワークで情報を広めることに非常に熱心な消費者である。そしてもう一つのタイプは、目的のためにいつでも集まってくれる既存顧客やブランド・アドボカシーである。このようにターゲットを変えることのメリットは、ネガティブな影響を抑えつつ、消費者が日常的にさらされている無関係な広告の量を減少できるということである。それは、広告主と消費者の双方にとって有益である。

効果を発揮するためには、広告メッセージの内容はクチコミに適している方がよい。第2章で議論したように、これはメッセージが単純で、記憶に残りやすく、そして、共有するに値するものでなければならないということを意味する。理想を言えば、感情を喚起し、人々のスキーマを打ち砕くメッセージであるとなおよい。どちらも、自分が知ったことを他者と共有するよう促す作用があるからである。これを達成するためのアプローチは数多くあり、すべてが「ブレイクスルー」、すなわちおもしろいクリエイティブ・アイデアを必要とするわけではない。人々のニーズを満たしたり、問題を解決したり、あるいは、「新しいニュース」を提供したりすることに焦点を当てている広告メッセージは、ウケねらいのおもしろさや、創造性をひけらかすためのクリエイティブを第一義とする広告よりも有効である可能性が高い。

アーネスト・ディヒターは、クチコミを「アーン（獲得）」し、それによってペイドメディアの投資収益率を高める方法について、広告主に具体的なアイデアを提供した。彼のアドバイスは約50年も前のものであるが、そのアイデアの多くはソーシャルメディアやクチコミに従事する者たちが現在従っている指針と通じる点がある。これらのいくつかを以下に示す。

・広告主は消費者を「販売チャネル」として扱うことが決してないよう、彼らに「友情の証し」を提示するべきである。たとえば、感謝を伝えるため、小さいが心のこもった「ギフトパッケージ」を提供することがあげられる。これは、あなたの製品を使用することによって、顧客が「特別」なグループの一員に加えられたと感じるようにする効果がある。さらに、あなたと顧客には共通点があり、本当に彼らを理解していることを示す広告のメッセージとスタイルを通じて「受け手の親近感」も醸成する。

・「自社の神話を描写せよ」。つまり、製品を擬人化し、由緒正しさを醸し出すために、製品の誕生秘話や初期のユーザーがどのようにそれを使っていたかに関する裏話を伝える。このアプローチによって消費者は、製品の長い伝統や、ごく最近のイノベーションなどと自分自身がつながっていると感じることができ、その製品について話す際にはこれらのストーリーについても触れたくなるのである。

・クチコミのシミュレーションとして、顧客の声（証言）を提示せよ。これが適切に実施されれば、クチコミの視聴者や読者に、やらせではなく第三者が「自発的かつ公平な視点から」真に推奨していると信じてもらうことができる。

・クチコミを焚きつけたり、刺激したり、あるいは生み出すように広告自体を設計せよ。

消費者の意思決定におけるクチコミの重要性を考えると、伝統的な広告モデルを修正する必要がある。それは、既存顧客とブランド・アドボカシーに届けられるよう設計されるべきである。ブランドについて話し、薦めてもらうために、新しい情報、効果的な物言い、そしてその動機づけを彼らに提供することを目標にするべきである。何度も調査を行う中で私たちは、人がしばしば、何かを直感的に好きになるが、大抵の場合、それを言葉で表現できないということに気づいた。広告は人々に、その際に使える言葉を提供したり、オンライン上で情報共有する手軽な手段を与えたりするといった役目を果たしうる。また、繰り返し出稿することによって広告は、誰かとテレビを見ているときに会話を始めるきっかけとなったり、前日にテレビで観た内容、あるいはインターネットや雑誌で読んだ内容について翌日に議論する際の論点となったりするような手がかりを人々に提供することもできる。

会話を焚きつける広告を創り出すことが、マーケターにとっての目的となるべきである。すると今度は、その会話が潜在顧客を説得し、購買へと誘う。これが、マディソン街のための新しいモデルである。

第5章 Rethinking Media: Planning for Word of Mouth

メディア再考：クチコミのプランニング

私たちはここまで、会話を引き起こす広告が最も効果的な広告であると主張してきた。それを実現するためには、広告対象ブランドに関する基本的なメッセージを含め、広告のクリエイティブ要素に「話す価値」が求められる。単にその広告がおもしろいからとか、よくできているから話すというだけでは不十分であり、広告されているブランドに関連した会話が生まれなければならない。適切に行われた広告に触れると、人々は好奇心を刺激され、当該ブランドに関する他者の意見を聞きたいという気にさせられる。あるいは、すでに当該ブランドの顧客となっている人であれば、友人や同僚のところへ行き、広告の主張は正しいと言ってあげたくなる。

しかし、広告の内容云々より、会話を引き起こすのに適した時間、場所、そして状況や環境でメッセージを届けることによって、会話の誘発されやすさが大きく向上しうるのもまた事実である。これは多くの場合、広告をプランニングし、毎年世界で数千億ドルの広告を購入しているメディア会社、および広告主の中でメディアのプランニングと購買を担当するメディア部門の仕事である。クチコミをマーケティングの優先課題とし、この目的のために行動することによって、メディアのプランナーと購買担当者は、媒体投資の効率と効果を大きく改善できるであろう。「プランニング」や「効率」といった用語を使うと、大規模なブランドに限られた話という印象を与えるかもしれない。しかし、スモール・ビジネスであっても、会話を促しやすい広告やマーケティング・プログラムを計画し、実行する方法について考えることができる。スモール・ビジネスにおいて重要なマーケティング上の意思決定は、「人々が共有しやすいか」という質問に答えることである。こうした考え方は、クーポン・メールや折り込みチラシを導入するべきか、ウェブサイトのデザインにどの程度の資金を投じるべきか、ローカル・テレビのスポット広告キャンペーンに資金を費やすべきか、インターネットで関連カテゴリーが検索されたとき、画面に社名があらわれる検索連動型広告に投資するべきか、といった意思決定局面で生きてくる。ローカル・ビジネスやスモール・ビジネスは「Yelp」「アンジーズ・リスト」「リビング・ソーシャル」といったツールをますます気にするようになっている。それらが旧来型のマーケティングに、新しい「ソーシャル」なうねりをもたらしているからである。しかし実は、地元の食堂やショッピングモールのテーブルで使うペーパー・ランチョンマットに広告を出すといった、スモール・ビジネスにおいて古くからあるメディアの利用機会も、「ソーシャル・マーケティング」と見なすことができる。というのも、誰かと一緒に食事をし、会話のネタを探している人々にリーチする機会であるからだ。

ビジネスの規模によらず、ソーシャルな環境ないし心理状態にある人々にリーチできるメディアは、会話を促す絶好の機会を提供してくれる。ソーシャルな影響をしっかりと念頭に置いてメディア・プランニングをすれば、大きなリターンを得ることができるのである。そして、ますます多くの企業が、それを運からサイエンスに変える方法について学び始めている。

■ 見ながら話す

今日のメディア・プランナーは、自分たちが送ったメッセージからターゲットである消費者の気を逸らしてしまう要因に神経を尖らせている。テレビ視聴者がＣＭ中にキッチンやトイレに立ったり、ザッピングをしたりすること、あるいはＤＶＤレコーダーに録画した番組を見る際であれば、ＣＭを早送りしたりすることに気をもんでいる。また、プランナーは、消費者がメインのテレビ画面からコンピュータ、モバイル端末、電子書籍リーダーやタブレット、場合によっては同じ部屋にある2台目のテレビなどといった、他のスクリーンに視線を移すことも危惧している。

もちろん、これはテレビに限った問題ではない。コンピュータの利用者は、企業が見せたいメッセージを読む前に「広告をスキップする」ボタンをクリックすることができるし、雑誌の読者は単純に広告ページをめくってしまうことができる。ラジオのリスナーは、ＣＭの間に周波数を変えることができる。しかし、実際のところ、テレビは依然として、メディア予算の中で最大のシェアを占めている。それゆえ、広告効果、および消費者が広告から気をそらす要因に関する研究の大部分が、テレビに焦点を当ててきた。今では、テレビ視聴率の中に、昔からある番組視聴率だけではなく、番組中に流れたＣＭの平均視聴率（「1分当たりの平均CM視聴率」として知られる）もある。[1]　個々のCMに関する視聴率が提供される日も、そう遠くないであろう。

CM視聴率が重視されるようになると予想するのは、CMは人々に見られて初めて価値があるという信念に加え、いわゆるCM回避行動を可能にするツールが人気を集めているという現実を踏まえると、番組視聴とCM視聴が同じであるという仮定はもはや成り立たないからでもある。CM回避行動を極力減らすために、CMは早送りされて画像が見にくくなった場合でも、メッセージが届くように作られている。番組からCMへの移行、および番組中のCM、すなわち「ポッド」の数は、視聴者の気を極力そらさないように微調整されている。エンゲージメントを高めるべく、番組の内容と広告のマッチングを高める取り組みも現在進められている。[2] たとえば、ターナー・ブロードキャスティングは、同社のライブラリーにある映画の多くを最適な広告テーマという基準で分類している。それによって、「ボーン・スプレマシー」を放送する際、カーチェイスの結果起きた事故シーンの後に、事故後の路上支援の価値を訴求するオンスター［GMが提供するサービスで、自動車に通信システムを搭載し、運転支援や情報提供を行う］のCMを流したりすることができるようになっている。メディアのプランニングやバイイング・ビジネスのほとんどが、視聴者の気をそらす要因に満ちた環境の中で、いかにして彼らの注意をつなぎとめるかを目標にしているのである。

おそらく、テレビ視聴者が気をそらす最も古くから存在する要因は、単純に、同じ部屋にいる他の人々であろう。誰かと一緒にテレビを見ているとき、CMの時間は宿題、食事の準備、週末の計画など、テレビとは別のことについてその人たちと雑談しようと思うに至る絶好の機会である。オーストラリアにあるインタラクティブ・テレビジョン・リサーチ研究所のスティーブン・ベルマンと3人の同僚によって2011年に発表された「How Co-viewing Reduces the Effectiveness of TV Advertising」〔共同視聴はどのようにしてテレビ広告の効果を減らすのか〕と題する論文は、先行研究のレビューから始まる。[3] この著者らは、「一見すると、複数で視聴しているうちの1人がテレビ画面に全神経を集中させているように見えても、CMの（心的な）情報処理を妨げる「他者の単純存在」効果が働くため、広告効果にとって共同視聴は有害である」ことを明らかにした1965年の研究を引用している。[4]

このように1965年の研究にあった基本前提から始まるベルマンらの論文の大半は、数百人の参加者を対象に彼らが行った新しい実験について書かれている。それは、20回の30秒CMを含む30分間のシチュエーション・コメディを見てもらう会場調査であった。実験の参加者は、このCM付き番組を1人で視聴するグループと、ペアで視聴するグループに分けられた。ペアの相手は、実験協力者に、普段、一緒にテレビを見る人という基準で会場に連れて来てもらった人であった。この実験は、1人で見るときと他の誰かと見るときの広告効果を比較できるようデザインされている。そのうえで、すべての参加者は番組の視聴直後に、広告されていたブランドの中で覚えているものをたずねられ、その後、24時間から36時間が経過した後に行われたフォローアップ・インタビューの中で、広告されていたブランドを思い出せるか（再生できるか）をたずねられた。

研究の結果、視聴直後の広告再生効果には、共同視聴による影響が見られなかったが、広告接触から

1日経過した後の「広告の遅延再生」には、統計的に有意な影響が確認された。単独視聴者が依然として63％のＣＭを再生できたのに対し、共同視聴者は43％しか再生できなかったのである。この減少幅に基づき、同研究は「共同視聴されるＣＭの効果は、単独視聴される同一ＣＭが有する効果の68％に過ぎない」と結論づけた。そしてその理由は、誰かと一緒にＣＭを見ると「(心的な) 処理が阻害される」ためであると述べられた。言い換えると、他者が存在するとき、とりわけ広告に関係のない会話がなされると、脳の認知機能が低下するというわけである。

最終的に、ベルマンらは「広告主はテレビ広告の視聴率を調整し、共同視聴の影響を織り込むべきである」と提唱した。それは、他の人と一緒に見ている視聴者の割合に基づいて、番組視聴者数の推計を割引くことで可能になるという。また、広告主は「共同視聴されるスポット広告に対し、価格を下げてもらうよう求めるべきである」という提言まで行った。

私たちはこの主張は間違っていると信じており、それを支持する十分なエビデンスもある。実際に、私たちであれば、その反対が正しいと主張する。すなわち、共同視聴される広告の方が効果的であり、価格の変更を求めるとすれば、広告主に価格の上乗せを請求してしかるべきものであろう。たとえ共同視聴により脳の認知機能が抑制されることがあったとしても、誰かと一緒に視聴することで感情的な反応は高まると私たちは信じている。そして感情的な反応は、消費者の購買やその他の行動に及ぼす影響という点で、認知的反応よりもはるかに重要である。合理的つまり認知的な反応より、感情の方が重要であると考えているのは私たちだけではない。米国や英国の主要な広告業界団体における報告書は、広告研究では合理的な反応が過剰に重視されており、広告における感情、および視聴者のエンゲージメントや参加にもっと重きを置く必要があるという結論に達している。[5] 米国広告業協会（American Association of Advertising Agencies：通称 4A's）は２００７年の報告書の中で、「広告効果に関して、言語による調査測定および線形で合理的なモデルに対する過剰な信頼が、広告のインパクト低下をもたらしている恐れがある」と結論づけている。これらの結論は、１９９９年に感情優位説を初めて唱え、意思決定が合理的というよりも主として感情的になされることを示したカナダの神経科学者であり、パーキンソン病の研究者であるドナルド・カーンの主張と一致する。[6]

この考えの先には、誰かと一緒に見られる広告は、より豊かな感情的背景から恩恵を受ける可能性があり、また、より高い視聴者のエンゲージメントと、広告対象ブランドに関する会話の促進に成功した際に生まれる共創状態を実現するための機会が見えてくる。

互いの家であれ、スポーツバーや職場であれ、あるいは他の場所であれ、友人や家族は、リアルタイムのスポーツを一緒に観戦していることが多いので、スポーツ番組は最も大きな規模の共同視聴者を引き付ける。お気に入りの大学やプロスポーツのチームが出場するビッグゲーム、とりわけ毎年2月に行われるスーパーボウルの試合を見る目的で人々がパーティーを開くことが、この事実を最もよく表している。私たちは、スポーツのゲーム中に出稿される広告がスポンサー・ブランドのクチコミに与える影響について調査する機会に恵まれた。そこに、共同視聴の価値に関する私たちの考えが凝縮されている。

２００８年以降、ＥＳＰＮとケラー・フェイ・グループは、プロまたは大学のアメリカン・フットボールのゲーム中に打たれる広告と広告対象ブランドに関するクチコミの結びつきを解明するための共同調査を行っている。一年目に、次のようなことがわかった。NFLのシーズン中、ESPNを見ていた男性は見ていなかった男性に比べ、シーズン中のクチコミによるブランド・インプレッションが(マンデーナイトフットボール〔米国でフットボールシーズン〔9～12月〕の月曜夜に放送されているプロフットボール中継の人気番組〕に広告を出した主要15社全体で)30億回も多かった。しかも、シーズンの前や後で両者を比較すると、その差はこれほど大きくはなかった。たとえば、あるスポーツ・アパレル・ブランドは、その年の9月末にクチコミの量が劇的に増加したが、これは広告費をESPNとアメリカン・フットボールへ集中投下したことが功を奏したと言える。これにより同ブランドは、シーズンが開幕し、広告が始まってからシーズンが終わるまでに、クチコミによるブランド・インプレッションを9300万回も増加させた。ESPNで広告を出稿する広告主は、これを見れば、広告がブランドに関する消費者の会話を促したことがわかる。そして、当然のことながら、これらの会話がブランドの信頼性と購買の可能性を大きく高めることにつながるのである。

当初、ESPNとの共同調査は共同視聴と広告に関するクチコミとの間の明確なつながりを示すものではなかった。しかし、ESPNのアメリカン・フットボールに出稿した広告主がそれほど多くの会話を獲得した背景には共同視聴があると、すぐに気づいた。そこで、もう一つのフットボールであるサッカーに関してESPNと行った2010年の調査で、共同視聴の影響力を評価するべく、次なる一歩を踏み出した。ESPNは、2010年のワールドカップで米国における英語放映権を有しており、「地球上で最大のスポーツイベント」にふさわしい放送を提供するという野望も抱いていた。[7] 米国は歴史的に、テレビでスポーツ観戦することにあまり熱心でないにもかかわらず、ＥＳＰＮは見事成功した。姉妹局であるＡＢＣと合わせて、ＥＳＰＮは平均３２７万人という規模の視聴者を獲得した。[8] これは、２００６年のワールドカップよりも41％多かった。米国の最終戦となったガーナ戦は、１５２０万人が視聴した。大まかに言うと、この数は言わば、野球のワールドシリーズにおける平均視聴者数に匹敵する。

ワールドカップは多数の視聴者に加え、クチコミが生じやすい環境を広告主に提供するとＥＳＰＮは考え、ケラー・フェイ・グループに依頼してその考えを検証することにした。[9] ワールドカップでは自宅外で視聴する人が多数いると予想されており、ＥＳＰＮはこれらの視聴者が有する価値を評価することにとりわけ関心があった。時差の大きな南アフリカで開催されるので、多くの試合が平日の朝から午後の時間帯に生中継される。そのため、ファンは仕事前、昼食時、あるいは仕事後に、職場、あるいはバーやレストランのような場所で視聴することが多くなると予想された。事実、ロサンゼル

図表 5.1
ESPN の視聴者：アメリカン・フットボール・シーズン中に広告主 A のインプレッションが 9300 万件増加

男性の ESPN 視聴者と非視聴者におけるスポーツ・アパレル・ブランド A の週間ブランド・インプレッション

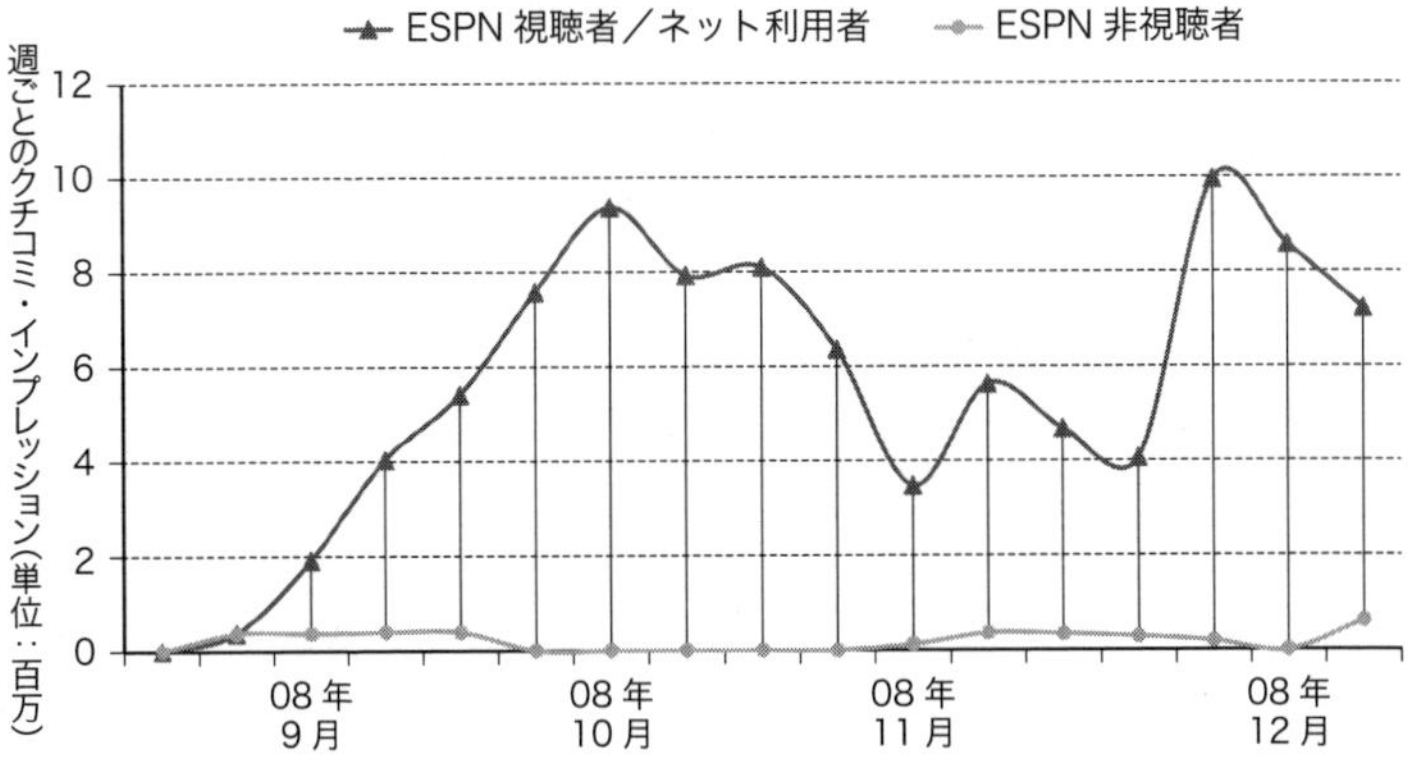

（出所）　ケラー・フェイ・グループのトークトラック（TalkTrack®），2008 年 9 〜 12 月。

スのバーやレストランの中には、観戦を望む常連客のために早朝4時半にオープンする計画を立てた店もあった。

自宅外で視聴する人は、ほぼ確実に他の人々と一緒に見るので、自宅視聴者よりソーシャルになる傾向にある。ESPNのワールドカップ調査で、自宅視聴者と自宅外視聴者のクチコミ行動を対比したのはこのためである。その結果私たちは、共同視聴が広告対象ブランドへのエンゲージメントに及ぼす影響を垣間見ることができた。結果は総じて驚くべきものであったが、自宅外視聴者に関する結果にはとりわけ驚いた。ワールドカップを自宅で視聴した人々の場合、主要スポンサー7社に関するクチコミの量は、ワールドカップを視聴しなかった人々よりも平均で2倍多かった。これは、視聴が広告対象ブランドのクチコミ誘発に貢献することを裏づけている。これに対し、バーやレストランで観戦した人々の場合、クチコミの量は非視聴者の3倍であった。理由は容易に想像できる。バーやレストランでテレビ視聴する時は、同僚、知人、さらには見知らぬ人など、弱いもしくはやや強いソーシャルなつながりをもつ人同士が居合わせることが多い。容易に会話できるほどのつきあいがないソーシャルな状況において、テレビCMは会話に使えるトピックを提供してくれる点で役に立つであろう。この意味で、広告は広告主の大きな利益につながる「ソーシャルな通貨」の役割を果たす。この調査は、共同視聴、とりわけ自宅外での共同視聴が、ベルマンらの言うように注意を逸らすどころか、広告対象ブランドの会話を促すであろうという証拠を提示したのである。

■ レブロン・ジェームズとアメリカン・アイドル

ＥＳＰＮのリサーチ担当役員であるアーティ・バルグリンは、２０１１年春の米国広告調査財団（ＡＲＦ）の年次大会でワールドカップの自宅外視聴に関する知見を報告した。その聴衆の中に、当時ターナー・ブロードキャスティングの重役であったステイシー・リン・シュルマンがいた。[10] シュルマンは、数年前、彼女が大手広告会社のイニシアティブ・メディア社で働いていたときに実施した調査のことを教えてくれた。ＭＩＴ（マサチューセッツ工科大学）比較メディア研究プログラムのアレックス・チザム率いるチームと共同で行われたイニシアティブ社のプロジェクトでは、当時ＦＯＸでシーズン２を放送中であった「アメリカン・アイドル」の視聴者について調べていた。そのチームは、当時高い人気を博し、なおかつ「話す価値のある」番組を使って、高水準のエンゲージメントをもたらすダイナミクスについて理解したいと考えていた。

「Walking the Path: Exploring the Drivers of Expression」［より現実に即した視聴者理解：番組内広告に対するエンゲージメントを促進する要因」とい

図表 5.2
2010 年のワールドカップを誰かと一緒に（とくにバーやレストランで）視聴した人は，広告主に関するクチコミの量が多い

広告出稿の当日になされたワールドカップ広告主に関するクチコミの比率（対非視聴者）

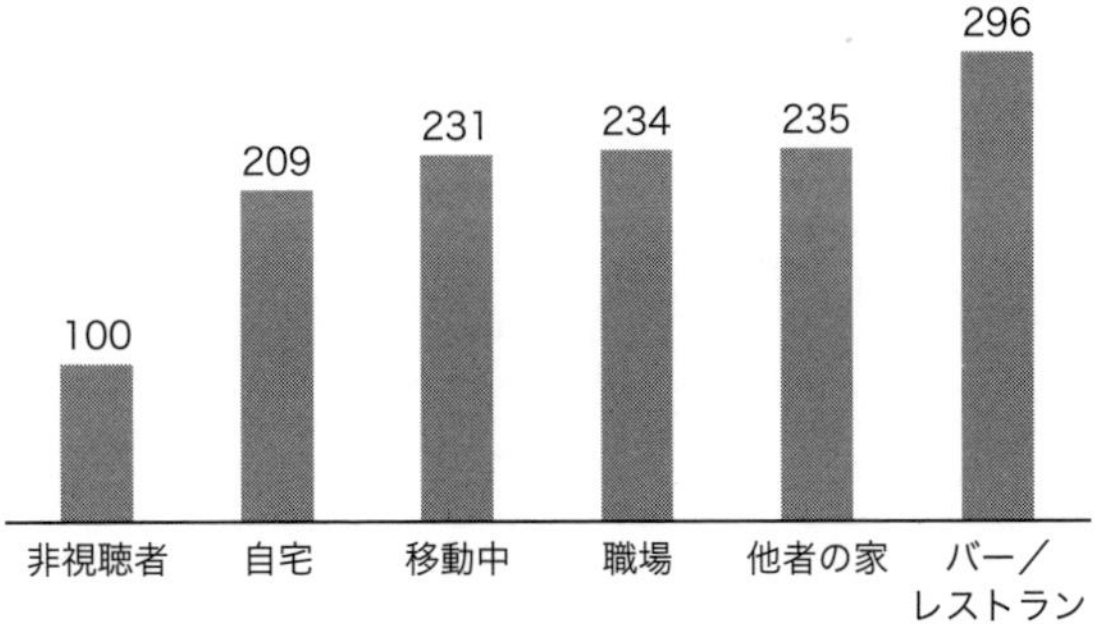

（出所）　ケラー・フェイ・グループのトークトラック（TalkTrack®），2010 年６～７月。

うタイトルの論文で、イニシアティブ社とMITのチームは、「グループ視聴」が「アメリカン・アイドル」という番組自体へのエンゲージメントと広告主へのエンゲージメントの両方を促進するキーファクターの一つであることを明らかにした。広告主の中には、CMに加えて、番組の中に製品を置く「プロダクト・プレイスメント」を用いる企業もあった。AT&Tは、携帯メールでも投票できるようにし、テレビ視聴者が容易に参加できるようにした。また、審査員テーブルの上には、コカ・コーラのロゴが入った赤いカップが目立つように置かれていた。分析の結果、「ほとんどすべてのケースにおいて、広告とプロダクト・プレイスメントに対する認知は、1人で視聴するよりグループで視聴した方がはるかに高くなることが定量的に示された」。当の論文も、そうした知見が当時の伝統的な考えに反していることを認めており、「これは、直観に反するように思われるであろう。というのも、おそらく、複数で視聴すると、気が散って内容の理解が進まなくなると感じられるからである。しかし、視聴環境における他者の存在は、もっとずっとダイナミックなものである。他者がそこにいることで、実際の番組内容に対しても、番組以外の内容に対しても、多様な視聴者の反応を目の当たりにすることができる」と述べている。

ターナー・ブロードキャスティングは、イニシアティブ・メディア社とMITによる2003年の論文に使われたワールドカップの調査成果を用いて、さらに理解を深めたいと考えた。その機会はほどなく到来した。ちょうどその頃、ターナー系列のTNTネットワークによる、2011年NBAイースタン・カンファレンス最終戦の放送が迫っていた。レブロン・ジェームズ擁するマイアミ・ヒート対デリック・ローズ擁するシカゴ・ブルズという構図で注目を集めたこのシリーズは、２週間で6試合を予定していた。ターナーは、ＮＢＡプレーオフのメインターゲットである18歳から54歳の男性を対象とする調査を依頼した。調査の結果、ＴＮＴによる放送期間中、広告主の上位12社に関するクチコミの量は、他の人々と一緒にプレーオフを頻繁に見た視聴者の方が、非視聴者と比べて80％以上多いことが明らかにされた。共同視聴によるクチコミの増加分を１人で見た視聴者（39％増）と比べた場合も、その差は2倍以上であった。調査チームはまた、自宅外視聴の影響についても分析した。自宅外で誰かと一緒に視聴した調査対象者が、広告主の上位12社に関して話した会話の量は、非視聴者のなんと2・2倍であった。ターナーは、米国のスポーツバーにおける話題が、「果たしてレブロンがこのビッグゲームを制すか」だけではないことを示した。分析の結果、スポーツファンはiPad、ベライゾン、フォード（同調査において、高い成果をあげていることが示された上位3社）についても熱心に話していることが明らかにされた。

　これらの知見を踏まえると、メディア・プランナーは、よりソーシャルな広告環境を優先するべきであると意思決定した方が絶対によいし、そうしたソーシャルな広告環境を提供するメディア企業は、上乗せ価格を求めた方がよい。

　では、スティーブン・ベルマンと彼の同僚による２０１１年の論文「How Co-viewing Reduces the Effectiveness of TV Advertising」はどうなるのであろう。私たちが考えるこの研究の一つの欠点は、広告の「遅延」再生が、広告効果を評価する際の重要な測定基準であると著者らが信じきっていることである。多くの視聴者の記憶に残ることは、一つの価値ある目標ではあるが、それは広告主が重視するべき唯一の、あるいは主たるポイントではない。彼らが行った実験では、放送後の感情的な反応、あるいはクチコミ行動は測定されていない。また、公刊された論文では、共同視聴が広告対象ブランドの最終的な購買可能性に与える影響についての考察もなされていない。共同視聴によって記憶が多少曖昧になったとしても、CMが流れたとき、あるいはその直後にクチコミによるレコメンデーションが大量に生じ、購買量を増加させることができれば、広告主は十分ハッピーであると考えるのは妥当であろう。

ベルマン論文のタイトルは、共同視聴が広告にとって有害であると単刀直入に述べているが、実は、同研究はこれと異なる主張を支持する重要なポイントを提示していた。著者らは論文全体の結論に対して、視聴中に「共同視聴する人々が、画面に流れている広告について話す」という例外があることを認めている。結果の一部として、8%（Jell-OのCM）から26%（オスカー・メイヤーのスポットCM）の確率で、共同視聴者が広告対象ブランドについて会話をすること、そしてそのような会話がなされると、翌日に当該CMを思い出す可能性が高まることを記していたのである。彼らは、「広告のクリエイティブ（制作）を微調整することで、意図的に、共同視聴者が広告について話すよう促し、広告の中心的メッセージに対する情報処理を促進させることは可能かもしれない」と結論づけている。ベルマン論文のこの部分に関しては、まったく同感である。

今日、クチコミの発生が広告の主たる目的であると考えている広告主は、ほとんどいない。それでもなお、広告はかなりのクチコミを生み出すことができ、クチコミが広告の最終的な成否を分けるキーファクターであることを私たちは示してきた。広告が常に、会話の創造という目的のもとに展開され、とりわけ誰かと一緒に視聴されやすい番組環境が選択的に採用されるとしたら、どれほどの影響力を持ちうるか想像してほしい。どのメディアが選択されるであろうか。生産性が最も高くなるのは、何曜日の何時か。現在では、これらの意思決定を行うためのツールが、ここで述べたような新しい考え方やメディア・プランニングの仕方を取り入れたいと考える人々のために用意されている。ソーシャルなメッセージを広めるために取り得る選択肢の幅は、多くの人が考えるよりもはるかに広いのである。

■ソーシャルでないメディアはない

テレビだけが、クチコミの原動力となるメディアではない。多くのカテゴリーでインターネットは、最も多くの会話を促進するコミュニケーション・チャネルとして台頭してきたが、多くのマーケターが考えるように、それはインターネットがソーシャルメディアであるからではない。私たちが行った調査によると、ほとんどオフラインでなされている会話のネタを提供することがインターネットの主な役割であり、その効果の大半はブランドサイト、ｅコマースサイト、電子書籍サイト、検索ポータルサイトといった伝統的な「Web 1.0」によってもたらされている。

トークトラックの調査では、消費者が前日にしたブランドに関する会話の中に、メディアやマーケティングから得た情報を「参照」したものがあったかどうか必ずたずねている。これによって、どのコンテンツが会話を引き起こしたり、会話に役立つ情報を提供したりしているかを判断できるようになる。第4章で、ブランドに関する会話の約25%に、ペイドメディア広告からの参照が含まれていることを述べた。しかし、その広告はどこにあったのか。テレビ、ラジオ、印刷物、あるいはネット上の記事、番組、およびプロダクト・プレイスメントかもしれない。ペイドメディア、オウンドメディア、アーンドメディアを含めると、私たちが現在、調査対象としている15のカテゴリー〔第4章図表4・2（151ページ）を参照〕中9つのカテゴリーにおいて、インターネットはテレビ、そしてその他のすべてのメディアを凌駕している。インターネットが勝っている製品ないしサービスは自動車、ハイテク、小売、旅行である。一方、テレビが圧勝するカテゴリーは、テレビが主たる媒体であることが有利に働くエンターテインメントとスポーツである。家庭用品、飲料、美容の3カテゴリーでは、最も多くの会話を引き出すコンテンツを提供するのはテレビでもインターネットでもなく、クーポン、売り場、その他のプロモーション活動である。話されることが最も多いカテゴリーである食品と外食では、テレビとクーポン／プロモーションが拮抗している。

これは、話す価値のあるメッセージである限り、あらゆる形態のメディアとマーケティングに、会話の原動力となるポテンシャルがあるということを意味している。ソーシャルな人々、すなわち会話をする環境にある人々にリーチするときは、なおさらそうである。実際に、会話を引き出したり、促したりするという点では、それぞれのメディアに固有の利点があり、それはマーケターやメディア・プランナーが考慮すべき重要事項でもある。

■ インターネットは会話の有力な参照源

インターネットは、メディアの中でも特異な存在である。というのも、インターネットは有料の（ペイド）メッセージ（すべてのインターネット広告と検索連動型広告）、ブランドが所有する（オウンド）メッセージ（ブランドサイトやフェイスブックページ）、そして獲得される（アーンド）メッセージ（報道、ソーシャルメディアのコメント、消費者評価、レビュー、オーガニック検索など）を届けるからである。これらのうちソーシャルメディアによって提供される内容が、クチコミ会話の中で最も小さな割合しか占めていないという結果に、多くのマーケターはショックを受けるであろう。図表5・4に示すように、すべてのカテゴリーを通じて、ブログやSNSサイトを含むソーシャルメディアが参照されているのは、全

図表 5.3
インターネットは，製品やサービスに関する会話の中で最も多く参照される。一方，テレビは，メディアとエンターテインメントのクチコミに関してナンバーワンである

各メディアからのマーケティング関連情報がクチコミで参照される比率

	製品	サービス	メディアとエンターテインメント*	
すべてのメディアからのマーケティング関連情報の参照**	49%	49%	61%	
インターネットから	15	23	15	***
テレビから	13	13	35	
売り場から	12	6	5	
クーポン／プロモーションから	11	4	3	
新聞から	6	5	6	
雑誌から	5	4	5	
郵便物から	5	8	4	
ラジオから	3	3	4	

（注）　*はメディア／エンターテインメントおよびスポーツ／趣味を含む。
**は各カテゴリに関するすべての会話において，メディア経由のマーケティング関連情報を参照した会話が占める比率。

***はマーケティング関連情報を参照したすべての会話に占める各メディアの比率。

（出所）　ケラー・フェイ・グループのトークトラック（TalkTrack®），2010年7月～2011年6月。

会話のわずか2・6％でしかない。ブランドサイトは、その2倍の頻度で参照されている。また、有料のインターネット広告も、会話の中で取り上げられるに至るオンライン・コンテンツとしては、ソーシャルメディアを圧倒している。これらのマーケティング・チャネルを放棄したり、無視したりするべきではない。

２０１０年末、ケラー・フェイ・グループはグーグルから依頼を受け、会話の前、最中、後の3段階におけるインターネットの役割を調査した[11]。仮説は次の通りである。これら3段階のすべてにおいて、インターネットはコンテンツを提供することにより、会話（大半を占めるオフラインでの会話を含む）を促進する。一カ月前かもしれないし、前日かもしれないし、あるいはわずか数分前のことさえあるかもしれないが、いずれにしても事前に誰かがネット上で見たり読んだりした内容を元に、会話をすることがある。また、インターネットは、会話の最中にコンテンツを提供することにおいて、ある種独自の適性がある。マンハッタンのカクテルパーティーの会場で、ウディ・アレンの映画「ミッドナイト・イン・パリ」がいかに大好きであるか友達に話しているところを想像してみてほしい。相手はすぐにスマートフォンを取り出してグーグルを開き、その映画名と「ＮＹＣ」というキーワードで検索する。すると「ファンダンゴ」のウェブサイトに移り、今度は、その映画が9時15分から上映されてい

図表 5.4
クチコミで語られるオンライン情報源

全クチコミ中，各メディアからのマーケティング関連情報が参照される比率

各メディアからのマーケティング関連情報	クチコミで参照される比率（%）
インターネット（下記以外のすべて）から	16.0
企業サイトから	5.2
インターネット広告から	4.5
その他のサイトから	3.1
ネット上の消費者レビューから	2.9
ソーシャルメディアから	2.6

（出所）　ケラー・フェイ・グループのトークトラック（TalkTrack®），2010年7月～2011年6月。

る近くの映画館を教えてくれる。それから1時間もしないうちに、彼女はその映画館で姉妹と会っているかもしれない。これは、会話の最中にコンテンツを提供する例であり、スマートフォンの登場以来、容易になったことである。最後に、インターネットは会話の後における情報源、すなわち会話の中でブランドや製品について知った数分後、数時間後、あるいは数日後（しかし購買よりは前）に、価格、近隣にある小売店での入手可能性、消費者レビューなどに関する追加情報を得るための情報源としても、群を抜いて最強のメディアである。

グーグルとケラー・フェイ・グループによる本調査では、インターネットの役割を別のメディア、とくにテレビおよび印刷メディアと比較した。するとさらに、インターネットとテレビは、会話の「前」においてはどちらも非常に大きく、またほぼ似通った役割を果たしていたが、会話の「最中」では、インターネットがわずかにリードしていることがわかった。しかし、会話の「後」におけるフォローアップのための情報源としては、インターネットが明らかなトップであった。そして、インターネットは会話の3段階すべてでトップタイ、もしくは明らかなトップである唯一のメディアであった。

図表 5.5
インターネットは会話の前，最中，そしてとりわけ後において，最も重要なコンテンツ源である

テレビまたはインターネットがブランドの会話に参照されている比率（クチコミ会話の前および最中），およびさらなる情報探索のための情報源として利用される比率（クチコミ会話の後）

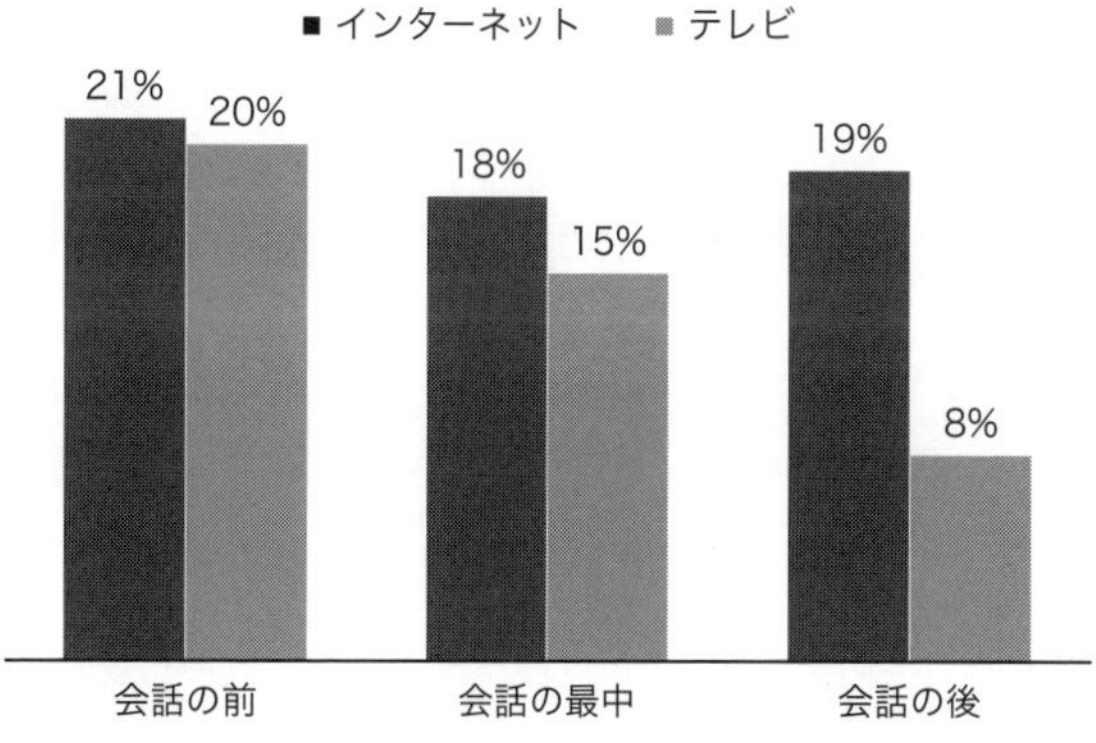

（出所）　ケラー・フェイ・グループがグーグルの依頼で行った調査，2011年6月。

このような状況にあって、有意義な会話を創造するという点で最も重要なのは、どのようなタイプのインターネットサイトであろうか。検索サイトは、情報源としてはｅコマースサイトを徐々に凌駕しつつあり、ブランドサイトやソーシャルメディアがその後に続いている。ベストな情報源へと導くための方法を加えるのであれば、会話をサポートするためにネット上で最初に立ち寄る場所として、検索エンジンサイトは大きくリードする。疑い深い人は、この調査のスポンサーがグーグルであることから、この結果が出来レースであると思うかもしれない。しかし、あなた自身がネットで情報を探す方法について考えてみてほしい。おそらく、主要な検索エンジンの一つを使って始めるであろう。会話をしているときや、会話中に関連する情報が必要なときも、同じことが当てはまるのではないだろうか。

会話のサポートという点でインターネットが有している大きな利点の源は、必要な情報をその場ですぐ、自らの手で獲得できるという効率性の高さにあるが、これは会話をするうえできわめて重要なことである。この利点は、ソーシャルネットワーキングに限ったことではない。ブランドに関する会話の大半がオフラインでなされているとき、インターネットは迅速な参照源となってくれる。いろいろな家電ブランドの価格について会話をしているのであれば恐らく、アマゾンやベスト・バイ、あるいは価格比較サイトの類いにアクセスするであろう。５ドルのサブウェイ・フットロング・サンドイッチに含まれる脂肪分について話をしているなら、サブウェイのサイトを訪れるか、栄養関連のサイトがみつかることを期待してネット検索をするかもしれない。駅周辺の寿司屋を探しているのであれば、マップクエスト、グーグルマップ、あるいはオープンテーブルに行こうとするであろう。これらすべての例において、フェイスブックやツイッターでは、会話の最中に生じた疑問へ最も効率的に答えることができないのである。

■ 印刷メディア：インフルエンサーとの結びつき

マーケティングの世界では、「ソーシャル」と「ソーシャルメディア・サイト」および「ソーシャルネットワーク」と「オンラインネットワーク」という用語を同義語として扱うようになっているが、これは誤りである。時折、「友達」という言葉が、小学校から続く親しい関係よりも、フェイスブックを通じたネット上のつながりを指すことの方が多いように思えることさえある。ソーシャルやソーシャルネットワークといった用語が、現代マーケティングの専門用語としてのみ用いられているからといって、それらの用語をオンライン上へ問答無用で献上せよということにはならない。現実に照らし合わせると、これらの用語がしっくりくるのは、皮肉にも、新聞や雑誌など、現代において最も伝統的なメディアを読んでいる人々の方である。

２０１１年に行われた米国広告調査財団（ＡＲＦ）の大会において、ブラッドは「ソーシャルメディアの閲覧者ってそんなにソーシャル？」というタイトルのレポートについてプレゼンを行った。[12] 彼のプレゼンは、現実世界における友人の数、製品に関するアドバイスをする頻度、ブランドに関する会話の数といった社交性関連指標を見ると、フェイスブックやツイッターのユーザーは、全国平均より社交的

図表 5.6

現実世界の社会ネットワークが最も大きい閲覧者

「かなり頻繁に」連絡をとる人（友人，親族，知人）の数（平均）。113 メディアにおけるトップ 10

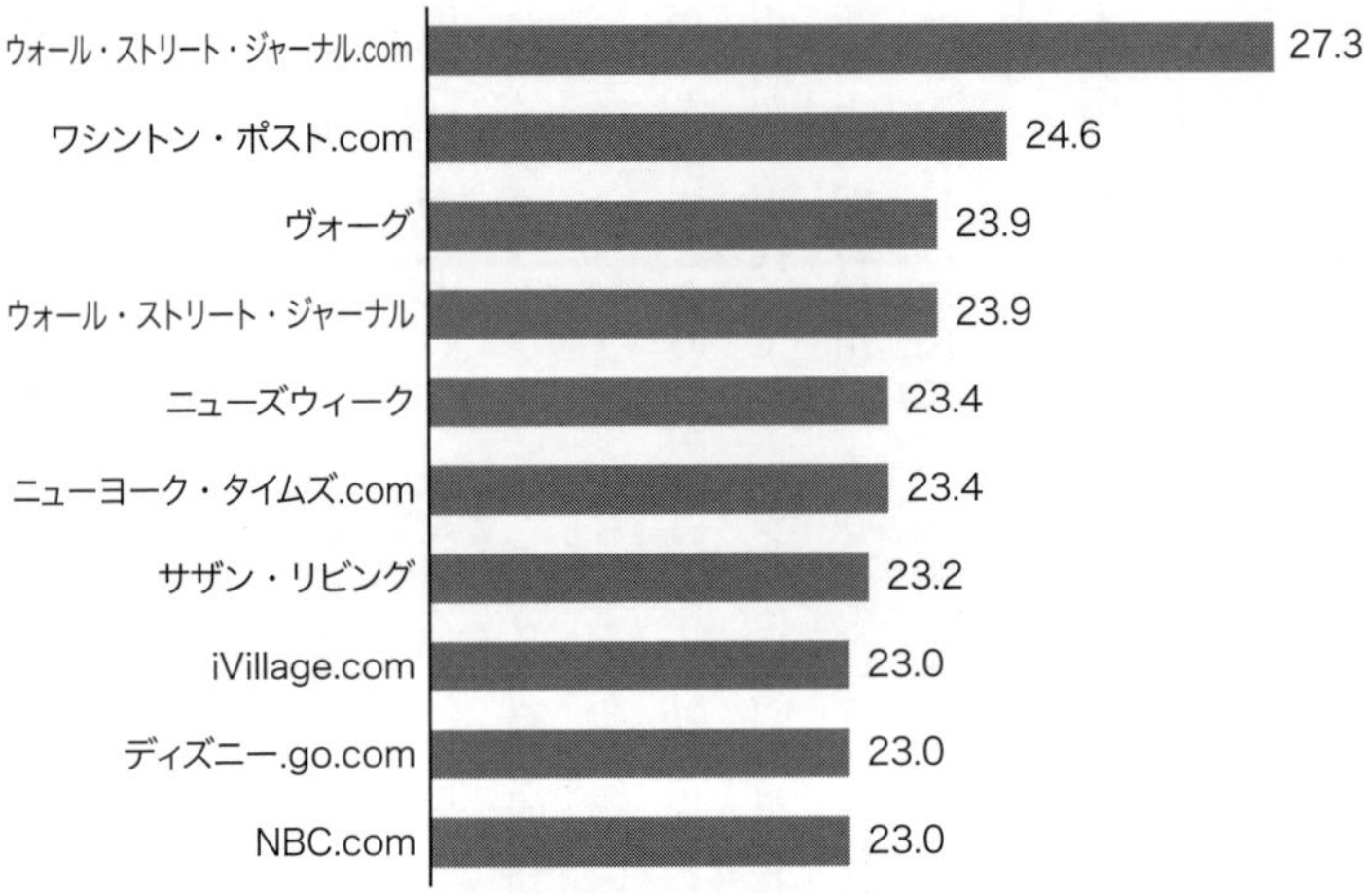

ブランド関連のクチコミ会話（週間）が最も多い閲覧者

ブランド会話の数（週平均）。113 メディアにおけるトップ 10

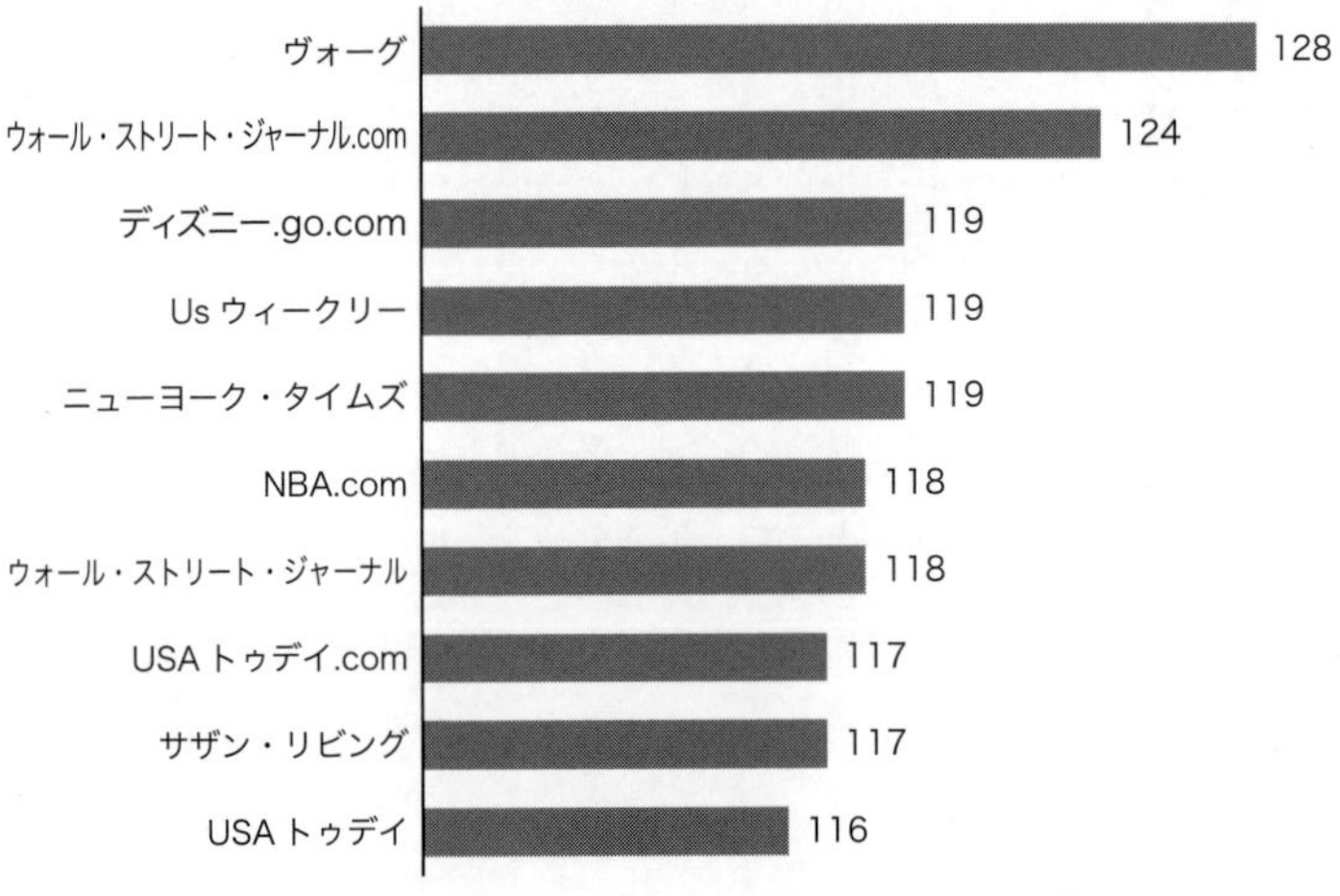

（出所） ケラー・フェイ・グループのトークトラック（TalkTrack®），2010 年 7 月～2011 年 6 月。

であるという点から始まった。その影響力やネットワークの大きさは、ソーシャルメディア・サイトが当然有しているであろう本質部分であるため、これらの結果に驚く聴衆はいなかった。

しかし、この導入部分は、第2部のおぜん立てに過ぎなかった。第2部では、フェイスブックやツイッターの閲覧者が、実は、これらのソーシャル尺度に関して他の多くの媒体の閲覧者に遠く及ばないことが示された。彼の言う他の媒体の閲覧者とは、何のことであろうか。ほかならぬ、『ウォール・ストリート・ジャーナル』『ニューヨーク・タイムズ』『USAトゥデイ』の印刷版ないしオンライン版、雑誌の『ヴォーグ』『サザンリビング』『ナショナルジオグラフィック』、そして、リッチコンテンツを取り入れたウェブサイトである『iVillage』や『NBA』などの閲覧者である。実際のところ、フェイスブックとツイッターは、ソーシャル性や影響力関連の基準でトップ10に迫ったことが一度もない。つまりここでの教訓は、紙に印刷されるものもオンラインで発行されるものも含め、ソーシャルになりえないメディアはない、ということである。

ほとんどのマーケターは現在、印刷メディアの読者にこれほど高いソーシャル性と影響力があることを正しく評価できていない。そして、印刷メディアが苦境に陥っている理由の一端はそこにある。紙の出版物とその電子版は、影響力のある読者の多さという点で抜きん出ていると私たちは信じる。その理由は、これらのメディアが高学歴の読者を引き付けること、そして教育はインフルエンサーとの結びつきが最も強いデモグラフィック要因であることだ。また、インフルエンサーは、新しくおもしろいことに遅れないでいたいという欲求をもち、情報に飢えた人々であるという傾向にある。紙の出版物と電子出版物は、読者が喉から手が出るほど欲しい情報を提供するのに最適な媒体である（この点に関しては、第3章でインフルエンサーについて議論した際にも触れた）。広告主はいずれ、以下の三つの方法によって、これらのメディアをもっと活用することができるようになるであろう。それは、読者が拡散したいと思うような「目新しいニュース」を配信する手段として用いること、電子出版環境における広告を他者と共有しやすいようにすること、そして、人々が誰かと共有せずにはいられないと感じるようなメッセージを用いること、の三つである。実際に、電子出版の環境は、電子メールやフェイス・トゥ・フェイスの会話に加え、ソーシャルメディアで近況をアップしたり、ツイートしたりすることを通じて、マーケターがみんなに共有してもらいたいと願うコンテンツを最初に発信するのに最も適した環境の一つになるかもしれない。

■会話の促進で大きくリードするテレビ広告

会話の内容を提供するという点で、インターネットが一般に、テレビを含めた他のどのメディアよりも優れていることはすでに述べた。しかし、テレビには、他のメディアには太刀打ちできない二つの利点がある。第一に、テレビ広告はブランドに関する会話をする最も多くの人々へリーチするという点で、インターネットを含めたあらゆるペイドメディアを凌駕している。第二に、テレビは広告主からの要請を受ける形で強制的に動画を差し込むことができ、それによって会話を誘発できるという、他にはない能力を有している。

「スケーラビリティ」は、たとえば、クチコミを起こすためのサンプリング・プログラムやインフルエンサー主導型プログラムを行うことで、オフラインのクチコミを生み出そうと目論む広告主の間で頻繁に取り上げられる問題である。なぜならこれらの手法は、クチコミという観点から見ると、質はよいのであるが、十分な量のクチコミを生み出すとは限らないからである。結果として、多くの広告主が、「大規模に」クチコミを提供すると信じているソーシャルメディアに手を出す。しかしながら、クチコミを最大規模で提供できるポテンシャルがあるメディアといえば、テレビをおいて他にない。ブランドに関する会話で参照しているメディアがあれば教えてくださいという質問への回答を見ると、テレビ広告は全会話の11%超を占めており、これは一つのタッチポイント［広告コミュニケーションに用いられる

図表 5.7
ブランドに関する会話で最も参照されるメディアはテレビ広告とテレビ番組である

全クチコミ中，各メディアからのマーケティング関連情報が参照される比率

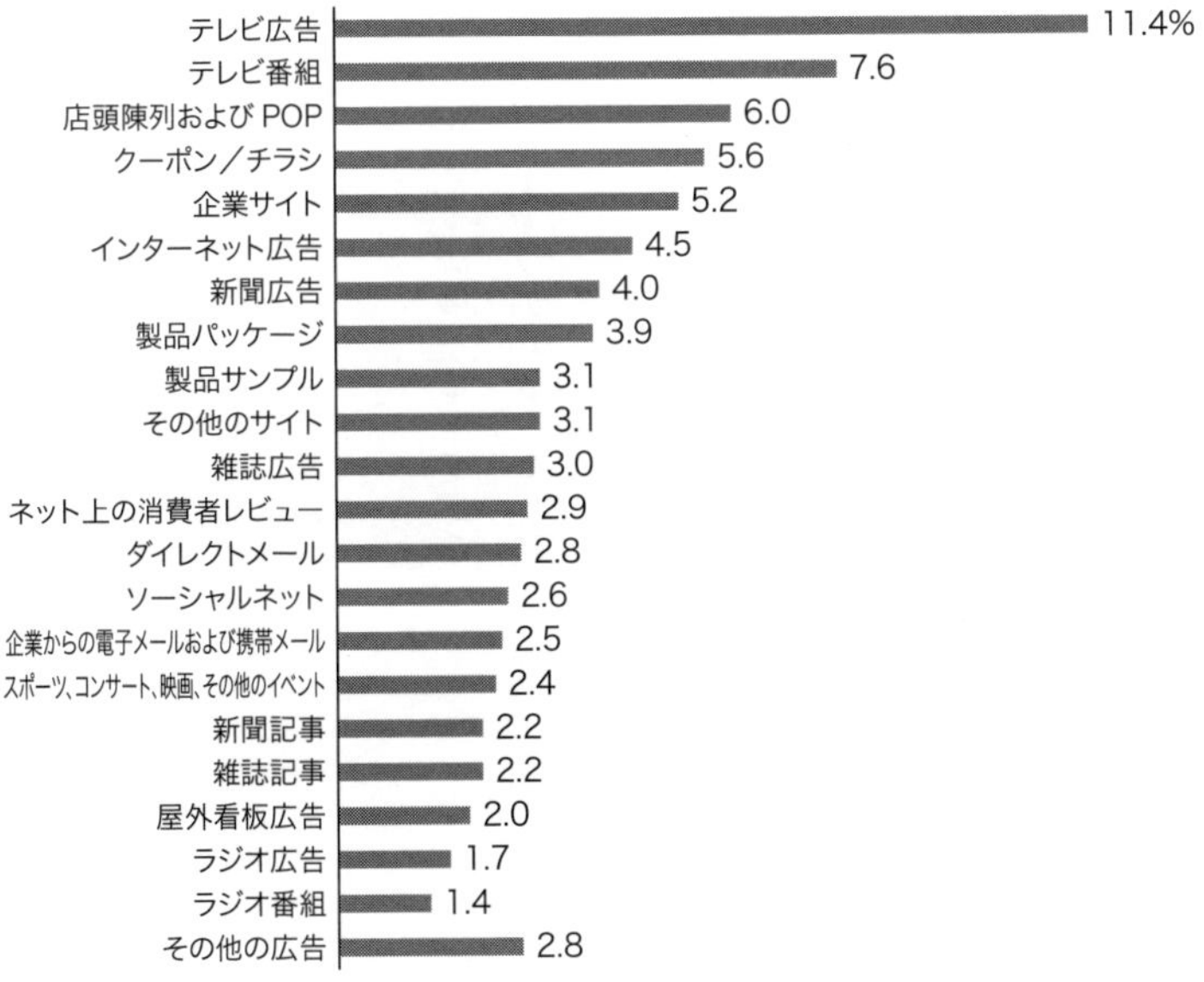

（出所）　ケラー・フェイ・グループのトークトラック（TalkTrack®），2010年7月～2011年6月。

各メディアと消費者のさまざまな行動との接点のことで、とくにデジタル・マーケティングの領域でしばしば用いられる概念」としては最も大きく、第2位のペイドメディアであるインターネットの4・5%を大きく引き離していた。インターネットには（ブランドサイトのような）オウンドメディアと（ニュースやSNSのような）アーンドメディアもあるので、多くのカテゴリーにおいて総合力ではインターネットがベストなメディアになるのだが、ペイドメディアに投資するならば、間違いなくテレビが最良ということである。

このことの明らかな理由の一つは、私たちの生活のいたるところにテレビがあることである。[13] ソーシャルメディアで閲覧者数トップのフェイスブックと、テレビで視聴者数トップのCBSを比較すれば、この点が一目瞭然となる。CBSのリサーチ担当役員トップであるデイビッド・ポルトラックは、業界向けに講演をした際、テレビとフェイスブックのリーチを比較している。2010年末、ユニークユーザー数［サイトを一定期間に訪問した延べ人数を一般に「ユーザー数」と呼ぶのに対して、「ユニークユーザー数」は、同じ人が同じサイトを一定期間内に繰り返し訪れた場合には、それを1人と数える方式で計算した訪問者数を指す］でフェイスブックが月間1億5100万人の米国人にリーチしたのに対し、CBSのそれは2億4000万人であった。さらに、全米国人合計のフェイスブック利用時間は月間420億分であったが、CBSを視聴していた時間はその5倍の2100億分であった。

■ 人々はお買い得情報が大好き

テレビ、インターネット、印刷媒体といった伝統的な広告メディアは重要であるが、どのようにクチコミを刺激し、盛り上げるかについて考える際に考慮するべきメディアやマーケティングの形は、それだけではない。ブランドが大きかろうと小さかろうと、ビジネスのプラスになる会話を活性化させるために使える重要なポイントが他にもある。

多くのブランド、とりわけ食品、パーソナルケア、家庭用品、および小売の分野では、クチコミを活性化させるうえで、プロモーションが重要な原動力となる。より具体的に言うと、クーポンやチラシは小売業者に関する会話の主要なトピックになる（「○○でやってる今週の特売見た……？」など）。ライト・エイド、CVS、クローガー、ベッド・バス・アンド・ビヨンド、それからコールズといったブランドについて考えてみよう。私たちの調査によると、これらはすべて、クーポンとチラシで高得点を有している。一方、クリニーク、エイボン、メアリー・ケイ、およびニベアといった美容ブランドの場合、クチコミを盛り上げるのはサンプリングである。ゼネラル・ミルズ、ケロッグ、およびピルズベリーといった食品ブランドのクチコミもまた、クーポンから大きな恩恵を受けている。これらは傑出したナショナル・ブランドであるが、より小規模なブランドはこれらのブランドを手本にできる。ただし、単に新規顧客をたくさん取り込もうとして特売をしてはいけない。それで消費者の注意を引くのは、お金がかかり過ぎる。それよりも、値引きや新製品のサンプリングをいつ実施しているかを優良顧客に知らせ、それらの特典を得て、それについて他者に話すよう薦めた方がよい。

ネットでの購買時に使える「プロモーション・コード」が、サイトで提供されることもある。もちろん、リビング・ソーシャルは友人や隣人同士、そして見知らぬ人同士でも同様に、共同で特典を得る一般的な方法になってきた。これらのすべてが、お買い得品を求めるというソーシャルな本能に根差している。（第6章で説明する）IBMによる調査で明らかになったように、多くの人々がSNSサイトでブランドや企業を「友達リスト」に加えたり、それらに「いいね！」を押したりするのは、割引の機会を得るためである。これは、お金を節約したいという現実的な衝動のあらわれである。実店舗やメールで同等の報酬を彼らに与えれば、SNS以上になるかはわからないが、それと同じくらいは「いいね」と思ってもらえるであろう。

■ ショップトーク：店舗内での会話

小売店舗内でのマーケティングも、飲料、食品、家庭用品、および家電に関する会話を発生させるうえで大きな役割を果たす。事実、全ブランド会話の5％が、実は店舗内で発生している。比率としてはあまり大きくないが、消費者が店舗内で接する会話は1週間でおよそ7億5000万回にのぼるため、量としては非常に多い。小売環境に焦点を当てる戦略の本当の利点の一つは、店舗内でクチコミ会話を生じさせると、自社ブランドの購買や店頭での試用を積極的に薦めるレコメンデーションにつながる可能性が断然高まり、それによって最高レベルの購買意向を引き出せることなのである。

店舗内での会話を盛り上げるのは何だろうか。製品パッケージが会話を活性化することもあれば、店頭で見かけた陳列や動画が会話のきっかけになることもある。それらの会話は一緒に買い物をしている人の個人的な話に過ぎない場合もあれば、ブランド間の相対的な利点や、その日のお買い得品になっていて、購買した方がよいブランドはどれか、といったことについて話している場合もある。しかし、小売店舗は、人々がわくわくするような製品を見たり、時にはそれを試したりすることができ、店舗内にいる友人や家族とその興奮を共有することができる場所でもある。これが、アップルが小売店

図表 5.8
店舗内のブランド・クチコミは，購買意向につながりやすい

クチコミにより購買意向が極めて（10点尺度で「9」または「10」）刺激されやすいと評価された比率

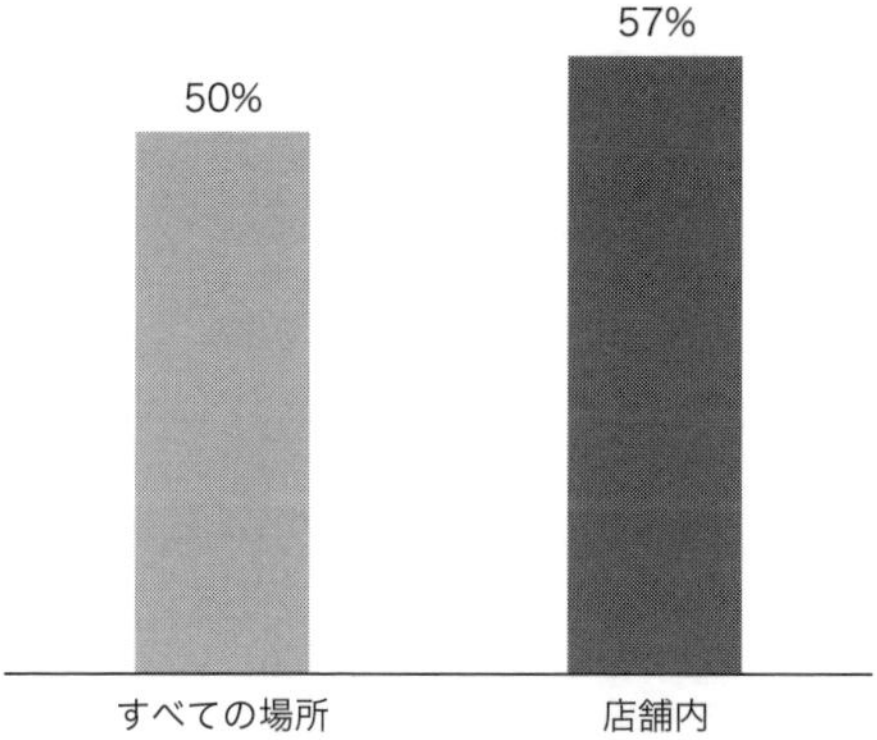

ブランドの「購買または店頭での試用」を薦めるレコメンデーションが最も多くなされるのは，店舗内でのクチコミ時である

具体的に「購買または試用」を薦めるレコメンデーションを含むクチコミの比率

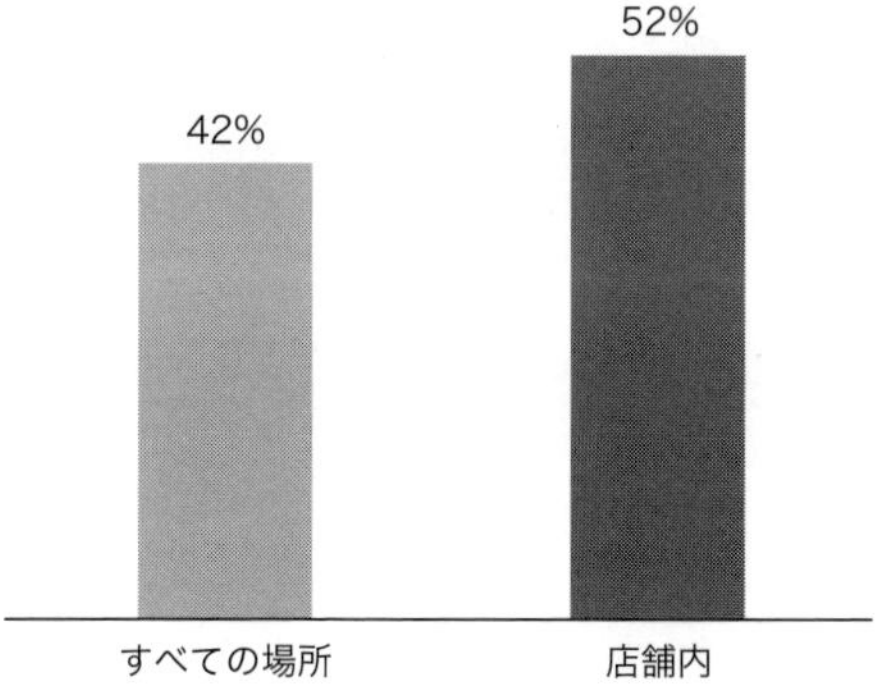

（出所）　ケラー・フェイ・グループのトークトラック（TalkTrack®），2010年7月～2011年6月。

舗で大成功をおさめた鍵である。アップルストアは買い物をする場所であるが、それだけでなく、アップル製品を体験し、訪れた人々が互いに話さずにはいられなくなるような感情的エネルギーに包まれる場所でもあるのだ。

スティーブ・ジョブズが亡くなった2011年頃、彼の伝記を執筆したウォルター・アイザックソンは、ジョブズによって革命がもたらされた7業種の一つとして、小売業をあげている（他の六つは、PC、アニメ映画、音楽、電話、タブレット端末、電子出版）[14]。ジョブズが成し遂げた偉業の一つは、店舗内でたまたま生じた会話であれ、後日井戸端会議や食卓で共有されるすばらしい買い物経験に関する物語であれ、消費者のこうした会話の中心になるようなアップルストアを残したことである。これは、たまたまそうなったのではない。アイザックソンによると、アップルが成功するためには、顧客と直接コミュニケーションをとる手段を持つことが必要であり、それを実現するための最良の（そして実際のところ唯一の）方法は小売店舗であると、ジョブズは2000年時点で気づいていた。しかし、重要なことは、アップルの従業員と顧客が単に会話をすることではなかった。「最初の店舗がオープンしてから10年後の2011年7月、アップルストアは326店になっていた」とアイザックソンは語る。販売という観点から見てもそれらの店舗は非常にすばらしい業績をあげていたが、「店舗の貢献はそれだけではない。アップルの収入に占める店頭販売の割合は15%に過ぎないが、バズの創造やブランド認知の向上を通じ、店舗は同社のあらゆる活動を間接的に底上げした」。第2章で述べたように、アップルは一貫して、ソーシャルメディアよりもオフラインでの会話を優先させてきた企業である。小売業は、その戦略の一環であった。

■ クチコミの影響力を最大化させるソニーのメディア・プランニング

メディアの効果を測定するアプローチとして、「マーケティング・ミックス・モデリング」と呼ばれる統計分析手法がますます用いられるようになっている。[15] このアプローチの具体的手法はさまざまであるが、ほとんどのマーケティングにおける最終目標、つまり売上に対する各マーケティング活動の貢献度を測定するという点では、すべて共通している。売上でなければ、少なくとも来店客数、購買意向、ブランド・イメージ、またはクチコミといった、他の重要な成果指標を使う。

第1章で、マーケットシェア社によるマーケティング・ミックス・モデリングの先進的な取り組みについて触れた。この分析から、広告とマーケティングは多くの場合、会話への影響を通じて売上を増加させることが明らかになった。同社は、６カテゴリーにわたるクライアントの広告・マーケティング費用、クチコミ、および売上に関するデータを大規模な統計分析にかけたうえで、この結論に達した。大手メディア会社のユニバーサル・マッキャン（ＵＭ）もまた、クチコミと広告の関係について画期的とも言える統計解析を行っている。それは、ＵＭと同社のクライアントであるソニーが２０１０年に、クチコミ・マーケティング協会（ＷＯＭＭＡ）のゴールドＷＯＭＭＹ賞を受賞するほどに革新的なものであった。世界で５本の指に入るメディア会社のＵＭは、インターパブリック・グループ傘下のＩＰＧメディアブランズに属しており、ソニーを筆頭とするクライアントのビジネス成果を最も引き出せそうなメディアを選択し、購入する事業を展開している。同社は、クチコミ促進研究の最も優れた実践例として、WOMMY賞を受賞した[16]。これは、UMのグレアム・ハットンによる論文の功績が認められてのことである。この論文は、広告への支出によるブランド・クチコミの促進モデルを公に示した初めての論文であった。

このモデリングの目的は、ソニーおよび競合他社の広告がクチコミに及ぼす影響について、集計レベルとメディア種類別の両面から説明することであった。そうした洞察を得ることができれば、UMは多くのクライアントのメディア支出を最適化できる。いずれにしても、そのねらいは、異なる三つの視点から、UMがブランドに言及したクチコミを予測できる仕組みの構築であった。それは(1)広告費でクチコミをどの程度予測可能か検証する、(2)競合ブランドの広告支出による影響を測定する、(3)各メディア（すなわち、テレビ、オンライン、印刷）の投資収益率を比較する、の3点である。つまるところ、これによってUMは、より好意的なアドボカシー（ソニーの場合はそれが売上増にも結びついた）の原動力になるメディアの購買とそれへの支出レベルについて、閃きや運に頼った直感でなく、サイエンスに基づいて提案できるようになる。

UMが行った統計分析から、ソニーは次のような洞察を得た[17]。

・ソニーに関する潜在的なクチコミのおよそ3分の2（63％）は広告と無関係であり、むしろ個人的経験や、クチコミの量が季節によって変化する内容（たとえば、連休のような贈答シーズンにおける家電に関する会話など）である。

・それ以外のクチコミを見てみると、ソニー・エリクソンに関する全クチコミの14％は、同社の広告によって活性化されたものであった。

・ソニーに関するクチコミの23％は、競合他社による広告の影響を受けて損なわれている。言い換えると、ソニーの広告が自社に関するクチコミの原動力となりうるのと同様に、競合他社の広告は競合ブランドの会話を促すので、ソニーのクチコミを阻害しうる。

競合他社による広告支出の影響とソニー自身による広告の相対的重要度に関するＵＭの知見は、きわめて重要な示唆を含んでいる。ＵＭの推計によると、ソニーが（テレビ、デジタル、雑誌、屋外、ラジオに関わらず）広告へ６００万ドル投じるごとに、同ブランドに関するクチコミは１％、すなわち５８００万回ずつ増える。同時に、競合他社が５９００万ドル支出するごとに、ソニーのクチコミは１％、すなわち５８００万ずつ減る。見方を変えて、ソニーに関す

図表 5.9
ソニーのクチコミ源

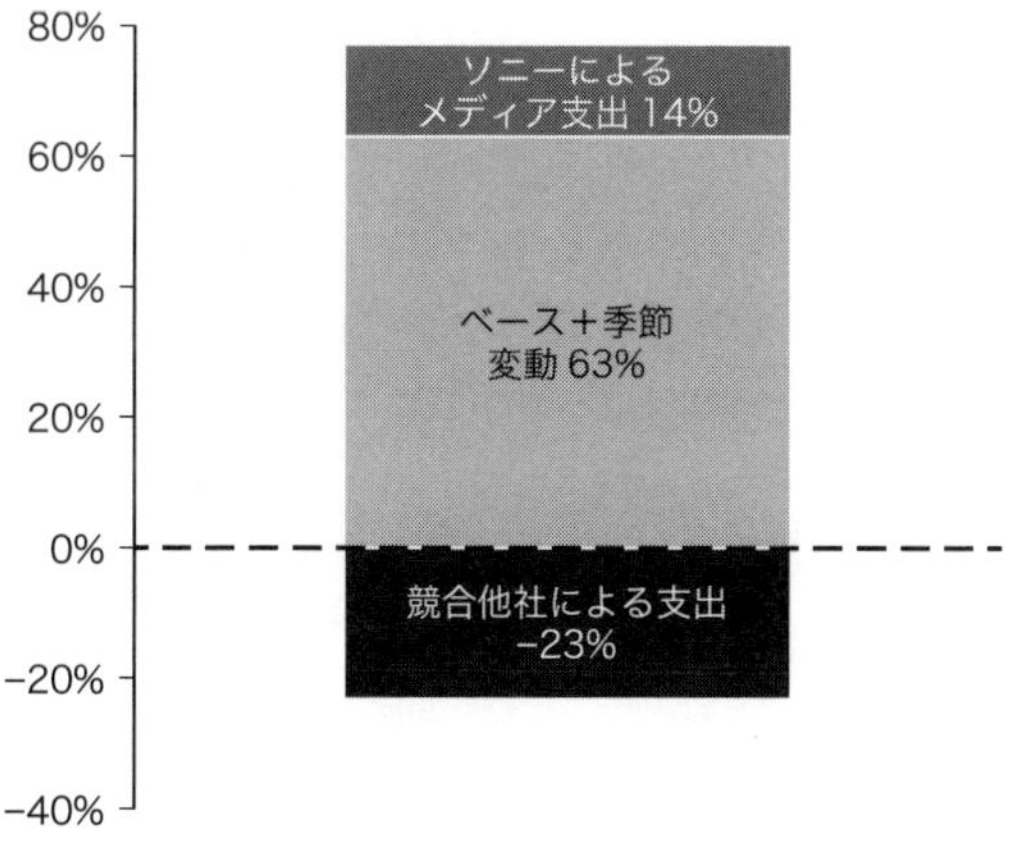

（出所）　ケラー・フェイ・グループのトークトラック（Talk Track®）を用いたUMによる回帰分析，カンター＆アドレレバンス。

る1回の会話という点で捉えると、ソニーによる0・1ドルの支出が、競合他社による1・02ドルの支出に相当すると言える。

この結果はソニーに限ったものであるが、UMは、異なるカテゴリーを扱う他のクライアントについても同様のモデルを構築している。結果はさまざまであるが、類似した一連のダイナミクスを見ることができる。そこから得られる教訓は、以下の通りである。(a)広告への投資は、ブランドに関する肯定的なクチコミの原動力となる。(b)単に自社の投資について把握するだけでなく、競争的なコンテクストの中でそれを捉えることが重要である。広告が不十分であることによる競争上のリスクが、確かに存在するのである。

UMのハットンは、次のように述べている。[18]「競争的行為による負の影響は、私たちのクチコミ・モデルの大半において観察される主要な特徴である……これらのモデルを開発するのに先立ち、私たちは、広告によってブランドに関するクチコミが生み出される態様は、広告によってブランド認知が生み出される態様に似ている、という仮説を持っていた。業界では一般に、ブランド自身によって行われるメディア広告は広告認知の主要な原動力であり、競争的行為による影響は比較的小さいとされる。しかし、これらのモデルは、競争的行為がクチコミに確たる影響を与えることを示唆している。また、広告によるクチコミ発生モデルの様相は、広告認知モデルのそれとはまったく異なることも示している。どちらかと言えば、おそらく、クチコミ・モデルは売上モデルに近いだろう」。

広告費を削減することで短期的に資金を節約しようとするブランドは、競争によって該当カテゴリーに関する会話を乗っ取られることになるであろう。語られないことのリスクは、会話の主要なトピックになるプラスのインパクトと少なくとも同程度に大きな、ただしマイナスのインパクトをもたらすのである。

■ ソーシャルな状況での広告

どの時間帯にどのメディアを用いても、消費者の会話とレコメンデーションのクチコミに影響を与える潜在力があると私たちは考える。ニュース、エンターテインメント、および広告は、自然と誰かと共有したくなるような情報やアイデアを提供することができる。しかしながら、メディアのプランナーやバイヤーにとって肝心なことは、会話に影響を与える見込みが最も高いメディアを選ぶことである。そして、きわめて重要な検討事項は、他者と話すことができる状況にいる人々に最もリーチしやすいメディアはどれか、ということである。私たちが、他の人と一緒にいるとき、そしておそらくは、話すことを探しているときも、その時目に入った広告について話をする可能性が最も高いことは、誰もが知っている。

第４章で述べたように、ＮＢＣユニバーサルの依頼を受けて行った調査で、テレビ広告によって触発される会話には、広告を見た後すぐに発生するものもあれば（31％）、少し経ってから発生するものもある（24％）ことがわかった。[19] とりわけ、広告を見た直後の会話は、消費者が１人で見ているときには生じにくい傾向にある。どの部屋でも、どのデバイスでもテレビを見ることができる時代では、共同視聴している消費者にリーチすることがより難しい。それにもかかわらず、依然として性別や世代を超えて視聴者を引き付ける番組がある。オリンピックやアメリカン・フットボールなどのスポーツ中継、親と子供が一緒に見ることの多い子ども向け番組、およびアメリカン・アイドルのようなリアリティ番組だ。アメリカン・アイドルは、家族の間で多くの会話がなされたことが寄与し、2010年度のシーズンが終わりを迎えている現在、最大のクチコミ創造番組となっている。

しかし、会話をする状況にある人々にリーチするメディアは、テレビだけではない。英国に、広告実務研究所（Institute of Practitioners in Advertising：通称IPA）という広告の業界団体がある。[20] 2006年、当団体は「タッチポイント」と呼ばれる大規模なマルチメディア調査研究に着手し、これまでに3回行っている（本書執筆時点で4回目の調査が進行中である）。[21] 2010年に行われた3回目の研究では研究対象を拡張し、クチコミ関連の洞察も含めている。

「タッチポイント」調査の根幹は、モバイル端末を通じて管理された日記である。調査参加者は30分ごとに、その30分間に何をしていたか記録するように、そのモバイル端末から指示される。記録してもらう内容には、彼らが何らかの会話をしたかどうかだけでなく、利用していたメディアも含まれている。この新しいデータを用いることで初めて、消費者が他の人と会話をしているとき、彼らにリーチする見込みが最も高い具体的なメディアや、彼らが会話をしている時間帯を垣間見ることができるようになる。平均すると、32％の人が、昼夜を問わず30分ごとに会話をしている。このうちメディアが利用されている30分間に限って見ると、平均45％の人々が会話に関わっている。つまり、人はメディアに触れながら、あるいはその前後に会話をする傾向にあるといえよう。これは、メディアと会話は相性がよい、という重要な説を裏づける結果である。またこの調査は、会話とメディア露出の両面から終日の測定を行った。それにより、メディアがもつ「社交性」には、メディアの種別や時間帯によって大きなばらつきがあることを確認できた。

この調査からは、インターネットとラジオが、最も社交性のあるメディアであることも判明した。というのも、人々はインターネットを利用している時間とその前後、およびラジオを聴いている時間とその前後で最も会話をしやすいからである。事実、インターネットとラジオにおける総利用の約半分が、人々が会話をしている30分間に起こっている。これらのインターネットやラジオの水準には及ばないが、社交性の点ではテレビも平均以上である。雑誌と新聞の社交性は最も低く、会話をしている時間帯にこれらのメディアを利

図表 5.10
会話はメディア利用中に発生しやすい

会話をする人の比率（30分ごとの平均）

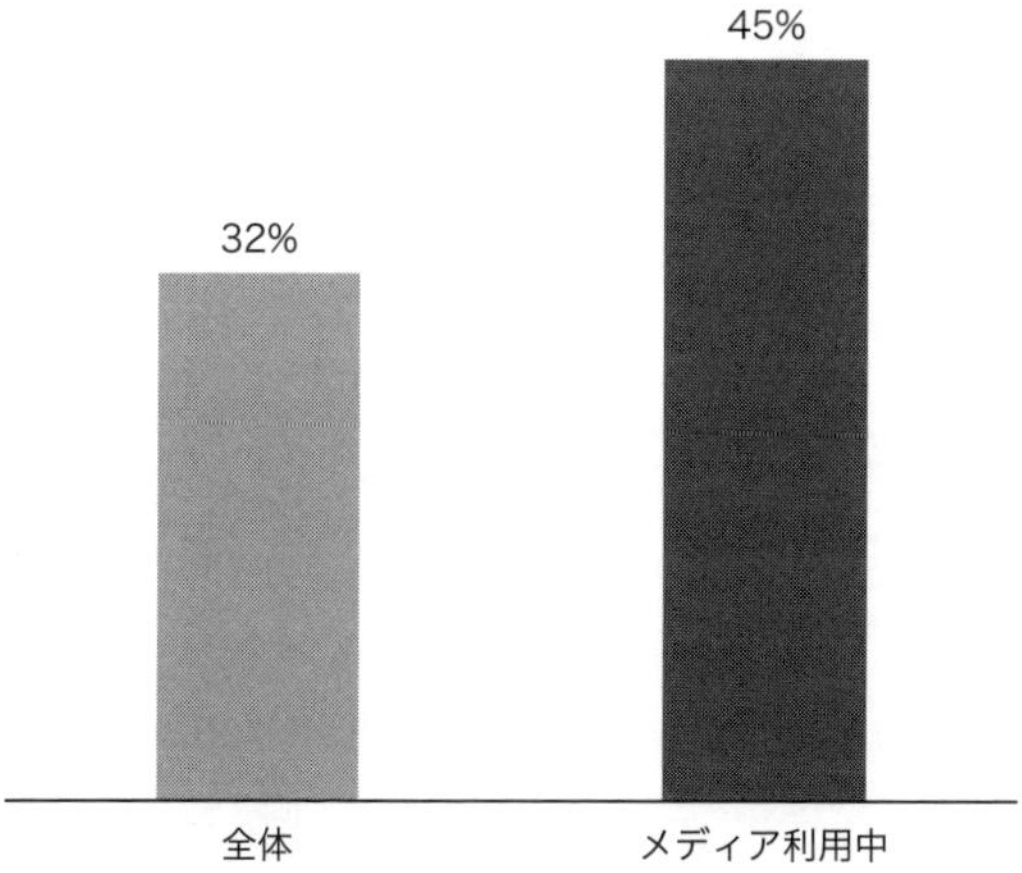

［訳者補足］ IPAによるタッチポイント調査は，タッチポイント１（2005年４月～11月），タッチポイント２（2007年９月～2008年２月），タッチポイント３（2009年９月～2010年２月），タッチポイント４（2011年７～12月），タッチポイント５（2013年７～11月），タッチポイント６（2015年２～６月），と実施されており，第７回目からは「タッチポイント2016」（2016年１～４月）と呼称が変更されている（参考：http://www.ipa.co.uk/page/touchpoints-methodology#.V6Xm7cuhheQ）。
（出所） IPAタッチポイント３（TouchPoints3），英国。

用している人の割合は、わずか3分の1程度でしかない。誰かと一緒に朝食を食べているときに新聞を読む行為は「行儀が悪い」と注意されたことのある人であれば、この結果は驚くに値しないであろう。

時間帯もきわめて重要である。インターネットの社交性は、午前8時30分から11時00分の間にピークの60%に達する。これは一般的に言って、一日の仕事が始まり、コンピュータの電源を入れ、同僚に挨拶をする時間帯である。一方、テレビの社交性は、早朝と夕方、つまり朝食と夕食の時間帯にピークを迎える。こちらは、人々がしばしばテレビをつけながら、食事の準備をしたり、一緒に食事をしたりする時間帯である。夕方は、夕食を済ませ、家族がそれぞれ別の部屋へ行き、自分の好きな番組を見る傾向にあるプライムタイムより利点があるように思われる。

こうした洞察を有していれば（「タッチポイント」調査は現在、米国と英国において継続中である）、クチコミの活性化に関心がある広告主は、消費者が誰かと一緒にいる傾向がより高い時間と場所に基づいてメディアを購買することで、消費者へ首尾よくリーチすることができる。そうすることで、広告によって生まれるエンゲージメントやレコメンデーションが増加するという恩恵に与ることができよう。

私たちメディアの世界で最も頻繁に引用されるフレーズの一つは、コミュニケーションの第一人者マーシャル・マクルーハンによる1964年の著書『人間拡張の原理：メディアの理解』の一節「メディアはメッセージだ」である。[22] このフレーズはしばしば、コミュニケーション・チャネル（テレビ、インターネット、雑誌）の方が内容よりも重要であるという意味で受け取られ、人々やマーケターにとって利用可能なコミュニケーション・チャネルが急速に発達し、かつ絶えず変化する世の中において、支配的な考えとなっている。

しかし、マクルーハンが言おうとしたことは、まったく違う。彼の見解によると、メッセージは人間の言語に基づくものであり、人類はメディアの歴史の一部である。つまり、メディア技術とは、人々の拡張に過ぎないという考えである。彼が著した『人間拡張の原理』の1ページ目に、「私たち自身が拡張されるたびに、すなわちいかなる新技術であってもそれが登場すると、自分たちの問題を捉える尺度が変わる。あらゆるメディア、つまり私たち自身の拡張に関する個人的および社会的な関心事は、そのあらわれなのである」とある。彼の考えでは、印刷機、電信、ラジオ、電話、およびテレビといったコミュニケーション・ツールも、彼の著書出版後に登場したコンピュータやインターネットもすべて、もう一度マクルーハンのアナロジーを借りれば、ハンマーが私たちの腕を拡張したように、人間が拡張されたのと同じことなのである。

人々をメディアとして捉えることは、クチコミの機会をつかもうとするマーケターにとっての基本である。言語は、人々が思考やアイデアを効率的に共有できるようにした最初のメディアである。それぞれのメディアが果たすべき目的に関しても、それぞれのメディアがもつ影響力に関しても、言語と会話はすべての近代的メディア・ツールにとって不可欠な要素なのである。

メディアを有効活用するためには、人を第一に考え、メディアを私たち自身の拡張であると捉える必要がある。メディア戦略における第一の目標は、会話を通じてさらなるコミュニケーションを刺激することであるべきだ。マス・コミュニケーションと人間による会話や共有の関係は、相互に途切れることなくつながっていなければならない。この洞察を活かしたマーケティング・キャンペーンこそが、最も大きな効果をあげるだろう。

第6章　All Things in Moderation: Where Social Media Fits

何事もバランスが肝心：ソーシャルメディアの適所

シリコンバレーやウォール街から多額の資金が流れ込んでいる「フェイスブック」「ツイッター」および「ジンガ」のような企業のおかげで、ソーシャルメディア関連はここ数年、投資家の間で時代の寵児とされてきた。[1] これらの企業があらゆる消費者の注目とエンゲージメントを得ていることから、大手ブランドのマーケティング戦略がテレビなどの伝統的メディアから、ソーシャル・チャネルの活用へと大きくシフトすると、投資家は踏んでいるのである。

しかしながら、これまでのところ、広告に関するソーシャルメディアのパフォーマンスは、思った以上に控えめである。第1章で例示したペプシコ社のように、すべてをソーシャルメディアに移行したブランドは火傷を負っている。その一方、ソーシャルメディアに慎重なアプローチをとっている「オールドスパイス」や「ザッポス」のようなブランドが善戦している。オールドスパイスもザッポスも、ソーシャルメディアの達人と評されることが多い。確かにそうかもしれないが、どちらのブランドも、ソーシャルメディアがエキサイティングで時には強力であることを理解しつつ、それは数あるチャネルの一つであり、依然として影響力が大きい伝統的なメディアを活用する全体論的《ホリスティック》なマーケティング・アプローチの一部として捉えるべきであることも理解している（これについては、第4章と第5章で論じた）。

　しかし、現実を見てみよう。ソーシャルメディアは、マーケティングに関する今日的な議論を支配する巨大な存在となっている。本章では、ソーシャルメディア・マーケティングを適切に実施している企業数社を取り上げ、ソーシャルメディアの長所と短所を検討するとともに、不適切に実践している企業についてさらに深く論じる。

　ソーシャルメディア最大のプレーヤーは、もちろんフェイスブックである。そこで、フェイスブックがマーケティング・パートナーに対して使う口説き文句から、ソーシャルメディアの議論を始めよう。フェイスブック社のスポークスパーソンであるダン・ローズは、同社のパートナーシップおよびプラットフォーム・マーケティング担当副社長である。[2] ２０１１年４月に行われたマーケティング・イベントの壇上、文化やビジネスに対するソーシャルネットワークの影響について、ローズは概況を述べた。彼はある結婚式の動画を見せた。それは、新郎新婦がより伝統的な儀式、つまりキスによって婚姻の誓いを立てるよりも先に、自分たちのフェイスブックの交際ステータスを更新するというものであった。ローズはまた、盗みに入った家で、自分の居場所を更新しておきながら、すぐに出て行かなかったために逮捕された不法侵入者のエピソードも話した。ローズの言わんとすることは、メッセージとメディアは互いに絡み合っているということである。フェイスブックのようなツールは、単に自分の活動を記録したり、伝えたりするためだけのものではない。それらは活動そのものでもあるのだ。

ローズは聴衆に向かって「近年、ネット上での生活が、現実世界における生活を映す鏡になり始めていることに、気づいていますか」と問いかけた。「以前はそうではなかったが、今日、オンラインにおける私たちの行動は、まるで私たちの生活そのもののようである」と。

フェイスブックの文化的影響について示した後、ローズは商業に話を転じ、フェイスブックが頼みの綱になっているスモール・ビジネスと、「いいね！」ボタンの導入や、ソーシャル広告としてのフェイスブック活用によって大きく変化した大規模ブランドを列挙した。間髪入れず、ローズはその影響を定量化して見せた。自社が行った調査を引用し、友達の名前が書かれたフェイスブック広告を見ると、広告の記憶率が60％以上高くなり、その製品が購買される可能性は4倍になる、と述べた。

「これがクチコミである」と彼は言った。「これが大規模なクチコミである。私たちがマーケターとして、ずっと温めてきたものである。ソーシャルウェブによって、ついに実現可能になったのだ」。彼は少し間を置き、こう言い換えた。「これは大幅に増強されたクチコミである」。

ソーシャルメディア最大のプレーヤーであるフェイスブック社の幹部によって、フェイスブック上で語られることが、確かにクチコミの一部であると断言されたのは、少々驚きであった。常にクチコミの力を信じてきた私たちにとって、喜ばしい話ではあるのだが。しかし、フェイスブックがクチコミを大幅に増強できたと言えるだろうか。クチコミはきわめて強力なマーケティングとしてとっくに機能しているので、これは冗長な表現であるうえに、歴史もまったく無視している。すでに見てきたように、オフラインであろうとオンラインであろうと、クチコミにはもともと非常に強力な影響力があるし、実際にエリフュー・カッツとポール・ラザースフェルドがマス・コミュニケーションの2段階流れ仮説を初めて提唱した1950年代より以前からずっと、非常に強力だったのである。クチコミが発生するのにフェイスブックが必要なわけではない。それは太陽が存在するのに、その周りを周回する地球を必要としないのと同じことである。人々はずっと、製品のアイデアやニュースや情報に関して、ソーシャルなネットワークに頼ってきた。フェイスブックは重要なチャネルではあるが、クチコミという宇宙の中心ではない。会話がなされる多くのチャネルの一つに過ぎないのだ。

また、私たちには、オンラインがオフラインを映す鏡であるというローズの主張は正しくないという確証がある。人々は、とくにブランドに関して、オンラインでは異なる振舞いをする。すでに論じたように、ブランド関連の会話がオフラインにおいて圧倒的に多くなされているだけでなく、オンラインに比べてオフラインで会話がなされる際には、その他の行動についても、誰かと一緒にいるか1人でいるかによって、会話のネタとして取り上げるブランドのタイプも違ってくるし、多くの非言語的手がかりが違った意味を持つようにもなる。

ローズのプレゼンテーションは、ダイナミックでエキサイティングなものであったが、マーケティングの世界にはびこっているいくつかの重大な誤謬と誤解を含んでいた。フェイスブックが大学生以外にも開放されて以来数年間、マーケティング業界はソーシャルメディアを焦点としてきた。マーケターと広告会社は、こぞってソーシャルメディアに飛びついている。多数のコミュニティ・マネジャーを雇い、ソーシャル戦略を統括する上級役員をこれまで以上に設置している。そして、ツイッターやフェイスブックのキャンペーンにますます多くの資金を投じるようになっている。ブランド属性、カテゴリー特性、企業文化、あるいは消費者がどの程度ブランドについて話したくなるかといった要因に照らし合わせて考えてみた場合に、そうした戦略のシフトが理にかなっているかどうかに関係なく、多くの企業がソーシャルメディアをマーケティング戦略の中心に据えている（第1章で、フェイスブック社のポール・アダムスでさえ「フェイスブック型の戦略」や「ツイッター型の戦略」には反対の立場で、それよりも「人々の戦略」を推奨していたことを覚えているであろう）。

マーケターの中には、ソーシャルメディアを特効薬のように捉えている人もいる。それは、そうした多くの企業の価値をとてつもなく高める原動力となっているきわめて強欲な投資家集団と、古いが信頼できるマーケティング・モデルを見限り、新しいモデルをもてはやすことばかりに躍起になっている業界紙のせいである。すでに述べたように、自社ブランドのフェイスブック・ファンをどのように評価するべきか見出すことが、ワン・トゥ・ワン・マーケティング、成果報酬型広告、エンゲージメントなど、流行を追い求めた枚挙に暇がない過去のバズワードに代わって、新しい大目標になったのである。

興奮するのもわからなくはない。人々にとってメディアのことなどはどうでもよいことであり、フェイスブックやツイッターといった企業がどれほど急激に成長しようが、どんなすごいイノベーションを打ち出そうが、それだけでは人々は少しも驚きはしない［あくまでもこれらの企業がマーケティングに革新をもたらすとされるから、人々は熱狂するのである］。しかし、誇大広告の中から真実を見出そうとする努力を怠って興奮することは、明らかに近視眼的である。フェイスブックやツイッターはきわめて迅速に膨大な数の閲覧者を集めたが、その裏には、「商業的に見て、それらの閲覧者にどれほどの価値があるのか」という、いまだほとんど解決されていない大きな問題がある。また、一部の人には、ブームの影で実際に起こっていることを見ようとせず、「行列」の魅力にほだされる傾向もある。第1章で触れたように、フェイスブック上に、数千万人という巨大なファンを持つブランドもある。しかし、2011年秋に行われた調査では、そのようなファンのうち、アクティブである比率は非常に低い（概して1％以下）ことがわかった。

フェイスブックのアカウントを作成したからといって、その人がマーケティング・メッセージのシャワーを浴びたがっていると仮定するのは誤りであり（それが友達から送られてくるものであったとしても）、資金はもちろん、エネルギーの大きな浪費につながる恐れがある。しかし、それでもやはり、フェイスブック社のローズが演説で引用した統計は、特筆すべきものである。それらは説得力があり、今日のマーケターが自らの考慮集合に入れておくべき統計の一つだ。どのようなブランドであれ、成功させるためには、ソーシャルメディアをバランスよく使うことが重要である。

ここまで述べてきたことをまとめると、ソーシャルメディアを理解することが、あらゆるビジネスにおいて重要であると私たちは信じている。とりわけ顧客サービスの分野では、ソーシャルメディアが不可欠である。しかし、私たちは、企業によるツイートやフェイスブック上のファンに対するキャンペーンが、伝統的なマーケティングに取って代わるという考えに警鐘を鳴らす。誇大広告に乗った軽率な行動は、無謀と言わざるをえない。それで手っ取り早く業界紙でＰＲでき、一部の人々には「あいつはわかってるよね」と言わせることができるかもしれないが、長い目で見ればしっぺ返しに合うことをエビデンスは示している。

■アップルはどうしてる？

私たちの言うことが信じられないなら、「アップル」のケースを考えてみよう。[3] 私たちが聞く限り、ほとんどすべての人が、アップルはクチコミの観点から見て際立ったブランドであるとはっきり言う。アップルは世紀の変わり目にみじめにもがき苦しんだが、２０１０年には『アドバタイジング・エイジ』誌からこの10年間で最も優れたマーケターと評された。どうやって、そこにたどり着いたのか。これこそが21世紀のマーケティングだと私たちが言い聞かされてきたすべてのトレンドを無視したことも、その理由の一つだろう。２０１１年半ば時点で、アップルはフェイスブックページを持っていなかった。また、ツイッターでの存在感も薄いままにしていて、App Store と iTunes の二つを配信するにとどめている。ツイッターの配信はアプリと音楽のプロモーションに限定されており、彼らは消費者のエンゲージメントを高めるためにソーシャルメディアを用いるというやり方をしていない。

ここでの教訓は単純明快である。アップルは製品イノベーション、すなわち iPod でデジタル音楽を普及させること、iPhone で携帯電話の処理能力を飛躍的に向上させること、iPad でタブレット端末の可能性を開花させること、そして MacBook Air で究極のノートパソコンを作ることに、ピンポイントで集中している。これらのイノベーションの販売促進策として、アップルは伝統的なアプローチを採り続けている。それは、多額のメディア予算に支えられた、賢明で、生産性が高く、人に伝える価値のある創造的な広告である。アップルのデザイナーとエンジニアは、すばらしくて信頼できる、プレミアム価格帯の製品を製造し、マーケティング組織がそれらの機器をクールなものにする。また、アップルは、小売店にも多額の投資を行っている。それらの多くは「ブランド認知向上のためのランドマークとして、および販売とマーケティング活動の場として機能するよう設計され、建てられている」という。

アップルは長い間、少なくともリドリー・スコット監督の制作で、IBMに挑戦状をたたきつけたスポット広告であった「1984」以降、より最近では「マック君」対「PC君」の広告以来、革新的な広告をする企業として知られている。同社のクリエイティブ・アプローチは、「今風かつキャッチーであること」だ。おそらく、より重要なことは、アップルのデザイナーが目立つ製品を作り、ひいてはそれが会話のきっかけになるということである（このアイデアについては、第2章で論じた）。

同社の成功は、オフラインで大規模な会話を引き起こすマーケティングおよび本質的な製品デザインによるものであって、その時々で新しいトレンドを追うことはしない。トークトラックによると、アップルは米国で6番目、英国で5番目、オーストラリアで4番目に多く話されているブランドであり、これら三つの市場すべてでトップ10入りしている稀有なブランドの一つである。iPod、iTunes、iPad、そしてiPhoneというサブブランドをアップル・ブランドとしてまとめて集計すれば、アップルは企業として、米国、英国、そしてオーストラリアでナンバーワンになる。これが、ソーシャルメディアの活用を控えた企業によって成し遂げられた偉大なる成果である。

もちろん、すべての企業にスティーブ・ジョブズのような先見の明を持つ人物がいるわけでも、アップルのような規模のマーケティング予算があるわけでもなければ、自社の動向、あるいは期待される動向を熱心に予想する（そして語る）膨大なファンがいるわけでもない。自社製品に関する消費者の会話を促すとなると、アップル以外のほとんどすべての企業は、より一層の努力が必要となる。その際、ソーシャルメディアはますます、一つの手段として用いられるようになるであろう。しかし、「ペプシ」および同社が行ったペプシ・リフレッシュ・プロジェクトで見たように、チャネル戦術上の意思決定というレベルを超えて、ソーシャルメディアを一つの戦略として据えるのは危険である。[4]「ペプシ」はソーシャルメディアにコミットし過ぎたことで、「コカ・コーラ」と「ダイエット・コーク」に市場シェアのワン・ツー・フィニッシュを許してしまった。この上位２ブランドはテレビ広告の集中投下を継続的に行い、スーパーボウルから「アメリカン・アイドル」に至るあらゆる番組で強い存在感を示した。「ペプシ」から見ると、接戦が続いていた長年のコーラ戦争において、ライバルに明確な差をつけられてしまった格好だ。

「コカ・コーラ」の見事な戦略を目の当たりにし、ペプシコ社はテレビへの支出をここ数年間の水準から30％引き上げる計画を発表した。[5]そのほとんどは、「ペプシ・コーラ」の支援に充てるというものであった。増加分の一部は、スーパーボウル広告へ復帰し、ダイエットコーラである「ペプシマックス」をプッシュするためのものであった。「ペプシ」が２０１１年のスーパーボウルに提供した広告は、ゼロカロリーのペプシを味わった後、ふしだらで女たらしな行動をユーモラスに咎められる男たちを取り上げたものであった。その中には、俳優のマシュー・マコノヒーもいた。これらの広告はうまくいき、私たちのトークトラックを活用したスーパーボウル調査の調査対象42社の中で、「ペプシマックス」はスーパーボウル翌週のクチコミ増加数第7位につけた。その年末、ペプシコ社の幹部が、旗艦ブランドであるペプシの新たなキャンペーン計画について『ウォール・ストリート・ジャーナル』紙に語ったところによると、同社は推定６０００万ドルという契約金を払って、サイモン・コーウェルによる新たなリアリティー番組、「Xファクター」のスポンサーとなった。これは、「アメリカン・アイドル」を模した番組である。大型の広告とスポンサー契約に立ち返ったのだ。

方針転換後の２０１１年1月、ペプシの北米事業におけるデジタル部門のトップであったシヴ・シンは、リフレッシュが最終的にペプシの立ち位置を変えることになるとは想定外であったと『ニューヨーク・タイムズ』紙で語っている。[6]「それはブランドの健康化を図ったものであった」と彼は述べている。同年11月、ペプシの進化した戦略について内省し、シンは『ハーバード・ビジネス・レビュー』誌のブログに、「テレビ広告を念頭に戦略的マーケティング計画に着手する広告主は、どんどん減ってきている。むしろ、広告主は根本に立ち返って、エンゲージメント戦略から始めるであろう。それは一連のクリエイティブ・アイデアによって実践されるものであるが、そのアイデアは異なるチャネルを通じて届けられることになる」と綴った。これはテレビに関することかもしれないが、ソーシャルメディアに対しても言及されるべき内容である。ペプシ・リフレッシュの大きな教訓は、ソーシャルメディア上のエンゲージメントを第一目標として始めるべきではなく、シンが記したように、ブランドはさまざまなチャネルの中で生かされるということである。戦略とは、人々が他者と共有したいと思うようなアイデアに基づくべきであり、それに適したあらゆる媒体を活用するものであるべきだ。ペプシコ社はその苦い経験から、伝統的なマスメディアが依然としてエンゲージメント、クチコミ、ひいては売上を牽引する強力な武器であることを学んだのである。

■ ソーシャルメディアの欠点

少し戻って、マーケティングの文脈で、ソーシャルメディアがどのように機能するのか、あるいは機能しないのか、について見てみよう。

ツイッターとフェイスブックの台頭以来、ブランドはさまざまな点でソーシャルメディア・マーケティングを採用してきた。その中には、深さも測らずにソーシャルメディアという名のプールに飛び込み、多くの資源を投入した「ペプシ」のようなブランドもある。一方、より慎重なアプローチを採ったブランドもある。そうしたブランドは、他のマーケティング活動を補完するものとしてソーシャルメディアを用いた。さらにはアップルのように、ほとんど我関せずといった姿勢を採り続けるブランドもある。それらのブランドは、今や天文学的とも言える企業価値をもたらす原動力となった自社のマーケティングや主力製品に顧客がハマり、彼らが自社について自らおしゃべりをするような仕組みを作っている。

詳しくは後で述べるが、成功しているブランドは中立的な立場をとっている。それらのブランドは、自分たちがどのように言われているかを知るチャネルとしてソーシャルメディアを用いている。しかし、それによって、実生活であるところのオフラインで話されている内容の把握が疎かになることはない。そうしたブランドは、クーポンなど販促物の配布、および製品関連ニュースの伝達を目的とした他のメディアを補完するためにソーシャルメディアを用いている。これらのブランドが、製品に関して問題や不明な点がある人たちに対応する顧客サービス・チャネルとしてソーシャルメディアを用いることもあるが、それによって、店舗内や電話での顧客サービスを疎かにすることはない。顧客サービスの責任者に見てもらうためにツイートしたい人々に対しては、ツイッターで応えるべきであろう。しかし、他のチャネルを好む大多数の人々を無視するべきではない。人々を中心にしようというのであれば、ソーシャルメディアが生活の中心となっている人はほとんどいないことを認識する必要がある。

エデルマン・パブリック・リレーションズ社の幹部であり、デジタル業界の巨匠ことスティーブ・ラベルが2011年に述べたように、チャネル・ミックスに関する正しいアプローチは、ハイブリッド型である。[7] 彼いわく、「ソーシャルメディア・マーケティングには飽きてきた。少なくともそれ単体では。ソーシャルメディア・マーケティングのほとんどが依然として、自己中心的な仕事のやり方をしている。そのポテンシャルをフルに発揮できずにいるのはそのためだ」。さらにこう続ける。「HPのリサーチャーが行った調査によると、ほとんどの会話は個々のメディアではなく、報道機関全体によって引き起こされる。ソーシャルメディアが知られたくないこの秘密に、多くの人は気づいていない」。ラベルは「いますぐに金持ちになる方法」といった類の本と同じようなソーシャルメディアのハウツー本が蔓延していることも指摘していた。

誤ったやり方をしているブランドは、ソーシャルメディアの誇大広告を見抜けていない。そうしたブランドは、ソーシャルメディアにはマーケティングツールとして重要な欠点があることを見落としている。次に、それを見ていこう。

■販売ツールにあらず

さかのぼること2009年、コンピュータメーカーのデル社は、総勢60万というフォロワーを有していたツイッターで行った一つの配信が、300万ドルの売上を生んだと発表した。[8] ソーシャルメディアの投資収益率に関して、新しい時代の到来を告げる発表を待っていた人たちは皆、おそらく今も待ち続けている。一流のマーケターであれば、「デル」の後に続き、単にソーシャルメディアがいかに儲かるかについて自社のマーケティング・コミュニティに話すことなど、まったくとは言わないが、ほとんどない。今日のマーケターはむしろ、ペプシコ社のシンに倣って、ソーシャルメディアは販売チャネルではないと言うだろう。シンはまた、フェイスブックの友達やファンには、せいぜい最小限の価値しかないと力説している。[9] オムニコム社傘下でメディア関連の意思決定支援を行っているブランドサイエンス社のサリー・ディッカーソンは、もっと極端に、フェイスブックのファンが有する価値は「ゼロである」と断じている。[10]

ソーシャルメディアについて企業がまず注意すべきことは、ソーシャルメディアに売上を伸ばす力があることを示すエビデンスはないに等しいということである。まったく逆に、そんな力はないことを示すエビデンスは、次々とあがっている。この点について、私たちが見た中で最も説得力のある例の一つは、テクノロジー系調査機関のフォレスター社と、世界有数のブランドおよび小売業者向けにeコマースやインタラクティブ・マーケティング・サービスを提供するGSIコマース社が行った、休日のネット・ショッパーに関する調査である。[11] この2社は、GSI社のクライアント15社から得た2010年のホリデーシーズンにおける購買データを調べた。すると、約8割の購買が、デジタル・マーケティングによって何らかの相互作用が生じた結果であったが、その中で

図表 6.1
購買の前にネット・ショッパーが利用したタッチポイント

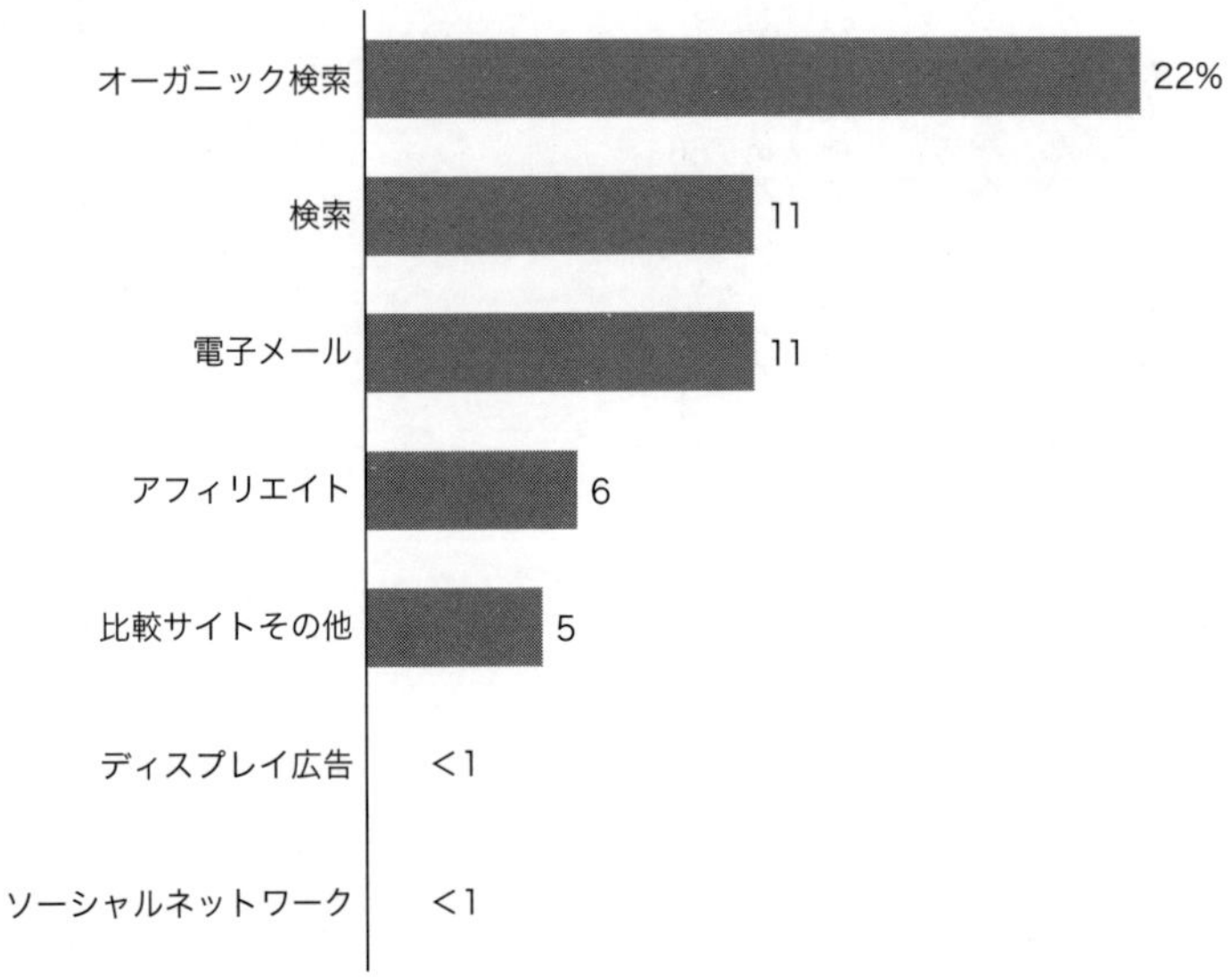

（出所） スチャリタ・マルプル「ネット・ショッパーの購買経路」，フォレスター・リサーチ社，2011年3月16日。データは耐久消費財の単一タッチポイントに基づいている。

ソーシャルメディアが何らかの関わりをもっていたのは、ごくわずかであることが判明した。検索マーケティングや電子メールを使ったマーケティングといった従来型のデジタル戦術が最も重要であり、次いで重要なのはアフィリエイト・マーケティングとディスプレイ広告であった。ソーシャルネットワークの重要度は最も低かった。

報告書は、「売上増という点では、ソーシャル戦術にほとんど効果がないことは確かである」と結論づけた。GSI社幹部のフィオナ・ディアスは、マッシャブル（Mashable）というソーシャルメディアのニュースブログサイトにおける対談で、そのことをより単刀直入に語っている。[12]「メディアがなぜソーシャルメディアに沸くのか、私にはずっと謎である。小売や商業の観点から見て、それは何の効果もないでしょう」。

■ 現実を映す鏡にあらず

ソーシャルメディアが販売ツールでないなら、それはブランドにとって何の役に立つというのだろうか。ソーシャルメディアの幹部やアドボケーター（支援者）は、ソーシャルメディアが顧客との信頼関係やエンゲージメントに大きく関わるものであると主張するだろう。私たちも、ツイッターやフェイスブックが、非常に有用な会話のチャネルになりうると思っている。しかし、会話をして信頼を得るためにはまず、消費者がそのチャネルを使ってブランドや製品について進んで話そうという気にならなければいけない。

　いくつかの研究が明らかにしているように、問題は、オンライン消費者が、すべての製品カテゴリーに等しく関心を有しているわけではないということである。第1章で述べたように、ケラー・フェイ・グループは2010年、ブランドに関するオフラインとオンラインの会話を比較する意欲的な学術研究プロジェクトに関わった。そこではハイテク、自動車、エンターテインメントの3カテゴリーだけで、オンラインにおける全ブランド会話の3分の2を占めることが明らかにされた。オフラインはまったくの別世界だ。そこでの会話は、より広範なカテゴリーにわたる、はるかに均一な分布をしている。たとえば、オフラインにおいて、飲料は全クチコミの13％を占めているが、オンラインの会話ではたったの3％でしかない。同様のギャップは美容、食品・外食、小売、およびアパレルなど、他のカテゴリーにも見られる。これを踏まえると、ハイテク製品のマーケターであれば、ソーシャルメディアに投資するのも一理ある。ただし、私たちのデータを見る限り、オフラインの会話にも気を配る必要があることは明らかである。ハイテク製品であっても、オフラインで生じている会話の方が断然多いのだから。美容ブランドの場合、最も効果的なソーシャルメディア・アプローチが何であるかは、さらによくわからない。

　オンラインのクチコミ行動は、オフラインのクチコミ行動を正確に映し出すわけではない。したがって、オフラインの動向を見て反射的に、ソーシャルメディアへ多額の資金や人材を投じるべきではない。マーケティングの世界がますます資源不足に陥っているときに、顧客が話したい（より正確にはツイートしたい）とも思わない話題で彼らに話しかけようとする時間がどこにあるだろうか。（第4章と第5章で見たように）広告、プロモーション、店舗内のメディアなど、クチコミのエンジンとして知られる他のチャネルに投資する方が生産的である。

図表6・2を見てほしい。ここに示されているのは、（オフラインとオンラインの双方が考慮されている）トークトラックを用いて分析された、2010年に最も多く話されたブランドと、ソーシャルメディア・マネジメント会社であるビトゥルー（Vitrue）社が測定した2010年の最もソーシャルなブランドである。[13] 両者を比較すれば、オフラインとオンラインでの会話がいかに異なる世界であるか一目瞭然である。データを見ると、二つのランキングは以下の点で明らかに異なっている。

・トップ10のうち、どちらのリストにも登場するブランドは「ソニー」「アップル」「コカ・コーラ」の三つだけである。
・トップ20で見ても、上記3ブランドに「サムスン」「フォード」「iPod」を加えた6ブランドしか両方のリストに登場しない。
・すべてのクチコミで見た場合、ソーシャルメディアにおける

図表6.2
ソーシャルなブランド，トップ10（2010年）：
ソーシャルメディア vs. すべてのクチコミ

	ソーシャルメディア	オフラインのクチコミ
1	iPhone	コカ・コーラ
2	ブラックベリー	ウォルマート
3	ディズニー	ベライゾン
4	Android	AT & T
5	iPad	ペプシ
6	ソニー	フォード
7	アップル	アップル
8	MTV	マクドナルド
9	コカ・コーラ	ソニー
10	サムスン	デル

（出所）　ソーシャルメディアのデータはビトゥルー社。クチコミのデータはケラー・フェイ・グループのトークトラック（TalkTrack®），2010年。

トップ10ブランドの平均ランキングは82位である。順位の開きが最も大きいのは「Android」であり、ソーシャルメディアでは4位だが、オフラインとオンラインを合わせたクチコミでは40位に後退する。

示唆は明らかだ。ソーシャルメディアの世界は、フェイスブック社のダン・ローズが言うような現実世界を映す鏡などではない。ソーシャルメディアの世界は、人々が住む世界の一部である。一部の人たちにとっては中心部分であるが、その他大勢の人たちにとってはそうでない。人々を中心に置くキャンペーンをしたいなら、マーケターはソーシャルと名のつくサイロについてだけ考えるのでなく、人々がいつ、どこで、どのように会話をしているのかについて総合的に考えるべきである。

■ソーシャルメディアは人間第一

IBM社は2011年、ソーシャルメディアに関して、消費者と企業の間に認識のズレがあることをはっきりと示すレポートを発表した。[14]「IBM CEO Study」には、「顧客との距離を縮めることが、CEOの最優先課題である。今日のビジネスは、このためにひたすらソーシャルメディア・プログラムを構築している。しかし、顧客はこれらのビジネスと同じように熱狂しているだろうか」と記されている。一言で言えば、答えはノーだ。同社によると、「消費者は自社ブランドとの絆を求めていると思い込んでいる企業にとって、私たちの発見は驚きをもって届けられるであろう」。

IBM社は、ソーシャルメディアの利用に関する消費者調査を実施した。そこでは、SNSサイトに行く理由をたずねている。おそらく驚くことではないが、ダントツの一位は、家族や友人と連絡をとるためであり、回答者の70%がこれをあげた。その結果は、ソーシャルネットワーキングが個人的な（オフラインの）つながりのために使われるものであるという考えを強化するものであった。次に多かった理由として、約半数がニュースやエンターテインメントにアクセスするためと回答している。ブランドに関する理由をみつけるには、10位までランキングを下がらなければならない。ブランドとの関わりを持つためにソーシャル

図表 6.3
ソーシャルサイトから得られる価値に関する，消費者の実態と企業側の想定に見られる不一致

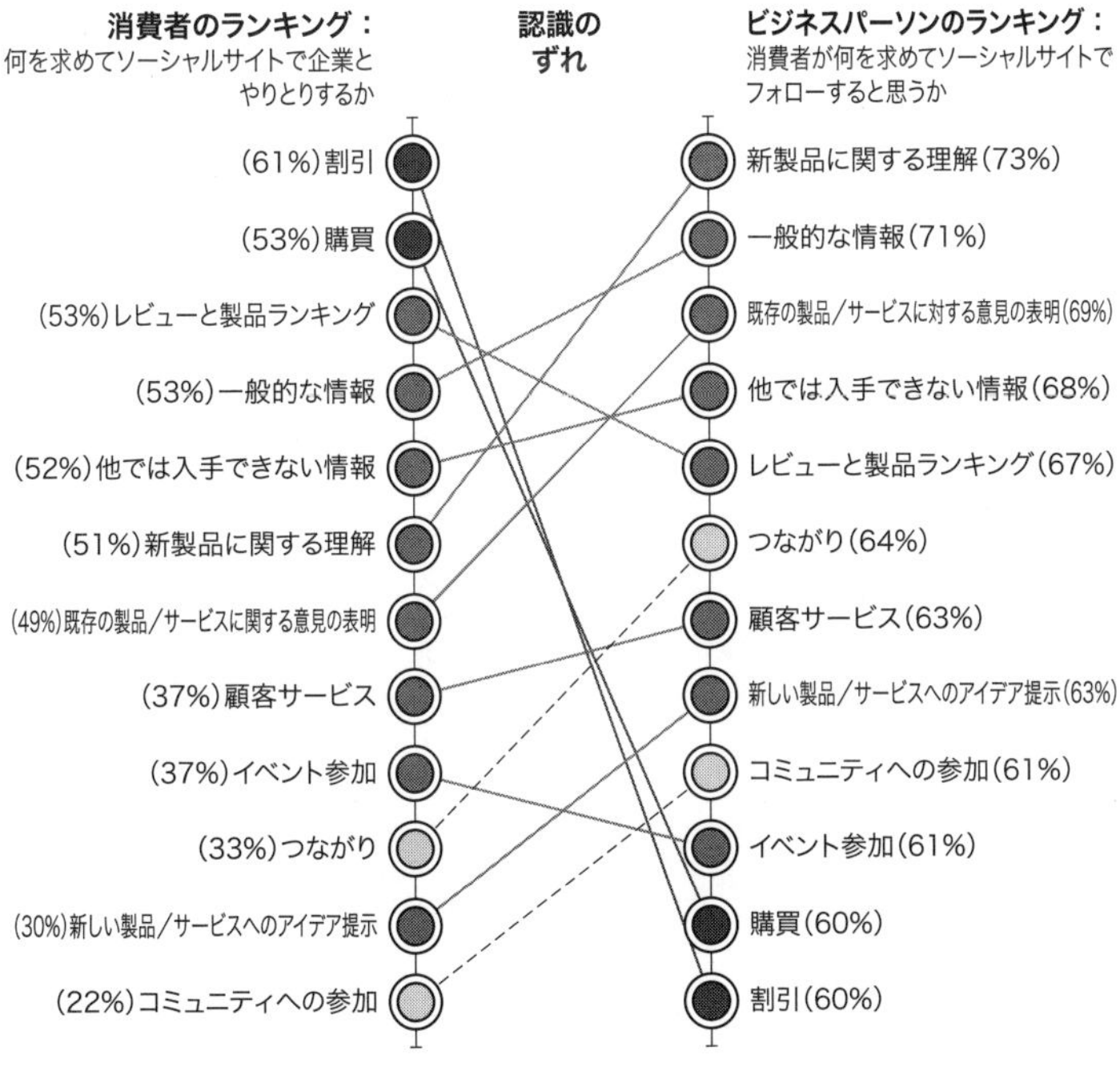

（出所）　キャロリン・ヘラー，ゴータム・パラスニス「ソーシャルメディアからソーシャル CRM まで：顧客は何を求めているか」IBM グローバル・ビジネス・サービス，エグゼクティブ・レポート，IBM 社，2011 年。

メディアを利用すると述べた消費者は、4分の1足らず（23％）であった。

ＩＢＭ社の研究者はその後、興味深いリアリティ・テストを実施した。彼らは、調査参加者のビジネスパーソンに対し、消費者がなぜ自社ブランドのソーシャル活動をフォローすると思うかたずねた。次に、消費者に対して、実際のところなぜフォローするのかたずねた。両者の認識の差は歴然としていた。企業幹部の64％が、消費者がソーシャルメディアを使って自社とやりとりをするのは、自社ブランドとのより強い「つながり」を感じたいためであろうと考えている。ところが、実際にそうだと答えた消費者は、33％しかいなかった。また、ビジネスパーソンの61％が、消費者は「コミュニティに参加する」ために自社をフォローすると思っているが、実際には、消費者が企業とソーシャルにつながる理由として、それは最も重要度の低いものであった。そうしたことよりも、消費者は主に割引目当てで（61％）、もう少しましな知らせとしては購買をするために（55％）、企業のソーシャルサイトへ行くとＩＢＭ社に語っている。企業側の認識では、どちらの理由も最も低い位置にランキングされている。

ここから導かれる結論は何か。控えめに言って、消費者が最も求めているのは、クーポンと買い物の二つである。製品のレビューも求めているが、これはしばしば、ｅコマースサイトと密接に関連している。

ここには、よい知らせと悪い知らせがある。ソーシャルメディアには商取引の潜在力が明らかにある一方で、ブランド構築に適した場所になれるだけの体制が整っていない。消費者が特典を得るための場所になってしまっている。この研究で特筆すべきもう一つの点は、ソーシャル環境における消費者の動機づけを企業がいかに理解できていないかということであり、そのことが消費者の動機づけに依拠した企業のソーシャルメディア・プログラムを誤った方向に導いているということだ。この研究が述べているように、「ソーシャルメディアでの会話を通じて、顧客とより親密な関係を構築したいと願う企業は、自分たちの願望と顧客が企業とやりとりをする動機づけを履き違えていると言えよう。企業との関わりは、友達との関わりと同じではない。ブランド・アドボケーツはブランド・コミュニティに参加している実感が得られることを第一の目的とし、企業とつながりたいという高い動機づけを持っている。しかし多くの消費者は、ブランド・アドボケーツではないのである」。

ＩＢＭ社による研究は、製品志向のマーケティングが浅はかな関係性志向に取って代わられたペプシ・リフレッシュのようなケース・スタディに見られる、誤った考え方を完膚なきまでに打ちのめすであろう。また、それは、フェイスブックやツイッターで自社とつながっている多数の人々を、ブランドと関係を持ちたいと騒いでいる人と勘違いしてはいけないということに、マーケターが気づくきっかけにもなるであろう。

■ソーシャルメディアは増殖するって本当？

フェイスブック社のダン・ローズは２０１１年の講演で、フェイスブックがクチコミの「規模を拡大する」と主張した。フェイスブック関係者が規模と言うときは通常、５億人を超えるソーシャルネットワーク・ユーザーを指している。ローズが述べたように、フェイスブックにサインインするユーザーがごまんといることには議論の余地がない。ツイッターも然りである。「フォースクエア」もそうなりつつある。「マイスペース」は一時、多数のユーザーを獲得していたが、その後流出した。伝統的なペイド広告であれば、そうした大規模な閲覧者が資産であることは間違いない。それが、ユーザーのニーズや関心に基づいてターゲティングされた閲覧者であればなおさらである。それは大きな価値の源だ。しかし、フェイスブックをはじめとするソーシャルネットワークのプラットフォームにおいて、C to Cのアドバイスが生む価値はいかほどであろう。

フォレスター社のジョシュ・バーノフとテッド・シャドラーが2010年に出版した『エンパワード：ソーシャルメディアを最大活用する組織体制』では、SNSサイトでのステータス更新、ツイート、その他の書き込みを通じて、年間2560億のブランド・インプレッションがあると推定されている[15]。ソーシャルメディアが有する最大の魅力の一つは、その増殖力であると彼らも信じている。いわく、おそらく、オフラインで発生しているクチコミの方がはるかに多いであろうが、リアルの友人の数人に何かを伝えても、そのインパクトはきわめて限られたものでしかない。しかし、フェイスブックで数百人の友達に伝えれば、そのメッセージはより遠くまで、より速く届く。少なくとも、そのような主旨のことを言っている。

しかし、私たちの研究から、この考え方には欠陥があることがわかっている。その理由はたくさんあるが、その多くは本書ですでに述べた。たとえば、次のような理由である。

・知覚される信頼性、および行動を引き起こす可能性という点で、フェイス・トゥ・フェイスのコミュニケーションは、オンラインの書き込みをただ読むよりもはるかに大きな影響力がある。
・広告およびその他のマーケティング活動がクチコミを盛り上げるという事実は、十分なリーチを有する適切なキャンペーンによって、オフラインの大規模なクチコミを爆発的に発生させることができることを意味する。したがって、アップルの例が示すように、規模はたいした問題にならない。
・2011年にWOMMAが行ったクチコミ講座でフェイスブック社のアダムズが述べたように、フェイスブック利用者の大半が、週に4人程度としか密に連絡を取り合っていない。
・マッキンゼー・アンド・カンパニーによると、最も強力な影響は、広範で弱いつながりでなく、親密で個人的なつながりによって及ぼされる。

しかし、これらの論点を解決したとしても、大きくて重要な別の問題が残る。ブランドに対するステータスを更新しようと動機づけられた人がいたときに、多くの人がその結果を見ることができるよう、できるだけ多くのオンラインの友達がいたらよいとマーケターは心の底から思っている。ここでは、ある人のオンラインの友達は皆（あるいはその大半が）、すべての更新、つまりソーシャルメディア上にあるすべての「いいね！」や「ツイート」を見ていることが前提となっている。『エンパワード』でフォレスターが行った、ソーシャルメディアによる「インプレッション」の推定にも、この前提がある。しかし、これは正しいだろうか。広告研究の先駆者であるダニエル・スターチ博士が、1914年に著した重要文献『広告の理論と実際』の中で述べているように、「広告が効果を発揮するためには、人に見られて、読んでもらわなければならない[16]」。ソーシャルメディアの増殖力を理解するには、フェイスブックのステータス更新やツイートのうち、少なくとも気づかれているものがどの程度あるか知る必要がある。

これを解明するべく、ケラー・フェイ・グループはインフォーマルな実験を実施して、フェイスブックがスターチ博士の示した条件を満たしているか確かめてみた。私たちは、自社のフェイスブックページに次のようなメッセージを投稿した。「皆さん、こんにちは。ある研究プロジェクトに協力してもらえませんか。これを見たら、「いいね！」をクリックしてくれるだけで結構です。どうもありがとう」。48時間後、何人の友達が私たちの投稿に気づき、依頼通りに「いいね！」をクリックしたか確かめた。結果は、平均10％に満たなかった[17]。そこで私たちは実験対象を拡大し、自社のクライアント、および、私たちがマーケティングの講義を担当していた大学に通う多数の学生のフェイスブックページにまで広げた。結果はやはり同じであった。厳密な結論を導くためには、代表性のある全国規模の大規模サンプルを用いて調査をする必要があろう。しかし、さまざまなソーシャルネットワークの規模を表すものとして提示されている巨大な数のすべてが、同じだけの大きな影響をそのままもたらすわけではないことを思い出させてくれるだけでも、この実験には十分意義がある。

あなたも新聞の発行部数と同じだけ、新聞広告が見られているとは思わないであろう。より新しいメディアにも、同じことが言える。ブランドがソーシャルメディアを用いた公共福祉キャンペーンを計画していて、その潜在的な影響を算出したいのであれば、総閲覧者数を見るのではなく、実際にそのメッセージを読むと思われる人々の比率に基づいて算出するべきである。しかし実際にはそれは、はるかに小さな比率になるのである。

■オールドスパイス：ソーシャルメディアの正しい使い方

マーケティングの文脈においてソーシャルメディアが有するいくつかの弱みがわかったところで、このチャネルを最も有効に活用している2社のマーケティングを見てみよう。

過去数年にわたり、ソーシャル・マーケティング関係者にとって選りすぐりのケース・スタディと言えば、「オールドスパイス」のケースである。[18] オールドスパイスは72年間続くコロンのブランドであるが、男性向けボディウォッシュで大成功を収めた優れたキャンペーンにより、消費者の間で再び話題になった。「君の彼も、俺と同じ匂いになれる」と謳ったキャンペーンは、今ではすべてのマーケターが真似をしたくなるようなものになった。鍛え上げられた肉体で軽やかに話す元NFLプレーヤー、イザイア・ムスタファが主演するその内容は、顧客だけでなくマーケティング業界をも魅了し、業界で数多くの賞を獲得するとともに、オールドスパイスの売上も急増させた。最大の賛辞は、その巧妙なデジタル・プログラムに対して贈られた。そのプログラムとは、著名人や一般人からムスタファへ質問やコメントがツイートされ、それに対する反応をほぼリアルタイムでユーチューブに流すというものであった。ビジブル・メジャーズ社によれば、2011年、オールドスパイスは、ユーチューブで9600万回近く視聴され、2年連続で最もバイラルなブランドに選出された。このキャンペーンは、実際のビジネス成果に結びつくシナリオと演出という点で、このうえない偉業を成し遂げた。同キャンペーンが成功するや否や、ソーシャルメディアがまたしても伝統的なメディアに勝利したとみなされた。[19] しかし、少し注意して見れば、それだけではないことがすぐにわかる。端的に言って、優れた消費者調査、すばらしくクリエイティブなアイデア、それを大量に配信できる優れたツールとしてのソーシャルメディア、これらを駆使した統合的なアプローチがなければ、こうした成功を収めることはできなかったであろう。

キャンペーン強化に一役買うことになるインサイトが得られたのは、同キャンペーンが展開される数年前のことであった。当時、P&G社傘下の「ジレット」を担当していた幹部は、オールドスパイス・ブランドのデオドラントとボディウォッシュを気にかけていた。売上を伸ばすには、男性のみならず女性にもリーチする必要があることを彼らは理解していた。男性用の石鹸やボディウォッシュの購買において、妻、ガールフレンド、および母親が重要な意思決定者であり、インフルエンサーであることに彼らは気づいていた。しばしば彼女たちは、自ら購買までしていて、それは当該カテゴリーにおける購買の半分以上を占めるほどであった。さらに、男性用化粧品のクチコミに関していうと、男性は極端に（他の男性ではなく）女性のアドバイスを仰ぎ、それを信頼し、その通りに行動する傾向がきわめて強いことも私たちの調査からわかった。

そこで、オールドスパイスのブランド・マネジャーは２０１０年初頭、カップルが一緒に見る番組に広告を出稿することで、男性と女性の双方へ同時にリーチする戦略を策定した。この戦略は、一回の広告露出で確実に2人の視聴者を獲得できるだけでなく、カップルの間に会話が生まれる可能性を高める効果があった。これは、私たちが第5章で行ったテレビの共同視聴に関するアドバイスと一致する。

ムスタファ主演のこのキャンペーンは２０１０年2月、スーパーボウル期間の週末からオンラインで公開され、その後すぐに、「ロスト」や「アメリカン・アイドル」、２０１０年の冬季オリンピックといったテレビのイベント番組で放映された[20]。オールドスパイス社がソーシャルメディア・マーケティングに本腰を入れて取り組み始めたのは、ムスタファが消費者の意識にしっかりと定着した２０１０年7月になってからのことであった。そのため、このキャンペーンは、正式なソーシャルの段階に入る前からすでに、オフラインで十分なクチコミを発生させていた。実際に２０１０年の1月から3月の間に、同ブランドは当該カテゴリーにおける会話の75％を獲得し、そのうち半分の会話に女性が関わっていたのである。

ムスタファ、オールドスパイス社、ワイデン・アンド・ケネディ社のチームは、ツイッターとフェイスブックのユーザー（一般人と著名人を含む）とのやりとりに基づき、3日間で１８６のユーザー向けの個別メッセージを制作した。テレビで放映されたオリジナルのＣＭ４本が３０００万人の視聴者を一瞬で獲得したのに加え、ユーチューブに投稿した動画は数週間のうちに、４０００万回再生された。

業界人は得意げに、史上最高のソーシャルメディア・キャンペーンを成し遂げたのはオールドスパイスであるというが、その本当のすごさはここにあるのだ[21]。そして、その成功は、キャンペーン開始後の期間における売上にもあらわれた。『アドウィーク』誌は、以下のようなニールセン社のデータを掲載している。新しい2本のテレビ・スポット広告とオンラインでのレスポンス動画を開始した7月、オールドスパイスのボディウォッシュはなんと107%もの売上増を達成した。2010年7月までの1年間で見ても、売上は11%増加した。「オールドスパイス」のブランド・マネジャーであるジェームズ・ムーアヘッドは、同誌に対して次のように述べている。「私たちのビジネスは熱狂の最中にある。ポートフォリオ全体にわたって力強い結果が見られる。大仕事が報われたのだ」と。しかし、オールドスパイス社は現状に満足しなかった。スーパーボウル2011の季節がめぐってきたとき、新たな広告を用いて、過去のあらゆるよいバズを巧みに活用した。

イーマーケター社のアナリストであるデイビッド・ハラーマンは、『アドバタイジング・エイジ』に次のような有益な洞察を寄せている[22]。「オールドスパイスのキャンペーンからブランド・マーケターが学ぶべき最終的な教訓は、三つのメディアをよくミックスさせよ、ということである。オンライン広告であれオフライン広告であれ、ペイドメディアは、(ブランドのサイトやページといった)オウンドメディアの利用を促したり、コンテンツが十分ホットなものであれば、アーンドメディア(クチコミ)を活性化させたりするうえで不可欠であることが多い。それゆえ、開発段階から、3タイプのメディアをすべて連携させるようにキャンペーンを計画することで、ブランドのイメージ、認知、認識、および消費者が抱く好意度の向上が見込めるであろう」。

実際に，成否を分けたのはそうした連携であった。オールドスパイス社は，ソーシャルメディアが提供する拡散性と双方向性を実に巧みに活用した。またその際には，伝統的なメディア，および消費者インサイトなど，ソーシャルメディアに関する誇大広告のもとでは見過ごされることの多い，きわめて重要な広告制作プロセスをなおざりにしなかった。オールドスパイスのキャンペーン成功の陰に，主たる意思決定者である女性にリーチしなければならないことを突き止めた観察があったことを忘れてはならない。すべてはそこから始まったのだ。一つひとつの要素もそれぞれ重要であった。しかし，主演のキャラクターを作り，広告を話す価値のあるものにしたユーモラスなコンテンツのアイデアと演出を生んだのは，このインサイトである。注目度の高い番組を活用したペイドメディアによって認知度が高められ，会話が促進された。ソーシャルメディア戦略は，ケーキの上にふりかけられた砂糖である。つまりそれは，ソーシャルメディアでの大量のやりとりを引き起こす引き金となる，追加的なオンライン視聴を生み出す役割なのである。

このキャンペーンは，マーケティング・ミックス・モデリングのコンサルタントであるマーケットシェア社のパット・ラポワントが「波紋現象」と呼ぶ概念を裏づけている。[23] これは，伝統的なメディアを用いたメッセージが会話の火付け役となり，そこから，「池に投げ込まれた石が，穏やかな水面に波紋を広げていくように」社会全体へとこだましていくことを意味する。したがって，こうした波及効果は，伝統的なメディアによるメッセージの総合的なインパクトを高め，投資効果を向上させることになる。しかし、伝統的なメディアとの連携を考慮せず、ソーシャルメディア単独のインパクトのみに注目するならば、この相互作用効果はいとも簡単に見落とされてしまう、とラポワントは警告する。「このような事態が起こりうるのは、多くのマーケターが伝統的なメディアが有する真の価値を過小評価し、デジタルな要素を、場合によっては最大40％も過大評価するためである」。

ことの本質は、オールドスパイスが、メディア横断的な統合型キャンペーンを創出したということだ。これをソーシャルメディア・キャンペーンに分類することは、完全に間違いとは言わないが、成功に至るストーリー全体を見えにくくしてしまう。

■ザッポス：クチコミ・カンパニーのソーシャルメディア活用法

ザッポス社は、ソーシャルメディアをうまく活用している稀有な企業の一つであるというのが、消費者と業界のこれまでの見方である。同社の創業者でありCEOのトニー・シェイは、さながらツイッターの神のように思われている。[24] 彼はツイッターを用いて多数のフォロワーに、ビジネスに対する自らの考え（彼の著書『顧客が熱狂するネット靴店ザッポス伝説：アマゾンを震撼させたサービスはいかに生まれたか』にも綴られている）を伝えるだけでなく、ザッポス製品の訴求もしている。さらに、シェイとその側近は、ザッポス社で働く全階層の従業員にツイート配信を始めるよう促している。ソーシャルメディアの支持者は、これを鵜呑みにした。出版物やブログを読めば、ザッポス社の急速な成長とアマゾンへのアピールは、同社がツイッターを巧みに活用したことと大いに関係があると思うであろう。アマゾン社は、２００９年にわずか9億ドル足らずでザッポスを買収した。

しかし、この見方は型にはまりすぎている。さらに掘り下げると、この話ははるかに複雑であることが見えてくる。

実のところ、シェイはソーシャルメディアという用語が嫌いだと言う。社内でソーシャルメディアという言葉を使った人に対し、1ドルの罰金を課すほどの嫌いようである。しかし、彼は単にその言葉そのものを嫌っているのではなく、彼に言わせれば「ソーシャルメディアの誇大広告」になっているアイデア全体を嫌っているのである。ハッシュは言う。基本的に、ザッポス社は自らをハイテク企業であるとは考えていない。「ハイタッチ」アプローチによる戦略構築を志向しているだけなのだ、と。

ザッポス社で事業開発とブランド・マーケティングのトップを務めているアーロン・マグネスは、自社を「ソーシャル・カンパニー」と称しているが、彼はソーシャルメディア戦略を採ろうと焦ってはいない。[25]「私たちにあるのはコミュニケーション戦略である。それを実践するための最適なツールは何か、が問われている」と彼は言う。ザッポス社は、同程度の企業がおそらく広告プロモーションに投入するぐらいの予算を顧客サービスに投じている。それは、購入製品の配送と返品のどちらも送料無料とするためにも使われている。数日で荷物が届くと思っている顧客を驚かせ、喜んでもらうために、翌日配送されることも少なくない。この便益がザッポスの大事な魅力の一つとなっており、マグネスの言葉を借りれば、ザッポス社を「クチコミ・カンパニー」たらしめる要因となっている。

ソーシャルメディアはそこにうまくはまる。しかし、それしか使わないわけではないし、中心的なツールでさえない。ソーシャルメディアは、同社のすばらしい顧客サービスが元になって、すでに生じている好意的な会話を増幅させる存在なのである。マグネスは、顧客とのコミュニケーションをとる理想の方法はフェイス・トゥ・フェイスである、とまで言っている。彼に言わせると、「理想を言えば、顧客がザッポスに注文をするたびごとに、従業員が商品を車に積んで自宅まで配送し、顧客に注文のお礼を述べるのがベストである。しかし、現段階でそれは明らかに現実的ではない」。さらに、「私たちはすべての顧客と話をして、彼らがどんな一日を過ごしたかを知ることができたらいいのにと思っている」。シェイは、ほとんどの企業が電話という資源をまったく活用できていないと捉えている[26]。「どうしたらブランドを目立たせることができるのか、誰もが解明しようとしている。電話はブランディングに使える最高のデバイスの一つであると、私たちは考えている」。電話は、彼が「P—E—C」と呼ぶものを可能にする。その意味するところは、コールセンターの窓口と顧客の間に「個人的（Personal）で感情的（Emotional）なつながり（Connection）」を創造することである。ここでは、感情的なつながりというアイデアがきわめて重要だ。というのも、すでに論じたように、購買意思決定のみならず、人々がストーリーやクチコミを共有するうえでも、感情が中心的な役割を果たすことを示す研究がますます増えているからである。

繰り返しになるが、企業側の窓口がすべての顧客と電話で話すことを認めるような戦略は現実的でない。このようなときこそ、フェイスブック、ツイッター、ユーチューブの出番である。それらを利用することは、顧客の声に耳を傾け、顧客と対話をする方法がまた一つ増えることを意味するので、ザッポス社が追求する「顧客第一」主義の自然な拡張である。重要なのは、ザッポス社がそこに至るまでの経緯だ。シェイとマグネスは、ソーシャルメディアが適切なチャネルであると仮定するところから始めたのではない。むしろ、あるプロセスの論理的な帰結として、そこにたどり着いたのである。ましてや彼らが、ソーシャルメディアだけを利用することなどない。

同社はコールセンターのオペレーションを非常に重視しており、顧客を満足させる応対の仕方をオペレーターに教育しているし、そのためのツールも提供している。たとえば、電話の応対に時間制限をなくし、早く終わらせようとして顧客を怒らせるようなことをなくしている。オペレーターは思いやりを持って顧客に接し、顧客の役に立つよう教育される。シェイのお気に入りは、ピザのエピソードを使ってこの点について説明することだ[27]。ある晩、シェイがグループでホテルに泊まったとき、誰かがピザを食べたいと言い出した。ルームサービスの時間は過ぎてしまったので、シェイは（冗談半分で）ザッポスに電話をかけてピザの宅配を頼んでみたらと提案した。普通の電話オペレーターであれば、「当店ではピザのお取り扱いがございません」という反応が返ってきて当然であろう。しかし、ザッポス社の企業文化は顧客の「幸せ」を創造すること、そのためにはどうしたらよいか創造的に考えること、である。このときは、オペレーターがその場所へ配達可能な地元のピザ店をみつけた。ザッポス社がコールセンターの研修にきわめて多額の費用を投じるのは、このような驚きと喜びの瞬間を創造したいがためなのである。

つまり、ソーシャルメディアはザッポスの顧客サービスに対する評判にとって重要であるが、それがすべてではないということである。ここに、マーケティング業界が肝に銘じておくべき点がある。マーケティングの世界は、ソーシャルメディアを必須のものと考えることが多く、すべてのキャンペーンがソーシャルメディアを中心に据えるべきという雰囲気に包まれている。ザッポス流の考え方の下では、新旧のメディア双方を重視する全体論的《ホリスティック》なアプローチが奨励される。ザッポス社の場合、それによって広告は相当な量に上るが、そこには雑誌への出稿も多く含まれている。

これが真実だ。ソーシャルメディアの寵児でもあるザッポス社は、実は依然として印刷メディアの力を信じているのだ！ これは新聞社が輪転機を止めて印刷に待ったをかけるほどの特ダネである。印刷メディアの力を信じているザッポス社ならむしろ、輪転機を回せ！ と言うかもしれないが。

個人的には、マグネス自身、今でも雑誌を読むのが大好きである。彼は、典型的なザッポスの顧客像である、世帯収入が高く40歳の既婚女性も同じであることに気づいた。この人たちは、フェイスブックにだらだらと時間を費やしたりせず、今でも『グラマー』『レッドブック』『Usウィーク』のページをパラパラとめくっていることが誰よりも多い層である。インターネットに基盤を置く企業が、印刷メディアにそれほど多くの資金を投じることに疑念を抱く人々に対し、マグネスは次のように答える。「自分が成し遂げようとしていることに忠実でありたいなら、かつて自分がしたことの価値を減じようとするよりも、それを補おうとすることだ」。雑誌がクチコミのインフルエンサーに富んだメディアであることを知っていれば（第3章を参照されたい）、すばらしい顧客サービスを提供したうえで雑誌広告へ資金を投じることが、ザッポス社のようなクチコミ・カンパニーの勝利の方程式であるとしても驚かないであろう。

「ザッポス社のメディア利用は、テレビにも及ぶ。賢明なやり方をすれば、テレビ広告には会話を発生させる強い力があると判断し、２０１０年にザッポス社はブラボー（Bravo）やＴＬＣのようなチャンネルをターゲットとしたテレビ・キャンペーンに着手した。これらのケーブルテレビを視聴している人たちの中には、印刷メディアと同様に、インフルエンサーが数多く存在する。靴の販売店として長年知られてきたザッポスは、多くの衣類も扱っていることを知ってもらう必要があった。そこで、広告会社のコンペを行い、操り人形たちが演じる風変わりなテレビ・キャンペーンを採用した。マグネスは、多くの人々がその操り人形たちを怖がるという事態に驚いたが、彼にとってこれは問題がなかった。マグネスは、その恐怖を顧客と会話をするきっかけにしようと考えたのだ。より重要なのは、この広告によって、既存顧客と潜在顧客の心の中で、ザッポスが靴だけでなく多様な商品を扱う小売業者として認識されるようになったということである。

意義深いことに、ザッポスは広告がなければ、言い換えれば、ソーシャルメディアだけに頼らざるをえない状況であったら、自社が必要とするリーチを達成できなかったとマグネスは考えている。彼の視点は、本書で一貫して論じているソーシャルメディアの欠点を実によく浮かび上がらせてくれるので、少々長くなるがこの点について彼の言葉を引用するのは意義がある。それは次のようなものだ。「ソーシャルメディアで成功しているマーケティングについて見てみると、その大半が割引、クーポン、売り出しの類いに関するものである。それは、ザッポス・ブランドのやることではない。私たちはクーポンの発行も割引もしない。ツイッターと同様に、そこにはある種の限界がある。140字でつぶやくより、印刷メディアでストーリーを伝える方がよりよい仕事ができる。以上のことから、ソーシャルメディアにそうした確かな方法と同じインパクトがあるのか、すなわち同じだけのことを成し遂げられるのか、私には疑問である」。

ソーシャルメディア・マーケティングのトップ・マーケターとして知られている人物が、ソーシャルメディア単体では会社が目指す目標を達成できないと公式に述べたことには、とても大きな意義がある。ザッポス社のやり方は、安易なソーシャルメディア・マーケティングというようなものとは違うのである。同社がファン獲得をねらってフェイスブック・キャンペーンを実施することはない。実のところ、ザッポスは、簡単にはフェイスブック上で同社のファンになれないようにしている。ザッポスのウェブサイトからでもなれない。実は、フェイスブックに行き、ザッポスのページを検索して、「いいね！」ボタンをクリックしなければファンになれないのだ。

「200万人のファンができたら、今の何倍のリーチが得られるかはわかっている」とマグネスは認める。「しかし、それと同時に、かなり薄まってしまうこともわかっている。私たちのファンはフェイスブックのアカウントを持ち、私たちを探し出してくれる人である。たくさんいるフェイスブック・コンサルタントと称する人たちは、フェイスブック・ファンが有する真の価値について語るだろうが、結局のところ彼らは何もわかっていない。だから私たちは、いままでの確実な方法を損なうようなことはせず、それとは正反対の方法で今まで通りにコツコツやるだけである」。

自社の事業目標を達成するために、ザッポス社がペイドメディア、すなわち伝統的な広告を必要とすることは、何を意味しているであろうか。ここでの大きな教訓は、業界の論理と消費者のストーリーを履き違えないことである。ザッポス社が早い時期にツイッターを採用したことも理由の一つとなって、マーケティング業界は同社に注目した。しかしザッポスの成功を支えている多くの顧客は、同社のすばらしいサービスから生まれたたくさんのオフラインにおけるクチコミに影響されて、ザッポスのことを知ったのである。ザッポスのマーケティング・アプローチなど、顧客にとってはどうでもよい。そのような人たちの多くへリーチするには、ペイドメディアによる広告がベストである。マグネスは、この考えを支持している。「賭けてもいい。わが社の全顧客に電子メールを送り、当社のＣＥＯは誰かとたずねたら、95％の人がわからないと答えるであろう。しかし、ツイッターの中では、誰もがトニーだと知っている。これらは異なるアプローチなのだ。『オー、ジ・オプラ・マガジン』誌［第4章にも登場した米国の人気テレビ司会者であるオプラ・ウィンフリーが発行している雑誌］を読んでいる女性だって、トニーが誰か知らないよ」。

私たちの考えでは、今日、ソーシャルメディアについて考えるブランドにとって、ザッポスとオールドスパイスはよい手本となる。ソーシャルメディアはブランドおよびマーケティングの基礎部分をせいぜい補完するものでしかない、と肝に銘じておくことことが非常に大切である。ブランドのストーリーを適切に伝え、会話を盛り上げるうえで絶対に必要なものは、それを実現できるだけのリーチや説得力があることを歴史が証明している〔広告などの伝統的な〕マーケティング・ツールなのである。

第7章 Word of Mouth as a Channel

チャネルとしてのクチコミ

ITバブルが始まりつつあった1990年代に、[1] 新しく出現したメディア・テクノロジーが消費者の時間とお金の使い方にどのような影響を与えるのか、そしてそれらが彼らのビジネスにどのような影響を及ぼすのかについて相談したいマーケターたちにとって、ジュピター・コミュニケーション社は頼りになる会社の一つだった。実際ジュピターは、ダイアルアップ接続がインターネットの世界にどれほどの変化をもたらすかを世界で最初に予測し、また消費者オンラインサービス市場における「アメリカ・オンライン（AOL）」の優位性も、いち早く予測したと言われている。当時ジュピターは、誰よりもAOLをよく理解していると自負しており、AOLの規模と影響力が拡大していくに従ってともに成長していった。AOLのその後は、皆さんご承知の通りである。AOLは急速に成長し、メディア界の伝統的巨人であったタイムワーナー社との2000年の合併においても主導的となったほどの、巨大な時価総額を誇るニューメディアの王者となった。[2] 両者の合併は、いまでも史上最大の企業合併の一つとされている。しかしその栄光は長く続かなかった。

ジーン・ディローズは、ジュピターに最初に雇用された社員の1人である。[3] 彼はヴァージニア大学で英国文学を学んだあと、1989年にエディターとして同社に入社した。ところが着任後数日でリサーチ部門のトップが辞めてしまったため、彼はその後任に抜擢された。その後、彼はめきめきと出世して、数年後には同社のCEOになった。ディローズは『インフォウィーク』誌の中で、ジュピターを「急成長させ、ニューメディアのアドバイザリー市場で最も影響力が大きい会社の一つにした」として称賛された。

ジュピターは最盛期において、年間5万ドルを支払う会員企業を2000社抱えていた。同社が後援したカンファレンスはいずれも注目を集め盛況であった。ディローズはそれらのカンファレンスで、スティーブ・ケイス［AOLの創業者］やマーク・キューバン［著名なネット企業家］、バリー・ディラー［エクスペディアの元会長］など、その当時のニューメディア・リーダーたちとのディスカッションの司会役を務めた。彼と部下のアナリストたちは、CNNをはじめとする新しいメディアに定期的に登場した。彼らの言葉は『ニューヨーク・タイムズ』『ウォール・ストリート・ジャーナル』『ビジネスウィーク』『エコノミスト』『アドバタイジング・エイジ』『バラエティ』などに、いつも引用された。ディローズはジュピターの株式公開をリードし、さらに、「メディア・メトリクス」と呼ばれる、インターネットの閲覧者測定サービスと合併させた。同社の成長はとどまるところを知らず、年商1億ドルの会社になった。しかし2000年にITバブルが弾けると、その企業価値は急激に下がり始め、最終的にジュピターは二束三文で投げ売りされることになってしまった。ディローズのプライドは傷つき、その後まもなく彼は失職した。しかしその技術的先見性や、起業家としての能力に関する評価は依然として高かった。それはディローズにとって、新規株式公開で得た資金を使って、次の仕事のことを考える時間的余裕ができたことを意味していた。

このようなジュピターの末路にもかかわらず、ディローズはインターネットの将来性に依然として希望を持っていた。また、消費者と毎日向き合っているさまざまな企業のマーケティング計画において、インターネットが重要な役割を果たすようになることを依然として確信していた。しかしそれと同時に、彼は一般の人々の日常的な会話が持つ、まだ十分に利用されていないパワーにも気づいていた。とくに彼がヒントを得たのは、2002年に創業した「ミートアップ・ドットコム」という企業だった。この会社は政治や料理、工作、あるいはジョギングやサイクリングといったスポーツまで、関心のあるテーマについて同じ趣味の人たちとコミュニティで「出会って（ミートアップして）議論したいと考える人たちに、インターネットを使ってそれを可能にしていた。このミートアップ・ドットコムを介した出会いは、地域レベルでも実現されていた。つまりミートアップ・ドットコムは、オンラインとオフラインを融合させており、前者では相手探しと出会いをお膳立てし、後者では実際に人々と会って仲良くなる機会を提供していたのである。同社は実際に、「私たちは、人々がインターネットを使って、インターネット外へ出ることをサポートしています」とよく述べていた。

ディローズは2011年に行われた対話の中で、消費者がインターネットを使って家の中にいながらにしてブランド体験ができるような環境を、マーケターに提供する会社を立ち上げたいとずっと考えていた、と述べている。彼が目指したものは、もともと社交的で、友人や家族を楽しませることが大好きな消費者に対して、心地よいわが家にいながら楽しめるすばらしい体験を提供することだった。彼はこのプロセスを円滑にするために、オンライン招待状やソーシャルプランニング・サービスを提供する「エヴィート」というサイトを利用するつもりだった。マーケターにとってエヴィートは、サンプルを配布したり、期間限定のアンテナショップを開いたり、あるいはゴルフやNASCARの自動車レース［米国で人気のある、ストックカー（市販車をレース仕様に改造したレーシングカー）による自動車レース］などのスポーツイベントで企業名の入ったテントを設置したりすることと同じような効果を提供するはずであった。もしこういったブランド関連のイベントが国中で同時に開催されることとなったら、それはまるでクライアント企業のブランドを掲げた大きな応援団が、それもスタジアムをいっぱいにするほどの巨大な応援団が、人々の家の中にいるようなものだとディローズは考えた。

この構想の末にできたのが、2005年に設立されたハウス・パーティー社という会社であった。「ハウス・パーティー」の中心となるのは、自宅へ12人くらいの親戚や友人を招き、イベントを開催する消費者ボランティアのネットワークである。彼らは、過去のパーティーへの参加者、パーティー主催者との知り合い、あるいは同社のデータベースから送られる招待、近々開催されるイベントについてのネット広告など、さまざまな方法を介してハウス・パーティーに招かれる。参加者たちは、自分自身の興味関心とマッチしたホストイベントに招かれるように、そしてパーティーのテーマや目的が彼らの興味関心とよく合うように、アンケートへの回答を求められる。

すべてのイベントでは、「クラフト」「マクドナルド」「フォード」や「マイクロソフト」といった、ハウス・パーティーのクライアント企業がスポンサーとなり、そこでは必ずスポンサー企業の新商品やサービス、あるいはテレビ番組、映画、チャリティ・イベントなどが紹介された。パーティーの開催前、開催中、そして開催後を通じて、参加者同士で交わされた製品経験やそれにまつわる会話は、全国にはりめぐらされたこのプログラムのネットワークを通じて、大きな波のように国中に伝わった。しかし、パーティーの主催者にはどんなうまみがあるのだろうか。この点についてハウス・パーティーのウェブサイトには、次のように記載されている。「すてきな無料のパーティーで、気の合う人と好きなものを共有できます。何か裏があるのでは？　いえ、そんなことはありません。私たちのクライアント企業は、楽しいやり方で何かよいものを、それに合った人々と共有すれば、そのクチコミはすぐに広まるということをよく理解しています」。このようにハウス・パーティーはブランドに対して、「会話とレコメンデーションの機能を、オンラインとオフラインの両方で提供している」のである。

広告やクーポン、店内の販促やＰＲ等に頼ってクチコミを広めようとするよりも、ハウス・パーティーのようなクチコミを専業とする代理店を介してターゲット顧客に直接働きかけ、クチコミを活性化したいと考えるブランドにとっては、こういった体系化されたシステムを利用する方が効果的である。つまり、他の多くのアプローチが、いろいろなマーケティング施策を実施した結果としてクチコミが起きるというやり方なのに対して、彼らはいわばクチコミの「チャネル」を提供するのである。２０００年代に入り、クチコミへの注目が盛り上がるに従って、多くの同じような企業が一斉に登場した。それらはそれぞれ違った形でビジネスを展開していたが、全体に共通していたのは次のような重要な要素であった。(a)製品やサービスについて楽しんで話ができる人々を採用すること、(b)採用された人々が他の人に話したくなるようなおもしろい製品やサービスを提供すること、である。ハウス・パーティーのコミュニティの参加者には参加料が支払われるわけではないので、同社の成功の鍵は、参加者間のネットワークをいかに活性化させ続けられるか、そして同社のクチコミ・チャネルからもたらされるクチコミが、他のマーケティング方法に投資した場合に期待できる水準と同じか、あるいはそれ以上の売上につながるということを納得させられるかにかかっていた。またマーケィング業界に対しても、有意義な規模のクチコミを創り出すことができるということを納得させる必要があった。

■ クラフトが語るディナータイムのジレンマの解決法

クラフト社の「フィラデルフィア・クリームチーズ」は、昔からあるすばらしいブランドだが、その売上は2000年代に長らく横ばいになっていた。「クラフト」は売上を伸ばすために、クリームチーズを朝食のベーグルにもっとたくさん塗ってもらうという方策だけでなく、消費者にもっと頻繁に使ってもらえる方法をみつけたいと考えた。[4] 同社のマーケティング担当役員であるリチャード・ボードは、「調査によって、消費者は何かの発想を得たときに創造的になることがわかった」という。

フィラデルフィア・ブランドの製品を使ってもらう機会を増やすという目標を達成するために、同社は２０１１年にはフィラデルフィア・クッキングクリームという新製品を発売した。これは従来のクリームチーズがさらに「簡単に溶けてスプーンですくいやすく」なったものであり、鶏料理や野菜、あるいはその他のなべ料理などの夕食の献立に使ってもらうことをねらっていた。自分で独自の味をつけ加えられる「オリジナル味」に加えて、イタリアンチーズ味やハーブ味、香ばしいニンニク味やメキシカン風味など、さまざまなスパイスがあらかじめ加えられたバリエーションも発売された。

クラフトはこの新製品の発売にあたって、フィラデルフィア・ブランドの全広告予算の半分に及ぶ、膨大な広告予算を投入した。[5] しかし、その活動は通常の広告だけにとどまらなかった。ボードは私たちに「この製品は、消費者が今までに目にしたり使ったりしてきた、わが社の商品とはまったく違う新しいものです。したがって、広告だけではうまくいかないはずです」と語った。「消費者はおそらく、この製品は何なのか、どんなにうまく料理に使えるのかについて、本当には理解しないでしょう。ですから私たちは、この製品を実際に見てもらい、食べてもらう必要があります。そして、そういった試みを、クチコミによって広まるように、大々的に行う必要があるのです」。このようなマーケティング活動の一環として、フィラデルフィアのチームは、ハウス・パーティー社と組んだ。[6] ２０１１年3月のある土曜の夜に、１万を超えるハウス・パーティーが米国全土でいっせいに開かれた。そこでは「夕食のジレンマ」「毎日の夕食の献立ての悩みのこと」を解決する方法として、パーティーの主催者たちに「鶏料理のマンネリ解消」に役立つ新製品が配られた。クラフト社のリチャード・ボードやその同僚たちにとって、これほどの大規模で、しかも同時に試食を行えることはとても大きかった。

ハウス・パーティー社はパーティーの主催者に、クラフトから提供されるパーティパックを配布した。パックの中身は、フィラデルフィア・クッキングクリーム自体はもちろんのこと、レシピ本、調理用スプーン、オーブンミトン、フライパンなど、この新製品を使って料理をするために必要なすべてのものが入っていた。またこれらに加えて、パーティーの参加者が後からこれらの製品を買いたくなったときのために、参加者に配るクーポンやレシピ本も入っていた。さらにその晩は、人気シェフのトッド・イングリッシュがHSN［ホーム・ショッピング・ネットワーク］に生出演し、フィラデルフィア・クッキングクリームを使った料理を披露した。各家庭でのパーティーの最中や、番組オンエア中も、彼はスカイプを使って、何人かの選ばれたパーティーホストとつながっていた。

それぞれのパーティーには主催者以外に平均13人の参加者がおり、平均3時間にわたってパーティーが行われた。パーティーの典型的な内容は、配られたレシピ本や他の好みの料理について参加者と話をしたり、トッド・イングリッシュがライブチャットで他の主催者とつないでオリジナル・レシピの料理をするところを見たり、みんなでフィラデルフィア・クッキングクリームを使って鶏料理やその他の料理を作るというものであり、参加者は総じて、このような料理と食事と交流の夜を楽しんだ。クラフトのもくろみ通り、参加者らはこの製品を初めて見たパーティー会場の中だけでなく、イベントが終わった後も、他の人々とこのパーティーや新製品についての話をした。これらの会話が売上につながることで、クラフトの投資は好ましい利益をもたらした。この事例についてまとめた以下の報告を読めば、クチコミ・マーケティングがどのように機能するかがよくわかる。

独立系調査会社であるチャット・スレッド社がハウス・パーティー社のためにまとめた数字によれば、このパーティーへの参加者は全部で13万８０００人であり、さらにこれらの参加者は１人平均８・１人と、このパーティーについて会話をした。そして会話した人々が、さらに平均３・５人に話を広めた。このような会話の連鎖の結果、もともと13万８０００人が参加したハウス・パーティーから、最終的に、約６００万のフィラデルフィア・クッキングクリームに関するオフライン会話が生み出された。いずれの会話もパーティーに参加して直接製品を経験した人たち同士の間や、直接経験した人と知り合いである人たち同士の間で行われたものである。またこれらに加えて、ソーシャルメディア上では２００万のインプレッションがあった。

もちろんクチコミ・プログラムに投資するブランド・マーケターにとって、クチコミによって人々が実際に製品を買い、利益をもたらしてくれるのでなければ、これらの会話はただのおしゃべりになってしまう。この点に関してハウス・パーティー社による調査によると、クチコミ・マーケティングへの１ドルの投資が２・75ドルの利益を生み出したことが明らかになった。別の言い方をすれば、このイベントにおいて人々の間で行われた一つの会話が26セントの利益を生んだことになる。フィラデルフィア社のボード氏によれば、これらは投資に対する直接的なリターンであるが、さらにクチコミ活性化のための投資が広告への投資を効果的にするという効果もあったという。

■ P&Gのクチコミへの投資

トレマー社は別のクチコミ代理店である。[7] クチコミによるアドボカシーを創り出したいクライアントに同社が提供する価値はハウス・パーティー社と似ているものの、プログラムの実践方法においていくらか異なっている。トレマー社はプロクター・アンド・ギャンブル（P&G）の子会社であるが、P&Gだけでなく、外部クライアントの仕事も請け負っている。

トレマー社は、かつてアーサー・アンダーセン社で会計士として働いていたクラウディア・コティカによって1999年に作られた会社である。[8] 彼女が1978年にP&Gのマーケティング部門に参加することになったのは、会計士という仕事が「あまりに退屈」に思えたからだった。彼女はP&Gで順調に出世し、1991年までに、アート・デザイン部門を率いる責任者となった。デザイナー出身ではない責任者は彼女が初めてだった。それから10年後、新しく任命されたCEOのA・G・ラフリーはP&Gの改革を推進したいと考え、その方策の一つとしてデザインを新製品やイノベーション・プロセスの主要な要素としようと考えた。そこで彼は、コティカを社内の改革を進めるためのエージェントとして選んだ。『ビジネスウィーク』誌によれば、コティカがラフリーから与えられた任務は、「まるで修道院に閉じこもってしまったようなP&Gに新たな風を吹き込み、デザイン思考を社内のすみずみまで浸透させるために協力する」ことであった。同誌は彼女を、「デザイン界の巨人であり、A・G・ラフリー以外で唯一Ｐ＆Ｇ内でデザイン思考を浸透させた人物であり、彼女のエネルギーと聡明さはＰ＆Ｇという巨大企業の組織文化をイノベーション志向の組織へと一変させる上で大きな手助けとなった」と紹介している。

コティカはデザインとイノベーション担当の副社長という役割を引き受けるに先だって、トレマー社を立ち上げた。これは、影響力のある10代の若者によるネットワークであり、メンバー同士やＰ＆Ｇとの間で情報や物語を共有するために、Ｐ＆Ｇによって若者たちが招待された。トレマー社は当初、初期のソーシャルネットワーキング・サービスのソフトウェアを使用し、Ｐ＆Ｇのポータルサイトとしてサービスを開始した。この新たなネットワークが最初に焦点を当てたのは、「タンパックス」や「オールウェイズ」などのブランドを擁する女性向けケア用品の分野であった。Ｐ＆Ｇはこの分野において、若い消費者たちとの間に、これまでとは異なる関係を築く必要があると感じていた。

コティカがＰ＆Ｇでの新しい仕事のためにトレマー社を離れたとき、後任となったのは、Ｐ＆Ｇで長年役員を務めていたスティーヴ・ノックス（第２章を参照）であった。ノックスのリーダーシップの下で、トレマーは８０００人の若い女性による初期のネットワークを、何十万もの10代の男女のネットワークへと拡大させた。時間が経ち経験を積むうちに、ノックスと彼の同僚たちは、トレマーのネットワークをいままでのように単に会話が行われるオンライン・ポータルサイトとしてだけではなく、オフラインかオンラインかにかかわらず友人同士のコミュニケーションを探し求めるところへと拡張していくことで、より大きなビジネスチャンスが得られると考えるようになった。さらに彼らはトレマー社が

「コネクターズ」と呼ぶインフルエンサーたちの力を借りることで、トレマー社のネットワークに参加してもらう十代の若者たちをスクリーニングする、新しい方法を開発した。[9] 第3章で議論したテーマにも近いが、彼らは幅広いソーシャルネットワークを持ち、おもしろそうな新しいアイデアをみつけては他の人に広めるのが大好きな10代の若者たちである。２００4年までに、トレマー社は調査回答者を拡張し、「ボーカルポイント」という50万人の母親によるネットワークを作った。10代の若者たちと同様に、回答者の母親たちもまた「コネクターズ」としてのレベルに基づいて選ばれた（なおトレマー社は10代の回答者を段階的に廃止し、現在は主に母親たちに焦点を合わせている）。

トレマー社や「ボーカルポイント」の中心的な理念は、「適切なメッセージを適切なオーディエンスに共有してもらえば、ブランドを推奨し擁護するクチコミが発生する」ということである。トレマー社によれば、適切なメッセージとは（第2章で説明したように）スキーマを混乱させるようなメッセージのことである。スキーマを混乱させるメッセージとは、消費者が予測していなかったようなメッセージのことであり、また家族や友人と話さずにはいられないようなもののことである。また、トレマー社がいうところの適切なオーディエンスとは、クチコミのインフルエンサー、すなわち広いソーシャルネットワークをもち、常に市場の新しいものについてフォローしていて、知ったことは他の人々と共有したいと考える人々のことである。トレマーがスキーマを混乱させるようなブランド・メッセージをクライアントとともにつくると、それらのメッセージは製品サンプルやお得なクーポンなどと一緒に回答者として登録された人々と共有され、次にその回答者は彼らのリアル社会におけるネットワークを通じて、友人、家族、その他の人々に内容を広めようとする。このような会話は、オンラインかオフラインかを問わないし、また1対1か、グループ対グループかも問わない。さらに平日か週末かにも関わりなく、回答者の人々の好きな時間や場所で行うことができる。トレマー社はこれらの結果を測定し、プログラムの有効性を調べるために、このメッセージを受け取っていない「比較対象となるグループ」の人々との比較をしばしば行っている。

トレマー社のような代理店によるクチコミ・キャンペーンがどのように機能し、売上にどのような影響を与えることが出来るかを理解してもらうために、２００９年に発表されたP＆Gの「ジレット・ヴィーナス・ブリーズ」のクチコミ・キャンペーンについて見てみよう。[10] このキャンペーンの目的は、シェービングジェルとカミソリを一つにした女性用カミソリの新製品を市場に導入し、それによって従来の単独のシェービングジェルを不要にさせることであった。発売キャンペーンの広告メッセージは、「あなたの中の女神があらわれる」というものであり、「ジレット」の幹部は認知の獲得という点で、このメッセージが成功だったと感じていた。しかし彼らはこのメッセージを、初めてこの商品を経験した消費者のクチコミによって、さらに増幅させることが必要だとも考えていた。

そこでトレマー社のチームは、さきに述べたプロセスに忠実に、まずスキームを混乱させ会話の引き金になるようなメッセージとはどのようなものかを検討するところから取り掛かった。トレマー社が調査をした結果、女性の多くが、シェービングと言えば二つのプロセスを想定するということがわかった。すなわち、まずシェービングを行い、つぎに肌が乾かないようにローションを塗る、という二つのステップである。これに対して「ヴィーナス・ブリーズ」は、女性がシェービングするのと同時にローションが出てくる。そこでトレマー社は、スキーマを混乱させるために「ローションなしで、ソフトでクリーミーな脚が手にはいる、思いもよらない新しい方法」というメッセージを考案した。クチコミ・キャンペーンは、ボーカルポイントのネットワークから、関心のありそうな女性たちを選んでメールを送ることからスタートした。彼女たちは、自分で使うための商品サンプルと、友人と共有するためのクーポンを受け取った。

このキャンペーンは、どのようなインパクトをもたらしたのだろうか。またクチコミ・キャンペーンとメディア投資には、どのような関連性があっただろうか。トレマー社はこの点について明らかにするために、マスメディアのみによるキャンペーンの結果と、マスメディアとクチコミを併用したキャンペーンの結果とを比較した。その結果、クチコミ・キャンペーンは400万件のクチコミを生み出し、100万人の女性をヴィーナス・ブリーズの新たなユーザーに変えたことがわかった。さらに「ヴィーナス」の年間売上が13％伸びたうち、およそ3分の1はこのクチコミ・キャンペーンの成果であった。残りの伸びは、他のマーケティング活動によるものだった。トレマー社はすべての主要な業績指標を総合することで、クチコミ・キャンペーンに対する1ドルの投資が、ブランドを通じた販売増と新規ユーザーの獲得によって3ドルの利益を生み出したと結論づけた。

■話すか、話さないか：クチコミの透明性における倫理と効果

１９９０年代後半から２０００年代前半にかけて、クチコミ・マーケティングが一つの分野として発展していったのと軌を一にして、その倫理的な問題も議論の重要なテーマとなり始めた。ハウス・パーティー社やトレマー社、その他のクチコミ代理店のプログラムを通して、人々が新しい商品を試すように仕向けられているのなら、これらのプログラムへの参加者にはお金が支払われるべきではないのか。また、実際にお金が支払われるかどうかは別として、参加者は商品を薦める相手に、自分がクチコミ・プログラムに参加していることを告げるべきではないだろうか。それとも、なにも言わずに、あたかも自然に、そして無意識にその製品が話題にあがったように振る舞うべきなのだろうか。

２００５年に米国クチコミ・マーケティング協会（ＷＯＭＭＡ）が立ち上げられたとき、創設者たちはこの新しい業界団体の基盤を倫理に置くことにした。[11] その頃すでに、企業がニセのクチコミを作ろうとして失敗したことで注目された事例がいくつか見られた。たとえば、最もあからさまだったのは、２００２年にソニー・エリクソンが、当時きわめて革新的だったデジタルカメラ付き携帯電話の「T68i」の発売を準備していたときである。[12] 彼らは、ニューヨークのエンパイア・ステート・ビルやシアトルのスペース・ニードルといった定番観光地でマーケティング・キャンペーンを行った。そこでは俳優たちが観光客のふりをして、この新商品で互いの写真を撮ったり、次には通りすがりの人に撮ってくれるよ

う頼んだりしていた。その目的は製品のデモンストレーションであり、写真を撮るよう頼まれた観光客に宣伝とは疑われずに、たまたまカッコいい新商品に出会ったと思ってもらうことだった。

ゲリラ・マーケティングとして知られるこの種のキャンペーンが、このころからポピュラーになり始めてきたのである。しかしこのために巧みなマーケティングと偽装の間のどこに境界線が引かれるべきなのかが問われることになった。ラルフ・ネーダーによって創設された消費者監視団体である「コマーシャル・アラート」は、ソニー・エリクソンのマーケティング・プログラムについて調べた結果、消費者は本物のクチコミだと思って騙されてしまう可能性があったと結論を出し、「これは不正である」と強く反対した。これに対しキャンペーンを担当したクチコミ代理店は、「俳優たちは、ただ新商品を披露しただけで、セールス行為は行っていないので不正ではない」と反論した。『ウォール・ストリート・ジャーナル』紙も、「新しい携帯電話を見せびらかしている男は、ソニー・エリクソンが新しいキャンペーンのために一般人という設定で紛れ込ませた、サクラの俳優かもしれない」という肯定的とは言えない見出しで、この議論に参入した。

「サクラ」という言葉は、立ち上がりつつあるクチコミ業界にとっては、いちばん避けたいものだった。この業界では、スパム業者によって占領されることでeマーケティングの悪名が高くなり、eマーケターが転落の道をたどったことがよく知られていた。このためクチコミ・マーケティングが同じように汚名を着せられてしまうことだけは、何としても避けたかったのである。そこでWOMMAは最初のミッションとして、正直で不正をしないという決然たる立場をとることにした。そしてこれを達成するために、同協会のすべての会員が協会への加入の条件として守らなければならない倫理規定を作成した。そこでは公正性と透明性が根本指針とされており、いまでもこれは変わっていない。

ＷＯＭＭＡの倫理規定のポイントは、クチコミ・マーケティングにおいて「ダマしは一切なし」ということである。会社や機関が新しい製品やサービスを広く知ってもらうために消費者のネットワークを使ったり、製品についてブロガーに書いてもらったりするために関係を築くことには、ここまで見てきたようにまったく何の問題もなく、また実りも大変多い。ただし企業や機関がこれをやっているという事実を隠してはいけない。このことについて正直になるべきなのである。キャンペーンに参加している消費者も「何を言うか」について指示を受けるべきではなく、むしろ製品やサービスに対して正直な意見を述べるように促されるべきである。そしてもし実際の製品、サービス、あるいは金銭のやりとりがある場合は、そのこともまた明らかにされるべきである。

２００９年に連邦取引委員会（ＦＴＣ）が、ユーザーによる推奨や好意的なコメントを広告に使用することに関するガイドラインを改訂し、これらが情報公開や透明性に関する法規制の対象に含まれることになった。このため２００５年に定められたＷＯＭＭＡの倫理規定（その後の定期的な更新分も含む）は、より重要性を増した。[13] ＦＴＣのガイドラインが最後に改訂されたのは１９８０年であったが、それ以降、マーケティングやマーケティング技術には多くの変化があった。そこでＦＴＣはガイドラインの適用範囲を広げ、伝統的な有料広告だけでなく、消費者によって作成され投稿されるメディア［アーンドメディア］でも広告主と推奨者の間に何らかの「実体的なつながり」がある場合には、そのことが開示されなければならないと定めた。これにより、宣伝に参加した人々に対して広告主が現金、または無料サンプルなどの現金以外の報酬を提供したかどうかは、法律の規定によって公表しなければならなくなった。

このようなガイドラインの改訂によって、誠実さと透明性は単なる善行ではなく、法的要件となったのである。この改訂が公布された直後に、WOMMAの顧問弁護士であるトニー・ディレスタは、同協会の会員企業向けに開催された新しい「FTC」ガイドラインの説明会に登壇し以下のように述べた[14]。

広告主だけでなく推奨者（メッセージを広めるブロガーやその他の代理店を含む）も法的責任を負うことがあります。FTCは「肯定的なクチコミを作り出し、売上を増やすために、推奨者のスポンサーとなっている広告主（無料サンプルを直接的に、あるいは中間業者を通して、もしくは他の方法で提供する者）は、推奨者が必要な情報公開を行うように助言したり、また推奨者の振る舞いを監視したりするための手続きを定めなければならない」と言っています。

ガイドラインが示す範囲をわかりやすく説明してほしいというWOMMAからの要請に対して、FTCは、製品またはサービスを宣伝するすべてのコミュニケーションが、情報公開を求められる「推奨」に該当するわけではないと記しています。ガイドラインの対象となるのは「スポンサーがついた発言」であるというわけです。

どの角度から見ても、FTCのガイドラインの中に、クチコミ・マーケティングを禁止する事項はない。唯一禁止されているのは、正直、透明性、そして誠実さに基盤を置いていないクチコミ・マーケティングである。WOMMAは、メンバーおよびクチコミの力を借りようとしているあらゆるマーケターに対して、同協会が投資収益率(ROI)になぞらえて「誠実さのROI」と呼ぶ以下の三つの質問を自問することを薦めている。[15]

関係性における誠実さ(Honesty of Relationship)

私たちのために働いてくれるブロガーや代理店が、私たちとの関係や、私たちとの共同のマーケティング・プログラムに参加していることについて公開することを、どのようにして確実なものとするか。

意見の誠実さ(Honesty of Opinion)

ブロガーが私たちの影響を受けずに、自分たちの正直な本当の意見を書くことを確実にするために、どのような措置がとられているか。

身元の誠実さ(Honesty of Identity)

このプログラムは、当社の評判を傷つけかねない、何らかの誤解を招くことはないか。

いまやWOMMAの倫理規定やFTCのガイドラインを遵守することは、ソーシャルメディアやクチコミを利用するマーケターにとって、参加者にプログラムへの参加を明らかにしてもらい、無料サンプルまたは現金を受け取っていることを公表してもらうための、標準的かつ最良の方法である。しかしながら、このような情報公開によって一つの興味深い問題が提起されることになる。それは、自分はクチコミ・ネットワークの一部であり、それを試用して語るために商品提供されている、ということの公表を（かつての倫理性から、今は法的な理由によって）求められることによって、クチコミ・キャンペーンの効果が減少するのかどうかという問題である。インターネットの文脈で言えば、もし新製品を試用し、その感想をブログに書くことを前提に、企業から製品を提供されていることを公表したら、読者に対するブロガーの意見は、あまり意味のないものとなるのではないか、ということである。

2006年に、当時ノースウェスタン大学の教授であったウォルター・カール（現在は前述したチャット・スレッド社の創設者兼取締役最高研究責任者〔CRO〕である）は、このトピックに関して興味深く、また大変有意義な調査を行った。[16] カールは「バズエージェント」（第2章参照）と呼ばれるクチコミ・ネットワークに参加している人たちからアドバイスを受けたりレコメンデーションを受けたりする、情報の受け手側の人々を調査した。同社のクチコミ・ネットワークに参加し、製品を試用し感想を周りに伝えることを前提に企業から新製品を提供されていることを明らかにしているバズエージェントに接した「会話のパートナー」と、このことを明らかにしていないバズエージェントに接した会話のパートナーとの、応答や反応の違いについて調べたのである。調査の主な結論は、透明性と公表の必要性を信じるクチコミ・マーケターにとって、とても励みになるものだった。[17] それは、「組織化され、透明性のあるクチコミ・ネットワークに参加することによって、クチコミ・マーケティングの効果が損なわれることはない」という結論であった。実際には圧倒的多数の会話のパートナーにとっては、「話をした相手がマーケティング組織と連携しているかどうかは問題ではなく、その相手が正直な意見を述べていると信用できるか、そしてその相手が話をしている対象の製品やサービスに関して心から興味を持っていて、適切で価値のある情報を教えてくれていると感じられるか」が重要であるということがわかったのである。言い換えれば、組織的なクチコミ・ネットワークに参加しており、そこから新製品や新サービスを体験できる機会を提供されていて、なおかつそれらの新製品を本当に気に入って、心から推奨したいと思っているということを、心地よく自然な形で伝える方法をみつけることは、十分に可能なのである。カールはさらに、「公表することは、ビジネス上の利益につながる。なぜなら自分が話をしている相手がクチコミ・マーケティングのプログラムに参加していると知っていた会話のパートナーの方が、その後で、より多くの人に自分が聞いた話を伝えたからである」と述べている。

さらに人がクチコミ以外の何らかの情報源（たとえば印刷物、ラジオ、テレビ、あるいはネット広告など）からブランドや製品について何かを知るときには、クチコミ・マーケティングの参加者とも話をすることによって、その情報源に対する信憑性が高まることが多いこともわかった。カールによるこの最後の研究結果は、この本で議論したクチコミと広告の間の重要な関係（信頼と信用に基づく関係）を説明することにも役立つものである。

■ クチコミ・マーケティングはサービス業にも有効である

クチコミ・マーケティングがどのように効くかに関して、ここまで取り上げてきた事例は、すべて消費財を対象としたものばかりだった。しかし間違った印象を持ってほしくないのだが、これらの技術はサービスに対しても同じように効果がある。たとえば、オーストラリアのクチコミ代理店であるスープ社が担当した、同国最大の銀行の一つであるオーストラリア・コモンウェルス銀行（CBA）の例を見てみよう。[18]

2005年に新しいCEOとしてラルフ・ノリスが舵を取ることになったとき、この銀行は顧客満足に関する深刻な問題を抱えていた。[19] 問題はあちこちに存在した。「商品の競争力のなさ、職員の知識やトレーニングの不備、不十分な顧客のフォロー、行員の責任感のなさ、ミスの多さなど、問題は山積みでした」と、ノリスは言う。彼はこれを一変させCBAを「オーストラリアでいちばん好きな銀行」にするために取り組んだ。このための銀行内部と顧客の双方へ向けたスローガンは、「変化への決意、ナンバーワンへの決意」であった。同行は「私たちはこの4年間、顧客満足度ナンバー1を達成するという目標のために、ビジネス、システム、プロセス、トレーニングといった、あらゆる面を改善してきました」と誓っている。

CBAはこれらの言葉だけではなく、実際に顧客サービスが変わったことを周知させるために、テレビや印刷物、そしてオンラインで宣伝を行った。しかし同行は、いくつかの理由によって、改革をさらに先へ進めることを望んでいた。それは、これらの宣伝活動によって認知という点では成功を収めたものの、それまでの顧客満足度があまりに低かったため、信用という点ではまだ不十分であったためである。加えて「変化への決意」というスローガンを実現し、同行が「物事をきちんと実行する」ということを示すためにも、クチコミ・キャンペーンが最善であると感じていた。つまり顧客が正直な意見を述べるクチコミ・マーケティングなら、人々の草の根の会話や推奨に信憑性を持たせることができ、銀行が広告で語った内容への信頼性が増すと考えたのである。

こうして同行のクチコミ・マーケティングは、クチコミ代理店のスープ社と関わり合いを持つことになった。ケラー・フェイ・グループとスープ社は、２０１０年にオーストラリアでトークトラックによる調査を行い、オーストラリア人の3分の1が金融サービスについて日常的に話しており、またそのほとんどは対面で話されていることがわかった。このクチコミの量は、他の分野に比べれば少ないかもしれないが、それでも3分の1の国民が日常会話で金融サービスについて会話しているということは、銀行についての自然なクチコミを広めるために十分な基盤があることを意味していた。一般に会話はポジティブな会話、ネガティブな会話、もしくはその両方が混ざったものにほぼ均等に分かれる。そして金融サービスのブランドについての会話は、何らかの積極的なレコメンデーションがあるものよりも、レコメンデーションがまったく含まれないクチコミが多いこともわかった。このことから金融サービスは、クチコミによる積極的なレコメンデーションがより強いカテゴリーとは異なるポジションに位置しているということになる。スープ社はこれら二つの発見からCBAに対して、オーストラリアに存在する銀行やその他さまざまな金融機関を、日常会話の中でより目立たせるようなクチコミ・キャンペーンを展開するよい機会があると報告した。

このプログラムの目的は、影響力のあるCBAの顧客に新しいサービスを経験してもらうことで、CBAが顧客サービスにいかに真剣に取り組んでいるかを、クチコミを利用して説明することであった。[20]そうすれば新しいサービスを経験した影響力のある顧客たちは、彼らのソーシャルネットワークの中でクチコミを広め、このサービスに対する再評価を促すだろう。オーストラリアで銀行のためにこのようなタイプのクチコミ・キャンペーンが行われたのは、このときが初めてだった。

CBAの顧客であることと、それぞれの地域において銀行や金融に関するインフルエンサーであることを基準として選ばれた数千人の「スーパーズ」（スープ社のクチコミ・ネットワークに登録している人々）が、このキャンペーンへの参加者としてリクルートされた。全国18の支店で、営業時間後の1時間を使って銀行の舞台裏を見学するイベントが開催され、数百人の「スーパーズ」が招待された。参加者らは10～25人のグループに分かれ、上級マネジャーからオンライン・バンキングがどのように行われているかについてのレクチャーを受け、顧客関係管理システムの見学をしながら、このシステムがどのようにして顧客によりよいサービスを提供しているかについて説明を受けた。また、お金を数える機械のデモンストレーションも見学した。他の参加者は「シークレット・ショッパー」の課題を与えられ、銀行のサービスが本当に改善されたのかを、オンライン、電話サービス、あるいは直接支店を訪れることによって確認した。その後、どちらのグループの参加者も、このキャンペーンを通じて体験したことを正直に家族や友人に話すように依頼された。

この結果、CBAとその顧客サービスの改善について、60万を超えるオフラインでの会話と、5万件を超えるオンラインでの書き込みが生まれた。またその会話の結果、4万を超える人々が銀行をCBAに変えるか、あるいはCBAの口座残高を増やした。最終的にスープ社とCBAは、キャンペーンへの投資1ドルに対して、顧客1人当たり30ドルの収益をあげることができたと結論づけた（この数字は新規顧客が3年間口座を維持すると仮定したうえで、3年間の割引現在価値によって計算されている）。

■ソーシャル・マーケティングとソーシャル・コマースとの出会い

私たちは本章ならびに本書を通して、クチコミとソーシャルメディアがどのように購入の検討や販売を促進するのかについて議論してきた。私たちの調査によると、消費者がクチコミでアドバイスを受けたとき、彼らはそれを非常に信頼性の高いものと感じ、その会話が購入意図を高めることがわかった。また第5章で議論したように、店頭で行われる会話には、そこで話題にあげられているブランドを買ったり試したりすることに関する積極的な推奨が含まれていることがきわめて多く、また非常に強い購入意図につながることが多かった。

このような購買時点で行われるクチコミがもつ強力な力を利用するために、急速に成長している重要な二つのマーケティングのトレンドであるソーシャル・マーケティングとショッパー・マーケティングを統合し、両者のシナジーをみつけようとする動きがある。これらのうち、ソーシャル・マーケティングで最も重要なことは、消費者が製品やサービスを他の人に推奨した際に生じる信頼感を活用することである。また、ショッパー・マーケティングとは、小売環境にブランド・マーケティングの考え方を直接持ち込むことである。[21] ここでいう小売環境とは、たとえば店内ディスプレイや広告、あるいは販促、製品パッケージなどの店頭の要素であり、店頭に行く前にウェブ上で製品を検索したりオンラインで購入したりする顧客にとっては、オンライン店舗内でこれらの店頭要素に該当する要素も含まれる。

バズエージェント社とバザーボイス社は、いずれもソーシャル・マーケティングとショッパー・マーケティングを融合させている大変興味深い企業だが、その方法は大きく異なっている。[22] オースティンに拠点を置くこの2社は、どちらもeコマースサイトやブランドサイトなどで、顧客レビューやその他オンライン・コンテンツが利用できる技術を提供している。この2社の事例からは、「最初の真実の瞬間」と呼ばれる、消費者が店頭でどのブランドを買うかを決める瞬間と、クチコミが結びついた場合の影響の強さを知ることができる。

バズエージェントは創業が最も早く、また最も著名なクチコミ代理店の一つであり、ロイヤルティ・マーケティングとマーケティング・プロモーションの経歴を持つデイブ・ボルターによって、２００１年に設立された。[23] 彼はこのころから、クチコミは強力であり浸透してもいるが、マーケターにはまだ十分に理解されていないこと、そしてクチコミはマーケティングに関する新しいアプローチの基礎になりうることなどを考えるようになった。なぜなら彼は、(a)人々は製品について話すことが大好きであり、(b)コミュニティの一員になることを望んでいる、という信念を持つようになったからである。彼は、マーケターがクチコミの影響力をより強いものとし、さらにその強さを測定することができるようにするために、バズエージェント・ネットワークを立ち上げた。そして消費者に、自分自身がおもしろいと思う方法で商品を試したり、ブランドに影響を与えたりすることができる機会を提供した。彼はこれを「きわめて古いネットワークに対する新たな試み：ソーシャルなグレープヴァイン」と呼んだ[24]［グレープヴァインとは「ブドウのつる」のことであり、うわさの伝達経路やクチコミのルートという意味もある］。トレマー社、ハウス・パーティー社、スープ社と同様に、「バズエージェント」の中心的なアプローチも、話題にしてほしいポイントを示して商品サンプルを送り、試用してもらい、その感想をソーシャルネットワークを利用して、オンラインやオフラインで正直に伝えてほしいと薦めることであった。

同社の創設以来、ボルターは、少しずつ形を成してきたクチコミ・マーケティングのやり方に対して意見を述べたり、積極的に擁護したりしてきた。彼と彼の会社はさまざまなマスコミに取り上げられ、2004年には『ニューヨーク・タイムズ・マガジン』誌の「隠れ（ているようで目立つ）説得者」というタイトルの特集記事に登場した[25]。彼は2005年には『グレープヴァイン：新しいクチコミ・マーケティング』、そして2008年には『クチコミ・マニュアル（第2巻）』という2冊の本を出版している[26]。自分たちのことを「最も急速に成長しているクチコミ・マーケティング会社」と宣言したバズエージェント社は、2006年にベンチャー・キャピタル数社から巨額の資金を調達した[27]。そのうちの1社は、

「インターネットやインタラクティブ・マーケティングがここ10年で急速に普及したように、次はクチコミ・マーケティングが消費財やブランド、サービスに関わるすべての企業にとって『欠かせない』ものになると信じている」と明言している。

ベンチャー・キャピタルが企業に資金をつぎ込むとき、いつかその資金を回収しようと期待していることは言うまでもない。このため設立から10年目、そしてベンチャー・キャピタルから資金を得てから5年目に当たる2011年に、バズエージェント社が自社を売却すると発表したときには、誰も驚かなかった。[28]むしろ驚いたのは、買収したのが英国の巨大小売チェーンである「テスコ」の全額出資子会社であるダンハビー社と呼ばれる会社だったことである。バズエージェント社のようなマーケティング代理店は、大手広告代理店のもう一つのマーケティング・コミュニケーション・チャネルとして、いつしかその傘下に入るか、あるいは広告主に対してより統合的なマーケティング選択肢の組合せを提供することで、伝統的な広告活動の枠を越えようとする潮流の一つとして、大手メディアに買収されるかであろうと、誰もが予想していた。ところがテスコである。バズエージェント社が、いったいどんな風に役に立つのだろう。ボルターによれば、この提携は「私たちは、最終的にはソーシャルメディアとショッパー・マーケティングをつないでいく」ということを意味している。ダンハビー社は、ロイヤルティ・マーケティング業界の中心的な企業であり、英国のテスコや米国のクローガー、および他の全世界に向けて店舗のポイントシステムを提供している企業である。

しかし、なぜ両者をつなぐのだろうか。ボルターは「ソーシャルメディアとショッパー・マーケティングの概念は、すでに本質的に結びつけられている。なぜなら両方とも、消費者のエンゲージメントとロイヤルティ行動を扱うからである」と説明している。「両者は、それぞれ反対側からこの概念にたどり着いたのである。ソーシャル・マーケティングは、マーケターがロイヤル・カスタマーをみつけ、彼らと率直な対話をすることを可能にする。他方でショッパー・マーケティングとは、価値が生み出される場所［店舗のことを指している］で行われる。私たちは、ソーシャルの最初の段階は通過した。それはソーシャルが「存在している」というだけでマーケターは満足し、ＲＯＩ（投資収益率）の測定が難しかった段階である。今後は最も強力なソーシャル・マーケティング・プログラムが、店頭で起こることで評価されることになるだろう」。つまり、バズエージェント社が期待しているのは、ソーシャル・マーケティングとショッパー・マーケティングが結びつくことにより、市場にとって、より魅力的な存在となることなのである[29]。「消費者にとって馴染みのある内容を使って丹念に提案を行うショッパー・マーケティングは、ソーシャルメディア上に大量に投稿されている消費者同士のレコメンデーションを利用してその提案をさらに増やしていくことで、いっそう強力なものになるからである。さらに、ソーシャルメディアのＲＯＩは、ロイヤルティ・プログラムから得られるデータによって説明する方が、他の方法による説明よりも、より説得力のあるデモンストレーションとなるという理由もある」。

ただしボルターは、これらを実際に遂行する組織のレベルでは、いろいろと難しいことが生じるだろうと考えている。彼は「これら二つのチャネルは本質的には同じコンセプトを持っているものの、一緒に仕事をするための能力には大きな差があります」と述べている。マーケターたちは現在、ソーシャル・マーケティング・プログラムとショッパー・マーケティングを異なる部門で管理しているため（通常、前者はデジタル・マーケティング部門またはプロモーション・マーケティング部門が管理し、後者は流通部門が管理している）、二つのコンセプトがつながっていないのである。しかし、想像してみてほしい。もしこの二つをつなげることができたら、つまり、ソーシャル・チャネルの規模と信頼に、ショッパー・マーケティングがもつ店舗内での購買意欲を操作する能力を組み合わせることができたら、どのようなことが起こるだろうか。

クチコミまたはソーシャル・マーケティングとショッパー・マーケティングを統合するもう一つの方法は、小売業者やブランドのウェブサイト上に、そのブランドを使用した消費者の評価やレビュー、その他の消費者によって投稿された内容を掲載することである。この有効性を証明するデータは説得力がある。

いまでは非常にポピュラーで信頼性の高いものとなったオンライン・リソースを最初に提供した小売業が、1995年に設立されたアマゾンであり、同社による評価機能とレビュー機能の提供は、ほぼ設立直後に開始された。そしてその後何年もの間、アマゾンだけがこれを提供していた。評価機能がポピュラーだということは、消費者がお互い同士の間の意見交換を望んでおり、専門的なレビューワーの見解だけではなく、（たとえ見知らぬ人であったとしても）他の消費者がどう言っているかに基づいて購入意思決定をしていることを示している。さらに、アマゾンの高い人気のある特徴であり、その成功の鍵の一つとなったのは、あなたが「x」に興味を持っている場合、同じ「x」を買った人たちが、ほかに

「a」や「b」や「c」も買っていることをアルゴリズムによって知らせることである。これはクチコミ・マーケティングの、もう一つのスタイルと言える。

評価とレビューを必要とするのは、アマゾンのようなオンラインでの書籍販売だけではないことに気づいて、２００５年に設立されたのが、「バザーボイス社」であった。同社の主な目的は、他のオンライン小売業にウェブサイトでの評価やレビューが利用できるように、ソフトウェアと関連したサービスを提供することであった。この会社の名前は、市場の起源であるバザールのイメージを喚起することを意図している。バザールは、かつて町の中で最もにぎやかな場所であり、活気に満ちた地域社会の中核であり、そこでは友人や隣人や商人などがみんなやってきて意見を交換し合っていた。つまりバザールとは会話と商業が一つになる場所であり、バザーボイスとは市場における「声」のことなのである。バザーボイス社のソフトウェアは、今では「ウォルマート」「メイシーズ」「ベスト・バイ」「コストコ」などの世界のトップ小売企業に関する評価やレビューに加え、これらの小売ブランドに関する消費者同士の会話も組み込んでいる。またウェブサイトに消費者のレビューや他の消費者コンテンツを掲載したいと考える「P&G」「デル」「サムスン」などのブランドに対しても、バザーボイス社のソフトウェアは対応している。

消費者が評価やレビューを非常に信頼していることを裏づける調査は大量にある。[30] たとえばニールセン社は、オンラインに投稿される消費者の意見は、個人的に知っている人々からのレコメンデーションに次いで、信頼されていることを発見した。テレビ広告、雑誌広告、新聞広告、オンライン広告、メール広告、その他のさまざまな種類のマーケティング・コミュニケーションは、こうした消費者によるレビューより信頼されていなかったのである。

あまり知られていないことだが、消費者の会話がソーシャル・コマースと結びついたとき、小売業者やブランドにとって強力な成果が生まれることが明らかになってきた。たとえば、電子機器メーカーのエプソンは、レビューを見てから買いに来た客の方が、何も見ずに買いに来た客と比べて、より高い購買意図、実際の購買、そして1人当たりの利益を生むことを発見している。[31] バザーボイス社によると、エプソンのオンライン店舗のウェブページに掲載されているレビューを見てから買いに来た客は、レビューを見ずに来た客よりも67％高い確率で購入した。さらにこれらの客の顧客単価は、平均よりも25％高かった。エプソンはこれらの統計に基づいて、レビューを見た客と見なかった客を比較して、見てから来た客1人につき収益が2倍高かったという結論を得た。

オンライン上の評価やレビューの力に関するもう一つの例は、カリブ海のパッケージツアーを提供する「チープカリビアン・ドットコム」の事例である。[32] バザーボイス社が比較したところ、消費者レビューを見てない訪問客に比べ、見た訪問客の方が、旅行の予約率が2倍以上にもなり、注文の価格も10％高いことを発見した。これら二つの統計データから収支を計算すると、1回の訪問当たりの収益は144％に上昇していた。

売上に対する評価とレビューの影響は、オンライン上での売上においても例外ではない。たとえばラバーメイド社は、自社のサイトに評価とレビュー情報を掲載している。[33] さらに同社は消費者にオンラインでフィードバックを提供することに加えて、クーポン付きチラシに星の数による評価と、スニペットレビュー［いわゆる消費者の声］を掲載した。つまり彼らは、オンライン・レビューを印刷広告に持ち込んだのである。この効果を調べるために、「ラバーメイド」は同じ製品に対する二つのバージョンのチラシ広告（レビューを含むものと、含まないもの）を比較した。どちらの広告も同じ提案をして、同じ配布先に配ったところ、レビューを含んだチラシの方が10％多く反応があった。

これらの例から、クチコミとは単に消費者に情報を伝え、満足させるだけのものではないということがわかる。評価やレビューを購入時点で参照できるようにしておけば、商品が実際に並んでいるリアル店舗でも、オンライン店舗でも、迅速な販売を促すことが可能となる。オンラインあるいはオフラインにおける購買と直接交わる機会があれば、より大きな販売と収益という、重要なビジネス成果を実現するとてつもないチャンスが生まれるのだ。

おそらくあなたも店頭かどこかで、「ご満足いただけましたら、ぜひご友人にお伝えください。もしご満足いただけなかったときは、私どもにおっしゃってください」といった標語を目にしたことがあるだろう。満足した顧客が周囲に語ることによって、膨大な数のポジティブなクチコミが実際に生み出されている。商品を使ってみたり、誰かが使っているのを見たり、あるいは情報をみつけようとすることからも、会話が生まれることもある。これまでの章で見たように、会話というものは、十分に計画され、うまく実行されたメディア活動やマーケティング活動の副産物として生み出されることもある。しかしまた、クチコミそれ自体を一つのチャネルとして展開することが必要となる場合もある。そのためには、ブランドについて話したい人（そのために自ら進んでネットワークに加わっている人々も含む）を探し、製品やサービスを初体験してもらい、「混乱するような」メッセージを与えよう。そしてその後で、正直に自分の意見を共有することを促し、キャンペーンとの関わりについて完全に公表してもらうのである。クチコミには、ビジネスにおいてドラマチックな成果をもたらす可能性があり、またエキサイティングな経済的影響をもたらす可能性があることが実証されている。

第8章 ネガティブなクチコミは警戒すべきものか、それとも消費者からの最高の贈り物か？

Negative Word of Mouth: A Cause for Alarm or a Customer's Greatest Gift?

クチコミの歴史における分岐点の一つは、デル・コンピュータ社のサポート問題であった。２００５年に有名なブロガーであるジェフ・ジャービスは、購入したばかりの不良品に対するデルのひどいサービスについて、オンライン上で不満を述べた。[1] この件に関する彼の一連のブログ投稿の最初の見出しは「デルは嘘つき　デルはムカつく」だった。新しいコンピュータと一緒にデルの「完全保証」プランも購入したのに、同社のアフターサービスにいかにイライラさせられたかについて、彼は数週間にわたって定期的にブログ上で報告を行った。彼は、デルの最高マーケティング責任者（ＣＭＯ）に直接訴えて（そしてさらに重要なこととして、ブログ上でそのクレームを公開して）、やっと満足する返金を受けとることができた。このとき彼は、交換よりも返金を選んだ。なぜならデルがやっと対応した頃には、彼はすっかり同社への信用を失い、代わりにアップルのコンピュータを購入したいと思っていたからだ。

ここで重要なことは、ジャービスがある日突然ブログを立ち上げて、人々に読んでもらおうとした一般市民ジャーナリストだったわけではないということだ。彼はかつて『テレビガイド』『ピープル』『サンフランシスコ・イグザミナー』などの雑誌に記事を書き、『ニューヨーク・デイリーニュース』紙の日曜版の編集者を務め、『エンターテインメント・ウィークリー』誌を発行した人物であった。そのため彼のブログ「バズマシン・ドットコム」には、当時（そして今も）多くのファンがついていた。こうして彼の不満はあっという間に広まった。

デルにとって不幸だったのは、同社が当時ソーシャルメディア上の自社ブランドに関する意見に耳を傾けていなかったことである。そのため当初デルは、消費者の間で同社の顧客サービスについての不満が大きくなっていたことに気づかなかった。しかしジャービスのブログがこの状況を変えた。同社のひどいアフターサービスに対して同じように悔しい思いをした何千人もの消費者が彼のブログを読んだことで、津波のような不満がオンライン上にわき上がってきたのである。ジャービス自身がブログで報告したところによると、グーグルで「デルはムカつく」というキーワードで検索すると、彼のブログの記事が5番目にランクインすることになった。数年前なら、ジャービスは単なる1人の不満を持つ客に過ぎず、デルにとっては小さなリスクだったかもしれない。しかしアーンドメディアが普及した現代では、互いにネットワークでつながったブロガーたちは、相手がデルのような企業であったとしても、何百万ドル分ものビジネスと評判を失わせることができるようになったのである。

ジャービスは後に自分のブログで、このことを非常にうまく表現している。

買い手が危険負担をする時代は終わった。いまや注意をしなくてはならないのは、売り手の方だ。もはや企業は、粗悪な商品やサービスを売りつけて、すました顔をしていることは許されないし、消費者の懸念やニーズを無視することもできなくなった。

現代の消費者は、自分たちの声が届く場所で主張することができる。そして互いに結束して、知っていることを共有し、不満の声を大きくできる。もちろん消費者は、自分たちのレビューやクレームを使って、企業の評判やビジネスに大きな影響を与えることができる。

パブリック・リレーションズは新しい意味を持つようになった。もはや企業は、本来商品やサービスを提供するべき一般の人々と企業との間を隔てているマスメディアやパブリシティだけを相手にしていてはダメなのである。パブリック・リレーションズとは、一般の人々との新たな関係でなくてはならないし、そのような関係を作らなくてはならないということである。

これらはすべて、誰が見ても当たり前の話だ。しかし、多くの巨大企業……デルのような、にとっては、どうやら当たり前ではないようだ。

この出来事はデルの痛いところを突いた。デルはもともと、顧客との直接取引というコンセプトに基づいてできた会社であり、消費者との直接的な関係を作ることが、顧客への最良の経験を保証するという考え方をしていた。[2] さらに１９９０年代半ばには、当時のパソコン通信の「コンピュサーブ」や「ＡＯＬ」、「プロディジー」などのオンライン・フォーラムで、デルの製品やサービスについて議論が行われているのを見て、同社もまたコミュニティを設立し、これが企業によって設立された初のオンライン・コミュニティの一つとなった。つまり当時の人々の動きに対応して、デルは自分たちでオンライン・コミュニティを立ち上げたのである。同社のソーシャルメディアおよびコミュニティ部門の副社長であるマニッシュ・メータによると、オンライン・コミュニティは避雷針のようにネガティブなフィードバックを引き寄せてしまう可能性があるとして、当初はデル社内で評判がよくなかった。「しかし、デルの商品やサービスに満足した顧客が会社のサポーターとなって参加してくれたおかげで、時間が経つにつれ、ネガティブなコメントはひとりでに収まったのです」とメータは振り返った。「これによって、デルは1人ひとりの顧客との間に築く信頼関係の価値に早い段階で気づき、さらにはオンライン上で遠慮なく自由に顧客同士で信頼関係を作ることを薦めてきました」。しかしデル自身が認めているように、ジャービスのような消費者が、オンライン上で同社とより直接的な関係を築く機会を模索していたのに対して、デルの対応は遅かった。そして「デルは地獄に堕ちろ」という投稿はデルと、デルに起きたことを目撃したすべての企業に大きな変化をもたらした。ブランド・マネジャーが、オンライン上の消費者の意見をモニターするためのシステムを設けることは、今では広く行われている（実際には、このようなシステムは製品やサービスの問題点をフォローし、苦情に対応するために使われることが多いのだが）。そしてこれらはデルだけでなく、他の多くの企業でも行われている。

デルがアフターサービスの再構築に着手したのは２００６年の４月だった。[3] マイケル・デルは、ブログ上で不満を持つ顧客を積極的にみつけ出し、対応可能な社員が直接連絡を取るよう命じた。そして同年7月までに「ダイレクト・トゥ・デル（Direct2Dell）」というブログを使ったサービスを立ち上げた。オンライン上で顧客にアプローチするチームは当初2～3人だったが、２０１１年までにメンバー60人を超えるまでに成長した。[4] ２０１０年の秋に、デルはソーシャルメディアとコミュニティのトレーニング・プログラムである「SMaCU」を立ち上げた。これは、デルを代表してソーシャルメディア上で顧客と良好な関係を築こうとする同社のすべての従業員に、トレーニングと認定資格を提供するものであった。２０１１年半ばまでには約1万人の従業員がいくつかのトレーニングを受講し、うち２５００人は公式な資格を授与され、それぞれの専門領域で消費者とインタラクティブなやりとりを行うことが認められた。２０１０年12月、デルは「会社全体にわたってソーシャルメディアを浸透させ、顧客とより強い関係を築くためのさらなるステップ」として、オースティンの本社に「ソーシャルメディア・リスニング・コマンド・センター」を開設した。[5] 同センターでは、1日当たり平均2万２０００以上のデルに関連する投稿やデルについて触れたツイートを追跡している。

２００６年の最悪の時期、同社に関するオンライン上の会話の、少なくとも半分はネガティブな内容だった。デルの計算によれば、２００７年までにネガティブなオンライン上の書き込みは23％に減少した。私たちケラー・フェイ・グループのデータによれば、オンラインとオフラインでのデルの総合的なクチコミは現在61％がポジティブなクチコミであり、10％がネガティブである[6]（残りは、ポジティブとネガティブが混合したものか、中立的なクチコミであった。ハイテク分野の企業に対するクチコミとしては、同社は平均にきわめて近い位置にいる）。

デルの例の他にも、ネガティブなクチコミに関する多くの事例研究が発表されている。たとえばAOLとコムキャスト社は、顧客サービス対応が悪いと広く批判された。ホール・フーズ社は、CEOがネット上で顧客になりすまし、とても満足しているというコメントを投稿したことで、厳しい非難を受けた。ジェット・ブルー社は乗客を10時間以上も滑走路で放置したとしてさんざんに非難され、最終的には連邦政府から指導を受けCEOが辞任する事態に至った。KFC（ケンタッキーフライドチキン）とタコベル社は、悪いことに店内にネズミが大量に出ているクチコミ動画を報道され、甚大な被害を被った。多くの企業にとってクチコミ・マーケティングとは、ポジティブなクチコミへの対応と同じくらいに、ネガティブなクチコミへの対応も含んでいるのである。

多くの企業が、消費者のクチコミが持ついろいろな重要性と、それがもたらす自社のビジネスへの影響を誤解するように、自社の製品に対するクチコミのうちどの程度の割合がネガティブなものなのかについても見誤る。実際にはマーケターと経営陣の間で、この割合の予想は大きく異なる。30%と見積もる人もいれば、50%や66%と見積もる人もいる。「デルは地獄に堕ちろ」のようなケースを耳にしたほとんどの人は、ポジティブなクチコミよりも、ネガティブなクチコミの方が市場で強い力を持っていると信じている。このような思い込みは、いくつかのクチコミについての文献によってさらに強化される。[7]このことがとくに強く信じられるようになったのは、顧客の意見やオンライン上で共有される他のコンテンツを指す用語として「消費者生成メディア」（CGM）という言葉を作り出したピート・ブラックショウが『満足した客は3人の友人に話すが、怒った客は3000人に話す』という有名な著書を書いてからである。

「クチコミ全体の中でネガティブなものは何%？」というシンプルな質問への答えに、ほとんどの人が驚く。私たちは「トークトラック」を使って、それがたったの8%であることを発見した。この値は私たちが5年間にわたってクチコミを追跡し調査した結果であり、非常に安定したものである。これを聞いた人々は、毎日飛び交っているブランドについてのクチコミのうち、ネガティブなものがこんなにも少ないことにショックを受けるだろう。

ただし実際には、残り92%がすべてポジティブなものとは限らない。すべてのブランドのクチコミの66%が、評定者によって真にポジティブなクチコミと判断されたものであり、11%は中立的な立場、15%はポジティブとネガティブが混じったものであった。これら92%以外の

図表 8.1
クチコミ会話のポジティブ／ネガティブ傾向

ネット・アドボカシー・スコアによるランキング

	ほとんどポジティブ	ほとんどネガティブ	混合	ネット・アドボカシー*
子ども用品	74%	5%	11%	58
食品／外食	73	6	11	56
飲料	72	5	11	56
美容品	72	5	11	56
家庭用品	71	5	11	55
小売／衣料品	71	5	13	53
メディア／エンターテインメント	71	6	14	51
旅行サービス	68	7	13	48
すべてのカテゴリーの平均	66	8	15	43
住宅	64	8	15	41
自動車	62	9	17	36
ハイテク	63	9	18	36
スポーツ／趣味	63	10	18	35
健康／健康管理	55	12	17	26
金融サービス	51	14	16	21
通信サービス	51	15	22	14

（注）　*ネット・アドボカシーとはポジティブからネガティブと混合を引いた値のこと。
（出所）　ケラー・フェイ・グループのトークトラック（TalkTrack®），2010年7月～2011年6月。

8％はネガティブなクチコミであり、この8％とポジティブ・ネガティブ混合の15％を足した23％が、ネガティブな意見を含んだクチコミということになる。さまざまな業界のクチコミがある中で、ポジティブなクチコミの比率が最も低いのが、通信サービス業界である。しかしそれでも、ネガティブなクチコミよりもポジティブなものが多い。他方、子ども向け製品や、加工食品、美容製品のカテゴリーのクチコミは、ポジティブなものがほとんどであり、ネガティブなクチコミはとても少ない。

しかしこのような私たちの一般的な発見だけで、ブラックショウの本を否定するわけにはいかない。なぜなら、私たちのデータに対して「確かにポジティブなクチコミの方が量は多いかもしれないが、ネガティブなクチコミは感情的であるため、より強く、より伝染力がある」という人はめずらしくないからである。つまり満足した消費者が自分の経験について話すよりも、怒った消費者の方がより多くの人に自分の体験談を話すというのが、こうした反論の根拠となる仮説なのである。おそらくそういうこともあるであろうが、通常は違う。なぜなら以下のような理由による。

トークトラックの調査では、クチコミを聞く立場にある人々に、彼らが聞いた意見に対して感じる信頼性と、購入する可能性を評価してもらっている。この結果、ネガティブな意見を聞いた回答者に比べて、ポジティブな意見を聞いた回答者の方が、常に信頼性を高く評価している。人々はブランドについて何かポジティブなことを聞いたとき、とても信頼性が高いと評価する。0～10点の信頼性尺度において66％の人が9点か10点をつけている。これに対して、ネガティブな意見に信頼を寄せたのは47％だけだった。またポジティブなクチコミに比べて、ネガティブなクチコミの方が伝染性が高いということもない。56％の人が、自分が聞いたポジティブなクチコミを人に伝えたいと答えたのに対して、ネガティブなクチコミを伝えたいと答えたのは41％であった。

　このことは第2章でも述べたように、ペンシルベニア大学ウォートン・スクールの研究者であるジョーナ・バーガーとキャサリン・ミルクマンの調査によって補強されるだろう。[8] バーガーとミルクマンは2011年に発表した研究において大がかりな内容分析を行い、『ニューヨーク・タイムズ』紙の記事のうち、オンラインで共有されたものと、されなかったものの違いを調べた。彼らの実験の主な結果は、「ポジティブな内容は、ネガティブな内容に比べて急速に広まる」ということであった。

　しかしこのような証拠を目の前にしても、依然として人は「なぜだろう？」と不思議に思う。なぜ、ほとんどのクチコミはポジティブで、ネガティブなものは少ないの

図表8.2
ポジティブなクチコミは，ネガティブなクチコミと比べて，より信頼される

クチコミの信頼性評価で高い値を示している
（10段階評価で9もしくは10）

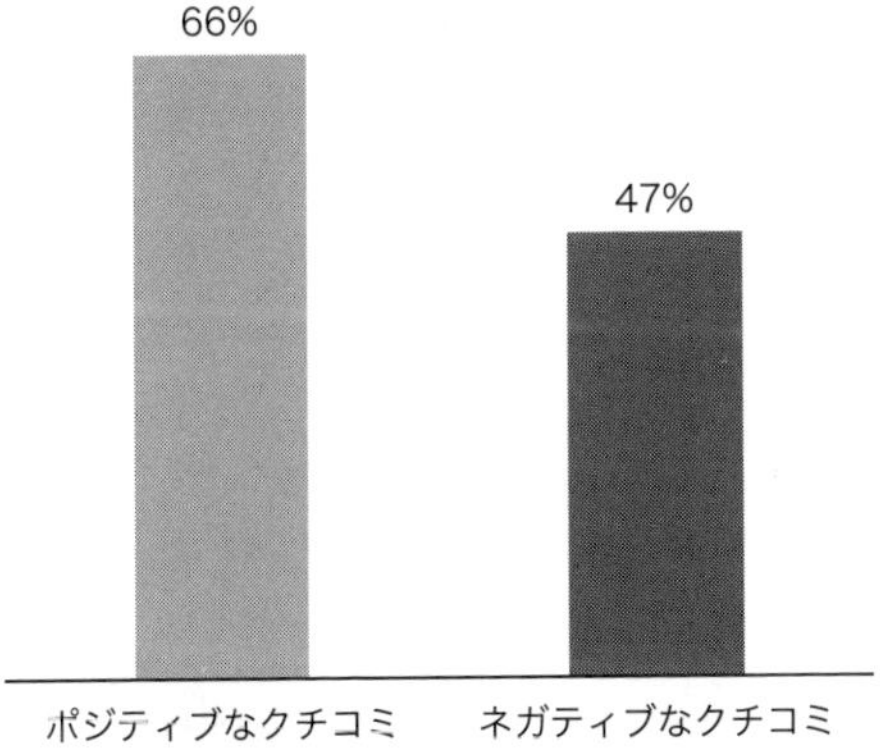

ポジティブな会話は，より多く共有される

クチコミの伝達性評価で高い値を示している
（10段階評価で9もしくは10）

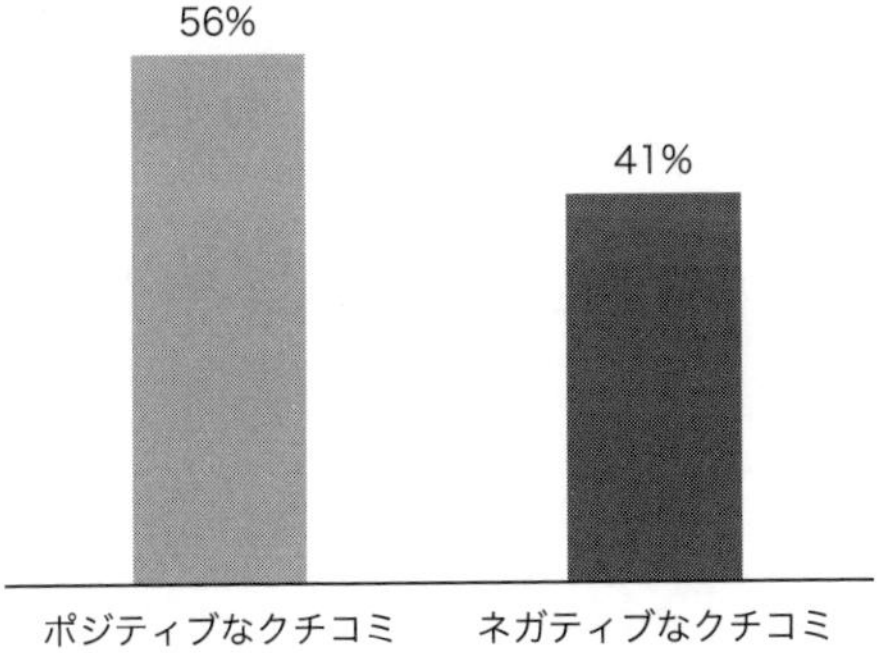

（出所）　ケラー・フェイ・グループのトークトラック（TalkTrack®），2010年7月～2011年6月。

だろうか。そしてなぜ、個人的な経験とは反対に、実際にはポジティブなクチコミの方が、ネガティブなクチコミよりも広まるのだろうか。私たちは、いくつかの答えがあると思っている。一つは、人間の性質に関係があるだろう[9]。私たちのほとんどは、基本的にポジティブであり、嫌いなものよりも、好きなもので他者とつながることを好む。実際に何人かの神経科学者は、人間が「楽観主義バイアス」を有していることを確認し、これを報告している。ロンドン大学のウェルカム・トラストセンター神経画像部門のリサーチフェローであるタリ・シャロットは「非侵襲性の脳画像技術の発展によって、私たちは、脳が非現実的なほど楽観的にできていることを示す証拠を集めることができた」と述べている[10]。

また、きわめて現実的な理由もある。結局のところ、クチコミとは購入意思決定のためにある。たとえばクチコミでよく聞かれる「質問」は、「新しい車を買うことを考えているんだけど」とか、「健康食を探しているのですが」とか、「休暇に家族と行けるどこかすばらしい場所を知りませんか」などのようなものだ。つまり「なにかお薦めはありませんか？」ということである。クチコミによって悪い商品やサービスを避けたり、さらには購入に適した商品やサービスを知ったりするために、こうした質問は役に立つ。また多くのネガティブな経験についての会話には、「じゃあ、どのブランドを買えばよいの？」といった質問が、すぐについてくる。そして、この質問への答えは、たいがいポジティブなのである。

このように私たちは「ポジティブはより力強い」という主張に対し多くの証拠を提出してきたが、それは、「ネガティブなクチコミは重要ではない」とか「軽く見てもよい」という意味ではない。もしネガティブな消費者の感情が持続するようであれば、ビジネスにとって害があるので、これに対処し、最小化する必要がある。ブラックショウの本でも的確に説明されているように、このような消費者の感情が私たちに与える教訓は、今日のすべてのブランド・マーケターにとっての必修科目の中でも、最も重要な部分である。ただし、このような教訓は予防薬であると考えてほしい。自身のブランドを毎日ケアするのは、より大きな病気を避けたり、治したりするために不可欠なのである。

■ 危機に直面している広告

不幸にも21世紀の初めの10年間には、企業の危機によって、私たちがクチコミについて学べる多くの機会があった。ペットフードから、ピーナッツバター、金融業までのあらゆる業界が非常に重大な危機に直面した。私たちの調査によれば、これらの危機が原因となって、多くの業界でクチコミに関する大きな変化が起こった。そしていずれの業界でも、クチコミによる多くの会話が行われ、多くのネガティブな感情が消費者間で共有されたのである。

２００８～２００９年の大不況は、メガバンクや投資会社、保険会社などの金融部門が、とくに不動産担保ローン市場で過剰な借り入れを行った結果起きた暴落によって引き起こされ、企業自身の生き残りや経済そのものを大きなリスクにさらした。ニュースの視聴者と新聞の読者は、２００８年の後半に一連の劇的な見出しや記事を見て、金融部門が崩壊したことに大きなショックを受けた。[11] ９月14日の

『ニューヨーク・タイムズ』の見出しは「リーマン・ブラザーズの破産申立」「メリルリンチの売却」であった。不安が増していく中で、その2週間後には「下院議会、288対205で金融緊急救済法を否決」という、やはりショッキングな見出しが同紙の紙面を飾った。[12] 最終的には米国連邦議会とブッシュ大統領が、金融部門に7000億ドルの緊急支援を決定した。しかし、自分たちで自分たちを救えなかった銀行を救うためにこれほど巨額の納税者のお金を使ったことが人々の怒りと不安の火に油を注ぐこととなり、結果として1カ月後に行われた大統領選挙においてバラク・オバマが地滑り的勝利を収めたのである。

2008年秋には、このような金融機関関連のニュースが次々と報じられたのに対して、消費者のクチコミも劇的な反応を見せた。私たちの調査では、暴落前にはすべての金融機関へのポジティブなクチコミは50％を超えていたが、暴落の真っ最中であった2008年の秋には40％を下回っていた。またネガティブなクチコミは15％から30％前後へと約2倍になった。これと似たパターンは、2009年の春に、さらなる救済法案が議会を通過したときに起きた。人々が金融機関について話す機会は増えたが、良いことを言う人はあまりいなかった。

いくつかの企業は自社に関するクチコミの内容が、まさに大きく変わって行くのを目の当たりにした。たとえばバンク・オブ・アメリカに買収されることによってなんとか生き残ったメリルリンチ社についてのネガティブなクチコミは、2008年前半から後半の間で13％から54％と4倍にもなった。この金融危機の中心にあった巨大保険会社であるＡＩＧについてのネガティブなクチコミは、11％から7倍の

76%にもなった。先に述べたように、クチコミは通常の状態であれば、ほとんどがポジティブなものである。しかし、2008～2009年の金融危機は、明らかに通常の状態ではなかった。この危機は、クチコミが事件に対して非常に敏感であることを示した。

ネガティブなクチコミが増えた要因は、ニュース報道に対する反応だったことは言うまでもない。私たちの

図表 8.3
金融危機はポジティブな会話の劇的な減少と，ネガティブな会話の上昇を引き起こした（2008 年夏～ 2009 年冬）

金融機関に関する会話の傾向（8 週間の移動平均）

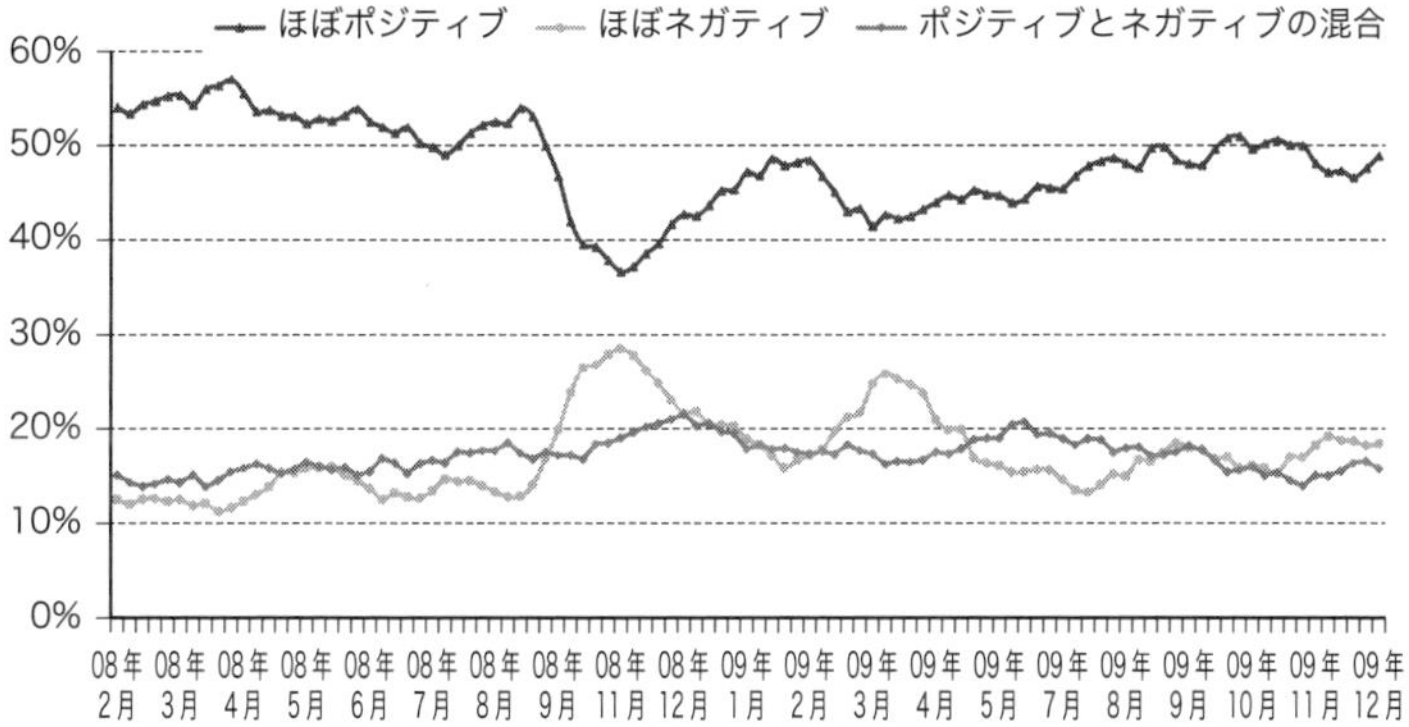

金融危機のピーク時（2008 ～ 2009 年）には，広告に比べてニュースの方がよりクチコミを広めた

メディア／マーケティングからの引用を含む金融ブランドについての会話（8 週間の移動平均）

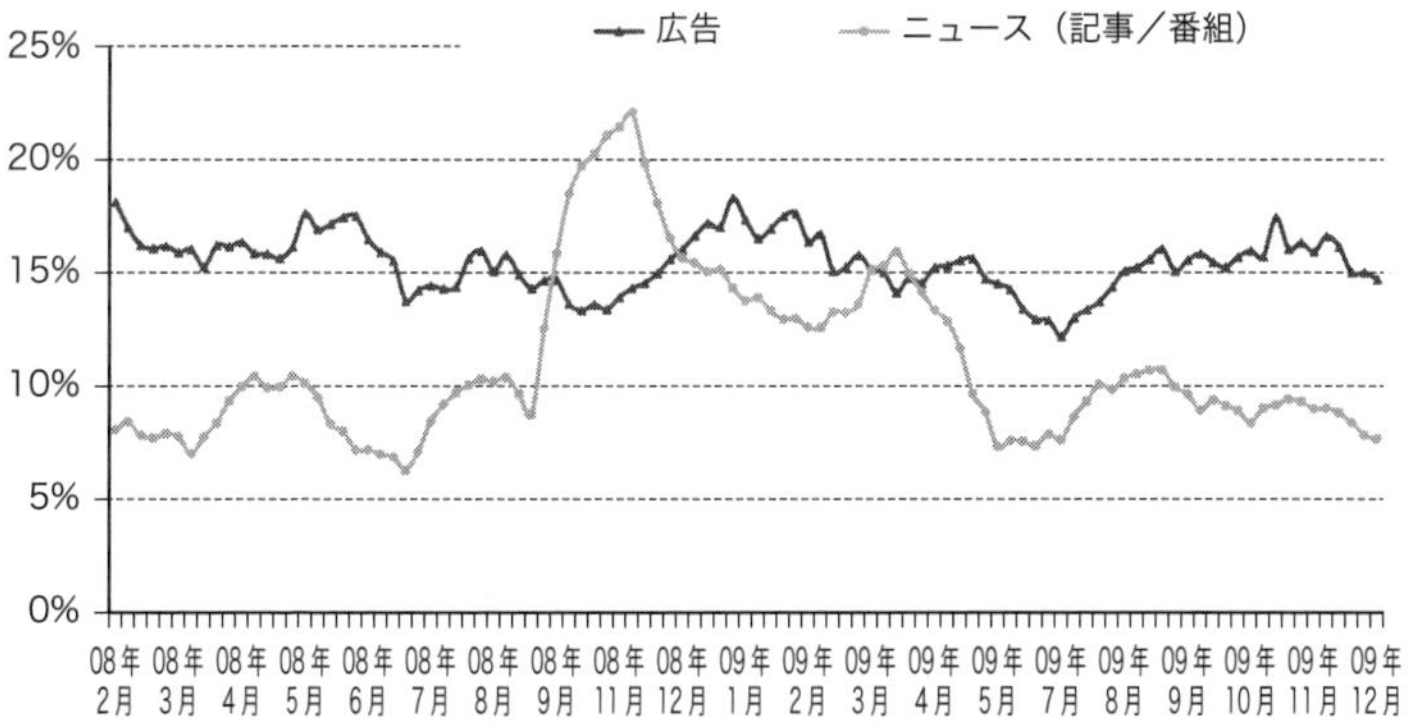

（出所）　ケラー・フェイ・グループのトークトラック（TalkTrack®），2008 年 2 月～2009 年 12 月。

調査によると、ふだん金融機関に関連したクチコミを最も多く発生させるのは広告であり、ニュース記事は2番目である。しかし、とりわけこの危機における最悪の時期には、ニュース記事によって金融機関に関連したクチコミが急増し、広告の効果を上回った。金融機関は、このとき明らかにクチコミをコントロールすることができなくなっていたのである。そして当然のことながら、これらニュースに関連した会話には、ポジティブな会話よりもネガティブな会話の方が多かった。危機のピーク時には、ニュース報道に関する会話の約半分が金融機関や金融ブランドに対するネガティブなものであり、ポジティブな内容は3分の1以下だった。ネガティブなニュース記事が、金融会社についてのネガティブな消費者のクチコミを増幅させていたのである。

それでは、金融機関の広告に関連した会話はどうだったのだろうか。[13] これもネガティブに変わったのだろうか。この疑問の答えは驚くべきものだった。分析を手がけたケラー・フェイ・グループと、メディア代理店のメディアベスト社によると、銀行に関連した広告を顧客が見たとき、その会話の大部分はポジティブな内容であった。

図表 8.4
2008～2009 年の金融危機において，ニュースに基づいたクチコミの方が，広告ベースのものよりも厳しい内容だった

メディア／マーケティングからの引用を含む金融ブランドについてのクチコミのうちの，ポジティブな会話の割合（8 週間の移動平均）

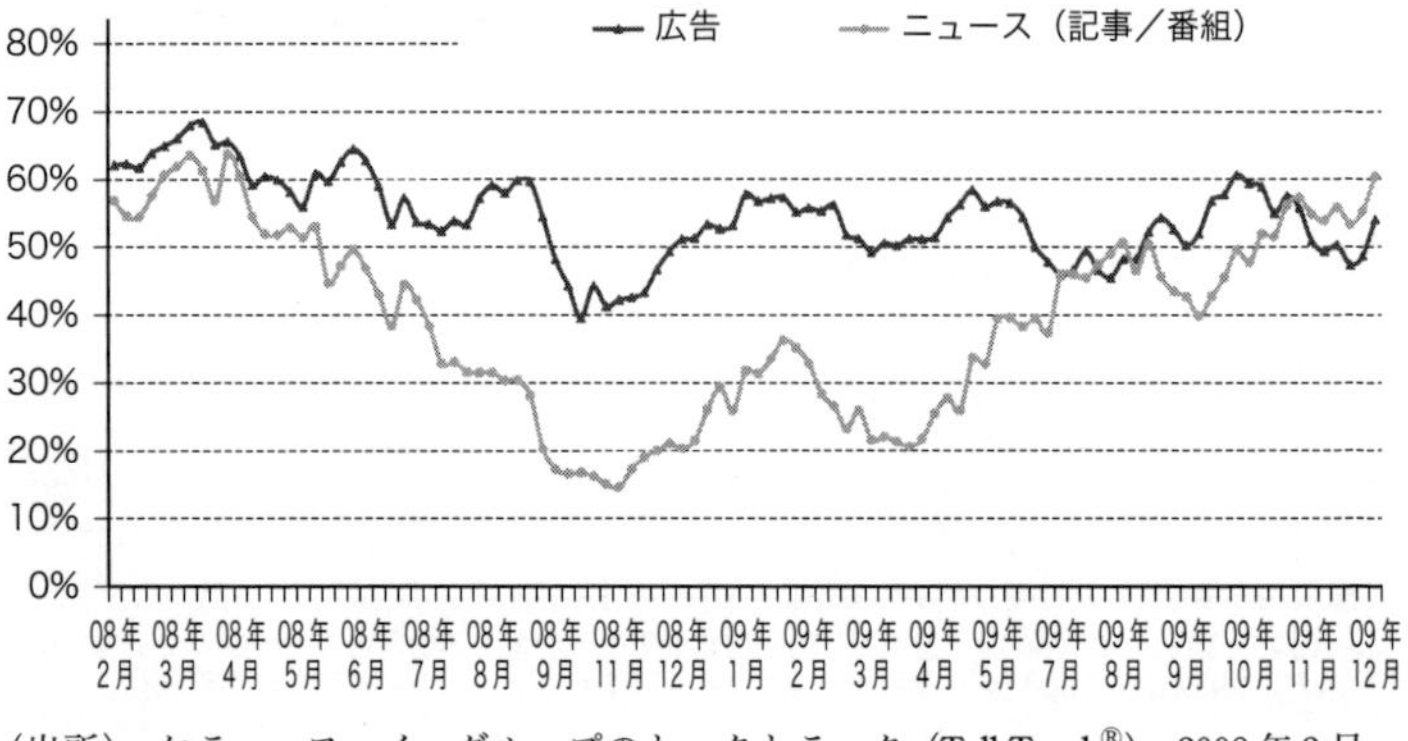

（出所） ケラー・フェイ・グループのトークトラック（TalkTrack®），2008 年 2 月～2009 年 12 月。

金融危機が最も悲惨だったときでさえ、広告の影響を受けた会話の50％はポジティブであり、逆にネガティブな会話は20％であった。危機の前ほどポジティブではないとしても、それでも広告には、危機の最中ですらネガティブなクチコミに対する砦の役割を果たす能力があるように思われる。

これはとても重要な洞察である。なぜなら、このとき事実上すべての大手金融機関は、広告を続けるか、あるいは金融危機の間は広告を削減するかという苦しい決断を迫られていたからである。広告費を削減すべきという主張には「供給量が細っている資金を節約すべき」「会社の大株主になりうる納税者と政治家を敵に回すことは避けるべき」「脅威に備えて慎重であるべき」「いずれにせよ人々は広告など受け入れないし、説得もできないのだから無駄な出費は避けるべき」など多種多様な意見があった。

そのような中でクチコミから恩恵を受けたのは、広告費を維持した企業だったのである。ケラー・フェイ・グループがメディアベスト社とともに分析したデータによると、広告費を維持または増額した企業は、「クチコミによる危機」が軽いもので助かり、また回復も早かったことがわかった。これは、広告というコントロール可能なコミュニケーションを通じたメッセージによって、ネガティブな報道に対抗できたからである。このような状況における最良の広告とは、危機や顧客のストレスを認めるだけでなく、安心感を与えるような広告であった。

私たちが分析した企業の中で、広告を維持または広告費を増加したのは「ＢＢ＆Ｔ銀行」「チェビー・チェース銀行」「イートレード」「ハートフォード」「Ｍ＆Ｔ銀行」「モルガン・スタンレー」「リージョンズ銀行」「スコットトレード」「シェアビルダー」「サントラスト銀行」「ＴＤアメリトレード」「US銀行」であった。チャールズ・シュワブやJPモルガン・チェースは、広告のメッセージを顧客を安心させるものに変更した。シュワブはすべての広告に「私には少しのお金と、たくさんの疑問がある」というキャッチコピーを入れた。チェースは「前へと進む道」というスローガンを強調したキャンペーンを行った。その結果これら二つの企業は、金融危機の最中での広告は「通常通り」ではないことに気づいた。彼らは消費者が新たに直面している現実に合わせて、非常に低下していた「安心」を与えるために広告を調整したのである。このころ安定して広告を出稿していた金融機関は、2009年の四半期の初めには、クチコミという点では、すでに危機を脱していた。しかし広告費用を大幅に削減した金融機関は、さらにもう1年間ネガティブなクチコミに苦しむこととなった。これらの例からは、「クチコミの時代」であっても、広告は消費者の会話の舵取りをするために不可欠な役割を担っていることが明らかだということがわかる。しかし多くの金融機関のマーケターは、危機の最中で、これほどにも価値のある広告というツールを手放してしまったのである。

■ アクセルペダル問題の危機

米国の自動車産業も、この大不況の中で、苦境に立たされていた。ゼネラル・モーターズやクライスラーは、政府の主導によって倒産の手続きをとり、救済措置を受けることになった。私たちの調査によればこの二つの企業には、数カ月前に金融機関が経験したものと似た力学が働いていたことがわかった。

しかしトヨタが経験した危機は、これら2社とはまったく異なるものであった。この事例からは、ネガティブなクチコミによって深刻な危機に直面したときに、どのようにして立ち直ればよいかという教訓を学ぶことができる。

２００9年末から２０１０年初頭にかけて、トヨタはブランドにとって起こりうる最悪の問題に直面した。顧客が大怪我をしたある事故について、トヨタ車の欠陥に原因があるとマスコミが非難したのである。一層悪いことに、トヨタは当初問題を認めるまでに時間がかかり、社会的関心事への対応が遅いと思われてしまった。[14] トヨタがこの事態への対応を開始し、問題の全貌が明らかになったのは、２０１０年1月に同社が二つの主要な車種のリコールと、1週間の販売中止、および生産停止を発表したときであった。２０１０年2月5日、トヨタ自動車株式会社の豊田章男社長は、同社製品の信用の低下について謝罪を行った。また同年2月24日には、米国下院本会議の公聴会の開会前に再び謝罪した。[15]

この事件に対する消費者のクチコミの反応は速かった。2～3カ月の間にトヨタに関するクチコミは週に７２００万から、週1億２３００万と2倍近くに跳ね上がり、また会話における感情は急激にネガティブへと変化した。トヨタに対するポジティブな会話は、危機前の約70％から30％以下へと低下し、ネガティブな会話は、10％以下から40％以上に上昇した。また危機前の平常時において、消費者は週に４００万以下のトヨタに関する会話に触れていたのに対して、危機の最中には、週５０００万ものネガティブな会話に触れることになった。

トヨタは見事に最悪な状態からほぼ完全に回復した。[16] ２０１０年11月までに、トヨタに対するポジティブな感情は通常のレベルの70％まで回復し、ネガティブな感情のレベルも10％以下に戻った。しかし人々は以前ほど熱心に、クチコミでトヨタ車を推薦しなくなっていたので、完全な回復まではいかなかった。多くの消費者は友人や家族にトヨタについて語るとき、かつてのように「買いなよ！」と強く薦めるのではなく、トヨタについても「考えてみたら？」などと言うよう

図 8.5
アクセルペダル問題の危機の最中のトヨタに関するクチコミの上昇

週間インプレッション（単位：百万）

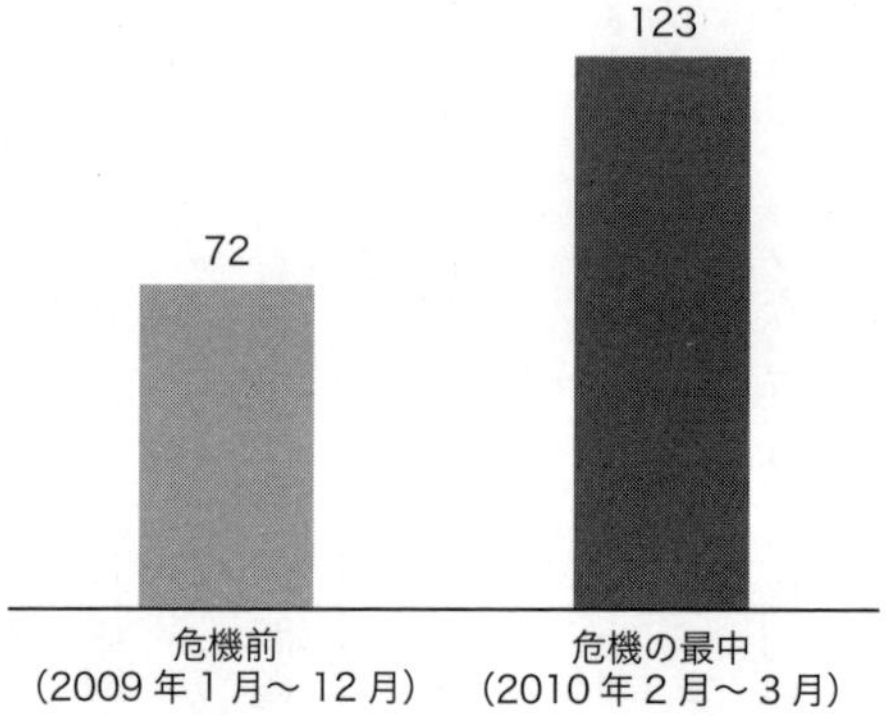

（出所） ケラー・フェイ・グループのトークトラック（TalkTrack®），2009 年 1 月～2010 年 5 月。

トヨタに関するポジティブな会話はかつてないレベルまで低下した

トヨタについての会話の傾向（8 週間の移動平均）

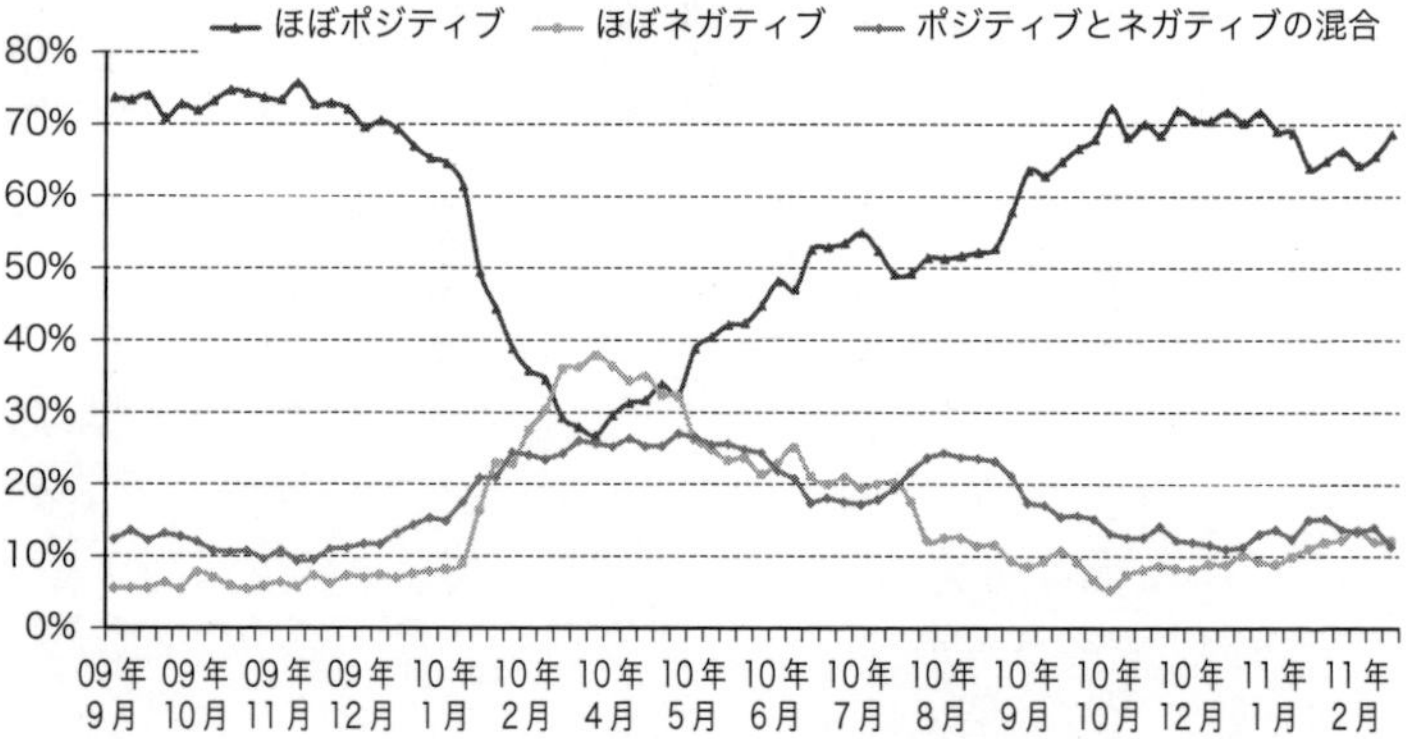

（出所） ケラー・フェイ・グループのトークトラック（TalkTrack®），2009 年 9 月～2011 年 2 月。

になっていた。危機前には５％程度だったトヨタは「やめておいた方がいい」というとてもネガティブな声も、２０１０年末にはまだ約10％も残っていた。

それでも、２０１０年の春から夏にかけての時期のトヨタに対する会話がいかにネガティブであったかを考えると、トヨタの回復は本当にすばらしいものだった。トヨタは会話をポジティブの方向に戻しただけでなく、同社が世界ナンバーワンの地位を維持するに十分な販売量も維持した。なぜそんなことができたのか、という問いに対して私たちは、二つの重要な要因があったと考えている。それは、危機前のトヨタ・ブランドの強さと、危機に際しての同社の効果的なコミュニケーション・プランである。

危機前の２００９年に行った私たちの調査によると、トヨタのクチコミ感情のランキングは主要自動車メーカー19社中２位であった。71％はポジティブな会話であり、ネガティブな会話は５％しかなく、11％がネガティブとポジティブが混合した会話であった。私たちは集計得点として「ネット・アドボカシー」と呼ぶ測定基準を用いている。これはポジティブなクチコミの割合から、ネガティブなクチコミと、混合型のクチコミの割合を差し引いたものである。この基準を使うと、危機前のトヨタのネット・アドボカシー・スコアは55であり、60のＢＭＷに次いで２位であった。自動車メーカーの平均は34なので、トヨタのスコアは非常

図 8.6
トヨタのアクセルペダル問題の危機：クチコミの質は急落したが，その後ほぼ回復した

ネット・アドボカシー（ポジティブから混合とネガティブなクチコミを引いた値のこと），危機前，中，後で計測

	ネット・アドボカシー	順位（自動車会社の中で）
危機前（2009 年 1 月～ 12 月）	55	2
危機の最中（2010 年 2 月～ 3 月）	25	19（最下位）
危機後（2010 年 9 月～ 2011 年 2 月）	46	5

（出所）　ケラー・フェイ・グループのトークトラック（TalkTrack®），2009 年 1 月～2011 年 2 月。

に高かったということができる。この最悪の危機によって、トヨタは他18社の後塵を拝しリストの最下位となってしまったが、1年後には再び5位という高いランクへと返り咲いた。

長年にわたり私たちは、トヨタをクチコミの成功事例として、スピーチやワークショップで紹介してきた。トヨタは語るべき価値のあるブランドである。なぜならトヨタは、ロイヤルティが高くモチベーションも高いアドボケーター（支援者）を育成することにとても長けているからである。そしてこのようなアドボケーターが中心になりつつ、その周囲の消費者も巻き込みながら、トヨタ製品について（たとえば、評判の高いトヨタの製品の信頼性、環境にやさしいハイブリッド車とその特徴、あるいは進歩的なデザインや安全評価等について）消費者同士が会話をするチャンスを作り出すのである。トヨタとほぼ40年来のつきあいであるロサンゼルスの広告代理店「サッチ・アンド・サッチ社」によると、トヨタはその強力なマーケティングやブランディングとクチコミに助けられて、この危機から立ち直ることができたのだという。

トヨタに30年務めているティム・モリソンは、米国トヨタのマーケティング・コミュニケーション部門のマネジャーである[17]。彼はニューイングランド地区のジェネラル・マネジャーだった2001年にクチコミ戦略を用いたキャンペーンを実施して以来、長い間クチコミによる広告の効果を信じてきた。当時、自動車メーカーの広告の多くが、割引や価格のプロモーションなどの短期的視野に基づく内容を訴えていたなか、彼らのチームは「販促ではなく商品を売る」ためのキャンペーンを探していた。何年もかけて築き上げた多くのきわめて高いロイヤルティを持つ顧客基盤と、製品そのものへの自信から、モリソンのチームは、キャンペーンのテーマを「トヨタ・ユーザーに聞いてみよう」に決めた。このキャンペーンのねらいは、トヨタについて会話をしてもらうことだったが、モリソンはそのような会話は必ずトヨタ車を買うことの強い推奨につながるという自信があった。結果として、ニューイングランド地方におけるトヨタの市場シェアは２０００年には12〜13％であったものが、２００７年までには約２倍の22〜24％となり、自動車ディーラーの中で1位になった。モリソンはこの結果について、他の要因もさることながら、キャンペーンのおかげだったと考えている。

モリソンはニューイングランドにおいて「トヨタ・ユーザーに聞いてみよう」というようなキャンペーンが可能であった理由として、トヨタというブランドが、常に高い水準を達成し続けることや、改善と革新を続けることを、有名な経営理念である「トヨタ・ウェイ」の中心に据えていたことをあげている。[18]「トヨタ・ウェイ」の基本的要素には、勇気と創造力を持って困難にチャレンジすること、改善し続けること、現場主義、慎重な意思決定、人々に対する尊敬とチームワークを大切にすること、などが含まれている。企業がこのような方針を守っていることも、トヨタの顧客が同社に対して非常に強いロイヤルティを持っていることの理由の一つであり、そしてこのことが企業にとってどれほど価値のあるものなのかは、今回のトヨタ危機のケースでもよくわかる。

モリソンは「トヨタ車のユーザーは少し立ち止まったものの、トヨタから離れませんでした。彼らは数十年間にわたってトヨタとポジティブな経験を共有してきましたから、危機についてのネガティブなニュースを読んだときも、自分自身のトヨタ経験と、今回の危機を、切り離して考えることができたのです」と2011年6月に語った。モリソンは、トヨタ車のユーザーでない人々は、危機の間「買い物リストからトヨタを消したかもしれません」と認めながらも、「トヨタに乗っていた顧客はトヨタを見捨てなかったし、推奨することも辞めませんでした」と述べた。モリソンは、長いつきあいでロイヤルティの高い多くの顧客基盤を持っていない他の多くの自動車メーカーだったら、今回トヨタが経験したような危機を、トヨタのように効果的に乗り切ることはできなかっただろうと考えている。

トヨタ車のユーザーたちは、危機の初期にもトヨタを信じ、サポートしていたという証拠をトヨタは持っている。トヨタはソーシャルメディア・プラットフォームである「ディグ」の「ディグ・ダイアログ」を使って、トヨタ車のオーナーや、トヨタに興味を持っている人々が、「米国トヨタ自動車販売」の社長であるジム・レンツに質問することができるようにしていた。[19]「ディグ」は人気のある質問順にランクづけをすることができる。そして最も人気があった質問は、「レンツはどの車種に乗っているのか」や「トヨタの電気自動車の未来について」など、危機とは無関係なものであった。六つの質問中、リコール問題に関連した質問が二つだけであったことからも、トヨタのオーナーたちがリコール問題以外にもいろいろなことに関心を持っていたことがわかる。

このような高いロイヤルティを持った顧客基盤に加えて、トヨタが危機から立ち直ることができたのは、危機の真っ只中から事後にかけて、同社が行ったコミュニケーションに関するいくつかの重要な意思決定のおかげでもあるとモリソンは言う。それらは以下のようなものだった。

・高水準の説明責任：　ＣＥＯが公的に謝罪し改善を約束した。
・幅広いコミュニケーション：　トヨタは、製品広告を維持しつつ、ブランド広告を大幅に増加した。カンター・メディア社によると、このときにトヨタの広告費は全体で約40％増加した。特筆すべきことに、トヨタは２０１０年冬期オリンピックの開会式に大勢の聴衆が集まった機会を活かして、「私たちは今まで、皆さんが期待していた基準にも、そして私たち自身が期待した基準にも応えてこなかった」と語った。
・プロモーション：　既存顧客を維持する手段として、トヨタは60カ月の無利息ローンを提供し、これは「感謝の気持ち」を形にしたプログラムであると説明した。
・草の根コミュニケーション：　全国のディーラーが、顧客の質問や心配事に答える機会としてオープンハウスのようなコミュニケーション・イベントを彼らの地域で開催できるように、特別基金をディーラーに分配した。また、新しく車を購入してくれる顧客を引き付けるために、「ベスト・バイ」「バスプロショップ」、音楽祭などの場所で、頻繁にイベントを行った。
・ソーシャルメディアによって顧客とつながる：　「オート・バイオグラフィックス」という名称のマーケティング・プログラムを実施した。これはトヨタ車のオーナーたちが、自分が乗っているトヨタ車とのこれまでの関係を語るという、顧客創造型コンテンツであり、彼らのアドボカシーを高めるものであった。トヨタのソーシャルメディア施策を率いてきたキンバリー・ガーディナーによると、この新しいプラットフォームは、ちょうど危機が発生したときに立ち上がったことで、トヨタ・ユーザーの人々が自身を表現する場所となったという。彼女は、危機の最中にニュースではまったく異なる報道が流されているときでも、彼らがどれだけトヨタを愛しているかについて自由に会話できるようにして、「私たちは、そこにあまり介入しないようにした」と語っている。熱心なファンが投稿した話の中には、顧客による本物の推奨として、同社の「カムリ」や「カローラ」のテレビコマーシャルや印刷広告で使用されたものもあった。

ただし、ここまで徹底的なコミュニケーションを行うことが、自動的に決まったわけではなかった。危機に対処している他の会社と同様に、トヨタもまた、最も効果的に経営資源を投入するにはどうするべきなのか、そしてこのようにネガティブなニュースが流れている最中にそもそもコミュニケーション・キャンペーンを行うべきなのか、などの決定に関してとても悩んでいた。トヨタの広告代理店を1974年から務めているロサンゼルスのサッチ・アンド・サッチ社は、トヨタの主要な広告投資の意思決定において重要な役割を担ってきた。このケースのことは、ケラー・フェイ・グループがクチコミ調査に基づいて刊行した二つの論文に詳しく書いてある。最初の論文「Advertising amid Crisis」［危機のまっただ中の広告］では、本章の初めでも説明したように、トヨタに対するネガティブなニュース報道によって、クチコミがどれほどネガティブに変化したのかの推定値が示されている。二つめの論文は、メディア会社であるユニバーサル・マッキャン社（UM）による統計分析と関連するものである（第5章を参照）。この分析においてマッキャン社は、クチコミを1％変化させるのに必要なコストを見積もっている。サッチ社の「マーケティング投資収益率（ＲＯＩ）」チームは、自社に関するネガティブなニュースは、競合他社が広告に大量の投資をするのと同じ効果があるということをみつけた。[20] 二つの論文のデータを統合することにより、トヨタに関するすべてのニュース報道がもたらすネガティブな値が推定可能となった。サッチ社の幹部によると、それは約19億ドルであった。

トヨタのモリソンとサッチ・ロサンゼルスの何人かの上級管理職によると、この結果が、ネガティブなニュースを相殺するためにブランド・メッセージの発信を増やすようにトヨタを説得する決め手となったという。危機後のほんの数カ月で、クチコミがすぐに再びポジティブに戻ったところを見ると、彼らの施策がうまくいったことがわかる。

■ネガティブなクチコミの利点

金融業界やトヨタの例が示すように、ネガティブなクチコミはこれを回避し、また最小限に抑えるべきものである。しかし、ネガティブなクチコミはマーケターに大事な教訓を与え、改善の方向を指し示すという意味では価値がある。

第7章でも述べた「バザーボイス社」のソフトウェアは、「サムスン」や「プロクター・アンド・ギャンブル」（Ｐ＆Ｇ）のような巨大企業のサイトや、「ベストバイ・ドットコム」や「ウォルマート・ドットコム」のような主要ネット通販サイトに、オンライン評価やレビューなどの機能を提供している。

つまり同社は、ネットで買い物をした顧客に対して、製品を買ったサイトやメーカーのサイトにすぐに感想を投稿できる機会を提供しているのである。レビューは、購入された製品と正確にひもづけされており、標準的な1～5つ星評価によるスコアに加えてコメントも投稿できるようになっている。これらのレビューは、クライアント企業だけでなく、すべてのサイト訪問者が利用できる。

ネガティブなクチコミに対するマーケターの恐れは、設立当初からバザーボイス社にとっての難題だった。[21] マーケターが、顧客の否定的な意見を公開したがるだろうか。マーケターにとっては、ネガティブなレビューは抑制したいという強い誘惑があるのではないだろうか。バザーボイス社の共同創設

図表 8.7
消費者による製品評価の世界比較

消費者の平均値（5 段階評価）

順位	国	平均値
1	チリ	4.5
2	プエルトリコ	4.4
3	オーストラリア	4.4
4	ニュージーランド	4.4
5	メキシコ	4.4
6	英国	4.3
7	ドイツ	4.3
8	アイルランド	4.3
9	米国	4.3
10	カナダ	4.3
11	韓国	4.3
12	ベルギー	4.2
13	フランス	4.2
14	ニュージーランド	4.2
15	ノルウェー	4.2
16	ブラジル	4.1
17	日本	4.1
18	インド	4.1
19	スイス	4.1
20	オーストリア	4.1
21	スウェーデン	4.1
22	デンマーク	4.1
23	フィンランド	4.1
24	中国	4.0
25	イタリア	4.0
26	ポルトガル	3.9
27	スペイン	3.85

（出所） バザーボイス社。

者でCEOのブレット・ハートは、彼の会社は宗教や民族に対する否定や冒涜などのコメントは編集するが、悪いレビューを押さえつけたりするようなことは決してしないと言う。もちろんハートは、ほとんどの新しいクライアントが、最初はネガティブなレビューのリスクを懸念することも知っている。

ところが全体的に見ると、ネガティブなレビューが問題となるケースはどちらかというと少ないのである。世界中どこでも、製品レビューの約80％は、５つ星中４もしくは５個の星をつけられる。これはケラー・フェイ・グループの「クチコミは基本的にポジティブ」という発見を裏づけている。図表８・７は、27カ国の消費者レビューに関する「バザーボイス」のデータを示したものである。表に示されたように、平均値が最も低いのはスペインで３・85、最も高いのはチリで４・５であった。米国は最もレビュー数が多く、平均値は４・３であり、真ん中より上に位置していた。

ほとんどの消費者レビューはポジティブであるが、そうでないものもある。ハートは、これらのネガティブなレビューは「贈り物」であると思っている。実はこれは、メイン州に拠点を置くアウトドア衣料企業であるL・L・ビーン社の考え方である[22]。バザーボイス社の顧客であるL・L・ビーン社は、１９１２年にメイン・ハンティング・シューズの発明によって創業して以来、卓越した顧客サービスの伝統を持っている。当初からこの企業には「私たちの製品は常に１００％の満足を保証します。もし私たちの製品に満足できなかった場合は、どの製品でも、そしていつでも返品してください。満足できないL・L・ビーンの商品を、あなたに持っていてほしくないのです」という有名な保証があった。

通常の使用による損耗のために破れたり壊れたりした製品を交換する会社があるなど信じがたいが、

L・L・ビーンはやるのである。L・L・ビーンのCEOであるスティーブ・フラーは、2011年の「バザーボイス」のクライアント向けカンファレンスで、「私たちは、顧客が保証内容を決定する、きわめてめずらしいブランドの一つです。私たちは保証期間を設けません。それが公平であるかどうかはあなたが決めてください、私たちはそれに従います」と話した。

このような保証に加えて、同社には顧客にフィードバックを求めようとする伝統がある。創設者であるレオン・レオンウッドは1936年に「私たちは商品やサービスに対する批評を、その内容が好意的か否かにかかわらず歓迎します」と述べている。この戦略の一部として、創業の地であるメイン州に、コールセンターで顧客サービスを担当するすべての社員を集めることも行われている。CMOのフラーによれば、このイベントは「バンガロールではなく、バンゴーに」という標語のもとで行われた「バンガロールはインドのハイテク産業都市であり、バンゴーはメイン州にある都市である。この標語は、コールセンターの多くが米国内ではなく、人件費が安く英語が通じるインドにあることを意識している」。

創業者であるビーン氏は、その後インターネットが発明され、ものすごい規模とスピードで顧客からのフィードバックが集まる日が来るとは思ってもいなかっただろう。しかしL・L・ビーンの現在の管理職たちと同様に、彼もまたこれを喜んで受け入れたであろうと想像することができる。同社はバザーボイス社を通して30万を超える評価やレビューを集めており、これをさまざまなことに役立てている。もちろん、それらは次の顧客が購入意思決定に役立てるためにウェブサイト上で利用することもできるし、また広告にも使われている、たとえば最近の広告では「私、このドアマットを愛してる。ドアマットを愛するのは間違っているかしら？」というコメントが使われた。

評価とレビューを集計した報告書は、財務業績指標とともにマネジメント・ツールとして、毎週月曜日に社内の担当マネジャーに渡される。そして木曜日には「勝者と敗者」という報告書が発行され、ベストの商品とワーストの商品が明らかにされる。中でもとりわけ興味深いのがネガティブなレビューである。

フラーによれば、星1つか2つのネガティブなレビューが6個投稿されたときが、マネジメント上なんらかのアクションを起こすべき閾値だという。まずネガティブなレビューが5個以内で投稿されたときには、関連分野のマネジャーが責任を持って顧客に対応し、問題を解決する。ウェブサイトやカタログにおける製品表現の間違いが発見された場合には、即座に修正される。

もし、6個以上のネガティブなレビューが投稿された場合は、次の段階へと進み、以下の三つのいずれかをとることになる。(1)製品価値に対して価格が高過ぎたので、価格変更をする。(2)L・L・ビーンの基準を満たさなかった製品であるので、在庫品をチャリティーで配る。(3)レアケースではあるが、L・L・ビーンの名前をつけて配れるレベルにすら達していない製品であるため、製品をすべて廃棄する。L・L・ビーンは2010年に総額50万ドル分もの商品を廃棄したが、そのすべての理由が、製造元企業の品質が同社の要求した仕様を満たさなかったことだった。「製造元に対しては、いくつかのネガティブなレビューを突きつけるより強力な説得方法はありません」とフラーは言う。

オンラインの評価やレビューのおかげで、顧客にすばらしいカスタマー・サービスと満足を長年提供してきたＬ・Ｌ・ビーンは、インターネット時代である今も、その伝統を拡張している。しかしオンラインのレビューは、Ｌ・Ｌ・ビーンのような伝統的企業だけでなく、デルのような新しい企業にとっても、悪評からの回復において非常に重要な役割を果たしたのである。

■ デルにとっての天国を探す

本章は「デルは地獄に堕ちろ」と言われた事例、すなわちあるブログから始まった危機がきっかけで、ソーシャルメディアから得られるフィードバックに対する同社のマネジメントが進歩したという事例から始まった。２００５年に生じた最初の危機の翌年、デルは顧客サービスと顧客育成への大規模な投資を行い、当時消費者生成メディアと呼ばれた新しい現実の受け入れにおいて、他社に先んじた。

デルは２００７年までに、さらにまったく新しいレベルに挑戦することを決めた。[23] アレックス・グルーゼンは、２００４年から２０１０年にかけてデルで中小企業向け製品群を管理していたときに、「バザーボイス」の顧客となった。アマゾンのようなネット通販企業が評価とレビューを提供したいと思う理由を、グルーゼンは初めからよくわかっていた。ネット小売業が扱う製品は自社のものではないうえに、レビューは買い物客がどの商品を買うかをすばやく決めるために非常に役立つからである。しかし、デルが評価やレビューを自社サイトに掲載する理由はあまり明確ではなく、むしろリスクが高いように思えた。なぜならデルの場合、すべての製品はデルのものであり、そしてそのうちいくつかに対しては必ずネガティブなレビューを書かれるに違いなかったからである。

グルーゼンは、自社製品に星３・２の評価のものがあることを知ったとき、「最悪の瞬間」を経験したという。彼は、そんな製品を「誰が買うのだろう？」と不思議に思った。このときデルには二つの選択肢があった。ネガティブなレビューをすべて消して信用を失うか、もしくはフィードバックをリアルタイムに取り入れ、製品評価を確実によくするために、すべてのマネジメント・プロセスを変えるかであった。デルは後者の戦略を選んだ。

この意思決定はいくつかの理由からきわめて重要だったが、そのうち第一は信頼の問題であった。一般的に消費者は、ネガティブなレビューがまったくない製品をネット上でみつけると、その製品に対するポジティブなレビューがはたして本物なのかを疑い始める。少数のネガティブなレビューがあると信頼性は増すし、人々のさまざまな意見が読まれるようになるのは事実である。ネガティブなレビューを削除せずに、きちんと見せることは倫理的なことであるし、法に沿ったことでもあるだろう。WOMMAとFTCはいずれもオンライン上の消費者意見に関するガイドラインを公表しているが、どちらもクチコミの透明性と真正性を強く求めている。そしてまた、私たちもこれと同じ立場をとっている（詳しくは第7章のクチコミ倫理の箇所を参照のこと）[24]。

デルにとって、オンライン評価とレビューの世界に飛び込んだことは、社内に革命を起こすことにつながった。２００８年にはデルの全製品の評価の平均は、わずか星３・７個であった。グレーゼンは２００９年までに、これを４・０にすることを目標にし、達成した。さらにデルは２０１０年上半期に

4・3、同年下半期に4・5にすることを目標とし、いずれも達成した。これらは役員のマネジメント目標として組み込まれていた。グルーゼンは、企業を変革することは簡単ではないことを認めている。変革のためには、企業文化も変わらなければならない。目標を達成するためにデルは「ファイブスター・チャレンジ」という試みを開始し、すべての製品チームが、評価の平均が星4個から5個になるようなプランを作ることを求められた。グルーゼンと彼のチームは、消費者からのフィードバックを製品開発プロセスに組み込んだのである。「私は20年間製品開発を行ってきました、特定の製品に対するフィードバックが、それに基づいて行動することができるほど速く戻ってくることは、いまだかつてありませんでした。フィードバックが10日以内に戻って来るということは、新製品の製造開始から1カ月以内に、その製品を工場で修正することが可能となることを意味しています。他社にいたころ、私たちは各分野で必要とされる保証部品数によって品質を測定していました。しかし顧客のフィードバックの力に気づいてからは、品質測定基準の中心を5つ星評価と、リアルタイムで送られてくるフィードバックの内容に変更しました。バザーボイス社には、フィードバックのための仕組みがありましたので、それに沿って私たちは問題の原因を発見し、新製品チームにその情報を提供しなければなりませんでした。これによって、製品の改善の様子をリアルタイムで見ることができるのです。製造し始めた年のうちにその製品を修理、改善できることは、大きな進歩です」とグルーゼンは述べた。

ネガティブなクチコミは、あなたが思っているよりも稀である。しかし、もしネガティブなクチコミが投稿されたら、それを恐れずに受け入れるべきである。ネガティブなクチコミにきちんと反応し、正しく対応するために、その根本原因に対して賢明な意思決定をする必要があるし、また自由に使えるツールを的確に活用することも必要である。デルのグルーゼンも、バザーボイス社の創立者であるブレット・ハートに同意して「顧客からのネガティブな情報は、あなたへの最高の贈り物である」と述べている。

第9章　Imagining a New Social Marketing

新しいソーシャル・マーケティングをイメージしよう

私たちは本書を通して、会話が自然に弾むことがすべてのマーケティングで重要な成功要因であることや、どんなマーケティングでも、どんなチャネルでも、ソーシャルな影響力を持つ可能性があることを述べてきた。またソーシャルであるということは人間としての基本であることや、日々の生活における意思決定が、いかに他者から影響を受けているかについても見てきた。さらにソーシャル・マーケティングの機会は、マーケターが今日使うことのできる膨大な数のソーシャルメディア・ツールをはるかに遠く超えて、さらに拡大していることも見てきた。オンラインのソーシャルメディアは、日々の生活の中で起きる製品やサービス、ブランドに関する膨大かつ幅広い会話のうちの、ほんのわずかな部分を引き起こす原動力となるに過ぎない。すべての広告、パブリック・リレーションズ、ダイレクト・マーケティング、プロモーションやカスタマー・サービスは、ポジティブなクチコミ、アドボカシー、そしてソーシャルな影響を受けた意思決定を生み出すために使えるし、使われるべきである。情報やメッセージは、第1段階としてまずマス・コミュニケーションによって受け手に伝えられ、次に第2段階としてそれらの受け手から周囲の人々にパーソナル・コミュニケーションによって伝えられ共有される（そして、さまざまな購入の意思決定に用いられる）といういわゆる2段階流れ仮説の中に位置づけて理解されるときに、マーケティングや広告は最も効果を発揮するのである。

クチコミやソーシャル・マーケティングに取り掛かり、実行するのは、事実上組織のどの部門でも可能である。しかし、このことが、経営におけるさまざまな戦略的課題や実践的課題を生み出すことになる。新たな戦略的機会に直面したとき、多くの組織は直感的な解決方法として、「これを実行するために専門のチームが必要だ！」と声をあげてしまう。そして、ほとんどすべての場合、これは、誰が主導権をとるのかという問題につながる。一体、どの部署に任せるべきだろうか。事実、「クチコミは誰のものか？」とか、あるいはもっとよく目にするものとして「ソーシャルメディアは誰のものか？」といったタイトルで、驚くほど多くの記事やブログが書かれている。[1] 企業にとって、この問題に答えを出すことは難しく、縄張り争いや予算獲得競争を引き起こしてしまう。その結果、よりソーシャルになれたであろう機会を活用し損なってしまうことになる。

私たちはこれまでの業務の中で、クチコミやソーシャル・マーケティングを、パブリック・リレーションズ部門、デジタル・マーケティング部門、顧客サービス部門が担当する企業を見てきた。顧客リレーションシップ管理部門や製品サンプル部門が担当する企業や、市場調査部門が担当する企業も見てきた。また、これら以外の部門がクチコミ・マーケティング戦略を策定したり、クチコミ・ツールを使用したり、あるいはクチコミ・マーケティングの代理店を利用することに対して、上述した部署が拒否権を持っている企業もいくつかあった。クチコミやソーシャル施策を担当するすべての代理店に対して、自社のニーズを満たす能力があるかどうか評価するための、長期的で、時には痛みを伴う査察を行った企業も多かった。私たちの意見では、このような方法は官僚的であり、組織が本気でソーシャル・マーケティングを取り入れ、成果を最大化させることを妨げてしまってきたと考えている。

このように述べると、上述した部署のほとんどから強いクレームが来るだろう。たとえば広報部門は、クチコミはアーンドメディアであるから、そのマーケティングは誰かが話題にしたくなるぐらいに十分おもしろいものでなければならないと言ってくるだろう。これは広報の内容が、ジャーナリストや編集者がアーンドメディアで報道するに値すると思うくらいおもしろいものであるべきだ、というような考え方と似ている。デジタル・マーケティング部門からは、ソーシャルメディアのツールや技術については、自分たちがいちばんの専門家なのだから、オンライン上で消費者の会話を盛り上げ、管理することについても自分たちが最も適任であると主張してくるだろう。顧客データベースを管理する部門は、自分たちこそが社内で最もよく顧客を理解する資源を持っているので、ブランド・ロイヤルティがあり、アドボケーター（支援者）になりそうな顧客を特定して彼らとコミュニケーションを行うには、自分たちが最適であると主張するだろう。顧客サービスや市場調査部門は、顧客や見込み客とインタラクティブな対話を行う前にマーケターが傾聴をすべきであり、今の時代の顧客の声を聞きとる特別な能力を持っているのは自分たちだと主張するだろう。広告・メディア部門や、彼らをクライアントとする代理店は、伝えるべき価値のある話題を発掘し、届ける最良の専門家はもちろん自分たちだと、理路整然と主張してくるだろう。さらに人事部門ですら、クチコミを担当したいと言ってくるかもしれない。[2] というのも、ツイッターであれサッカーコートの観客席でのおしゃべりであれ、すべての従業員は組織の潜在的な代表になるだけでなく、誹謗中傷者になる可能性もあるので、彼ら全員に対してメディアに関する研修や権限委譲を行うべきである、という理由である。

ソーシャル戦略をどうマネジメントしていくかは重要な課題である。「米国クチコミ・マーケティング協会（ＷＯＭＭＡ）」の会員企業のブランドに対して行った２０１１年の調査では、クチコミ・マーケティングやソーシャルメディア戦略を実施する際の障害について、３分の２が「調整不足である」と回答した。[3]

破壊的技術に特化した調査を元にコンサルティングを行っているアルティメーター・グループが実施した調査では、別の見方が示された。『フェイスブック時代のオープン企業戦略』★や『グランズウェル』★★の著者であり、「フォレスター社」の元副社長でもあるシャーリーン・リーが創業したアルティメーター社は、企業が新しいソーシャル・マーケティングへ最適化する方法について、最先端の考えを持っている。アルティメーター社のパートナーで主席アナリストであるジェレミー・オーヤンは、企業がソーシャル・マーケティングにどのように対応してきたかについて、２０１０年後半に開催されたある討論会で詳しく述べた。[4] 彼は同社が行った調査によって、企業の中でソーシャルメディアを担当する部署は、大きくマーケティング部門（41％）かコミュニケーション部門（30％）に分かれていることがわかったと報告した。また企業が採用した経営戦略を分析し、五つのアプローチがあることを示した。[5] 最

★ ［訳注］ Charlene Li (2010) *Open leadership: How Social Technology Can Transform the Way You Lead*, Jossey-Bass.（村井章子訳『フェイスブック時代のオープン企業戦略』朝日新聞出版，2011 年）

★★ ［訳注］ Charlene Li and Josh Bernoff (2008) *Groundswell: Winning in a World Transformed by Social Technologies*, Harvard Business Review Press.（伊東美奈子訳『グランズウェル：ソーシャルテクノロジーによる企業戦略』翔泳社，2008 年）

初のものは「ハブ・アンド・スポーク」戦略と呼ばれるもので、専門家を中央にサポート役として置き、企業の他の業務ユニットに対してアドバイスを与えるものである。アルティメーター社の調べでは、41％の企業がこの戦略を採用していた。その次に多い（29％が採用）のは、一つの事業部が全ソーシャル活動に責任を持つ「集中化」戦略である。あまり採用されていない（1％）のが、「全体論的《ホリスティック》な」アプローチである。それは「企業の全従業員が、ソーシャルメディアを全組織で安全性に留意し、統一性をもって運用する」という方法である。

全体論的なアプローチをとる企業がほとんどないという事実は、ビジネス界が、これぞソーシャル・マーケティングと思われるものに対していまだ道半ばであることを示している。何らかの戦略をもっている企業は、フェイスブック、ツイッター、ブログ、オンラインにおける顧客レビューといった、ソーシャルメディアに焦点を合わせていることが多い。しかし、すべてのチャネルを含むソーシャルな会話全体に焦点を合わせたり、さらに新しいソーシャルなアプローチのマーケティングを含む、

図表 9.1
ソーシャル・マーケティング戦略の実態：全体論的《ホリスティック》なアプローチを取り入れているのは1％の企業にとどまっている

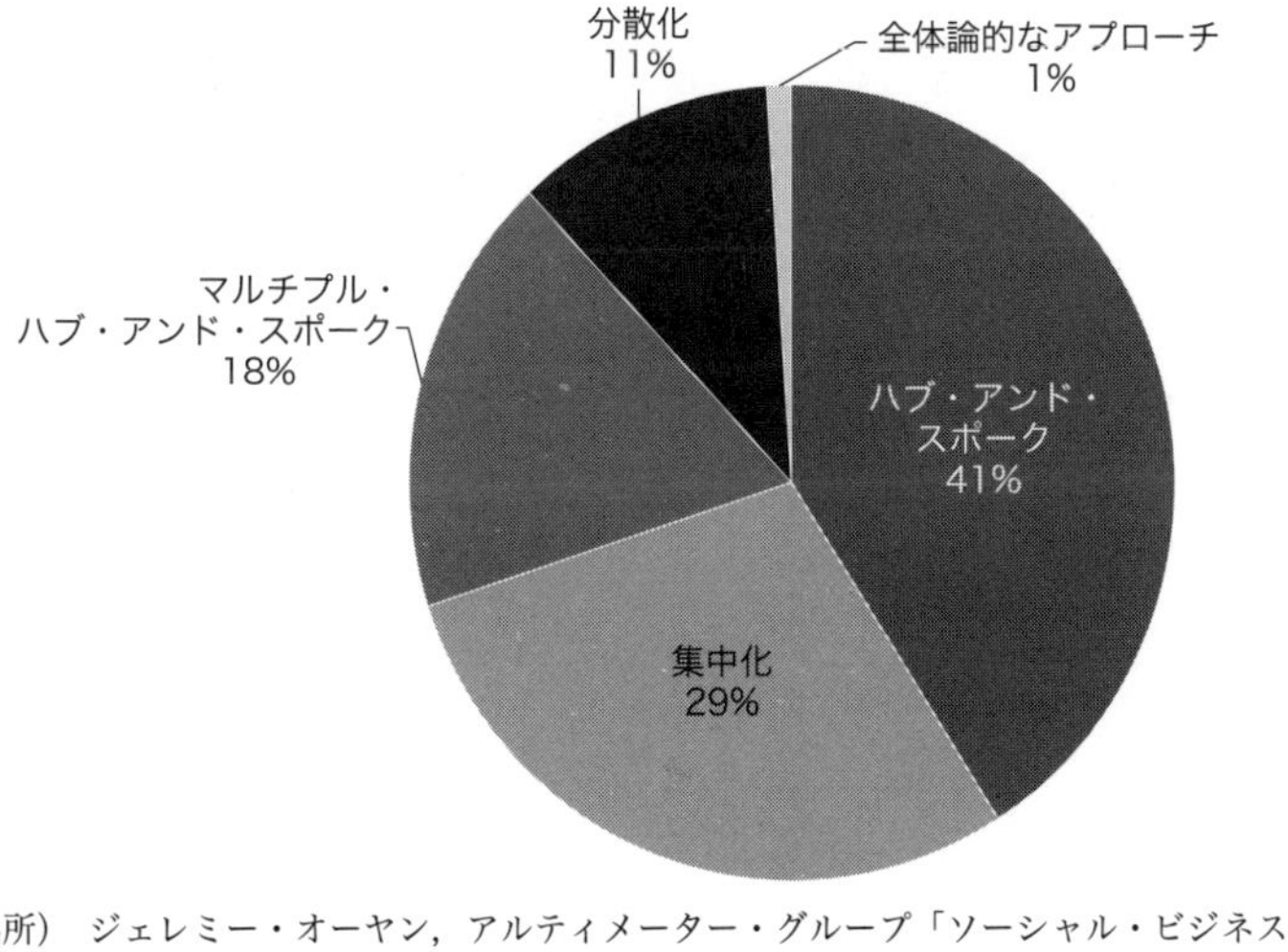

（出所）　ジェレミー・オーヤン，アルティメーター・グループ「ソーシャル・ビジネス予測 2011：総合の年」。

より大きなソーシャル・マーケティングに焦点を合わせている企業はほとんどない。アルティメーター社の調査からは、ソーシャル・マーケティングを誰が担当するべきかという問いへの答えはまだみつかっていないということがわかる。

この問題に関連して、企業内における担当者の問題を一括りに論じることを否定する専門家もいる。やはりアルティメーター社の主席アナリストであるブライアン・ソリスは、新しい「消費者中心型《コンシューマー・セントリック》」マーケティングのモデルに沿って、企業の内部だけでなく、ブランドのすべての顧客や、外部のインフルエンサーもまたクチコミに対して責任を持って取り組むべきだと論じている。[6]私たちはこの意見に同意するが、まだ十分に満足する見解とは言えない。なぜならブランド組織の中において、誰が対外的な責任をとるかに答えが出ていないからだ。責任の所在を偶然に任せてしまうのは、むしろリスキーであるように思われる。

「誰が担うべきか」という問いに対して私たちが確認した別の回答は、企業の最高経営責任者（CEO）や最高マーケティング責任者（CMO）が担うべき、というものである。[7]すべての重要な決定事項は、企業の取締役に責任があるため、この回答に意義を唱えるのは難しいだろう。しかし一般に、彼らは非常に忙しい。彼らがソーシャル・マーケティングを担うべきかもしれないが、うまく実行するには他者への委任が必要であるということもまた事実である。こうして私たちは再び「誰が担うべきか」という最初の問いに戻ってくることになる。

この疑問に対して、私たちは次のように答えたいと思う。ソーシャル・マーケティングとは、誰かが担うべきものではない。むしろ、組織全体でビジネスを進めるのが基本的な方法であり、それゆえ全員で取り組むべきだと考える。このような答えは、もしかしたら責任回避のように聞こえるかもしれないが、じっくり考えたうえでの見解である。私たちはソーシャル・マーケティングとは、いわゆるソーシャルメディアのツールをいくつか導入することよりもはるかに大きなものだと考えている。そしてまた、ソーシャル・マーケティングが、コミュニケーション・チャネルの一つであるとか、あるいは企業における単なる一機能とみなされるべきではないと考えている。ひとことで言えば、ソーシャルな影響とは市場が機能する方法であり、それゆえビジネスが機能する方法とも言える。ソーシャルな影響は哲学となる必要がある。あるいはパラダイムといってもよい。そしてすべてのビジネス分野が、それを受け入れる必要がある。ソーシャル・マーケティングを誰が担うべきかを議論することは、たとえば顧客はいつも正しいとか、企業は株主・地域のコミュニティ・顧客や従業員に責任を持つべきであるとか、収入は支出を上回るべきであるとか、やる気のある従業員はない者より生産的であるといった、大規模な組織が、今日受け入れて、支持している基盤的な真実を誰が担っているかを議論することにやや似ている。これらはいかなるビジネス環境においても、働くための基本として、私たち全員が学ぶことである。

ソーシャルな影響も同様である。つまり全員が、自分が行っている仕事の中に、この考え方を組み込む必要がある。こういった意味において、私たちはアルティメーター社が示した全体論的《ホリスティック》な経営戦略を支持したい。ただし、ソーシャルな影響は「オンライン・ソーシャルメディア」よりも、ずっと広く定義されるべきだと付け加えておく。ソーシャルメディアの熱狂的で急激な成長は、一つのコンセプトとしてソーシャル・マーケティングに注目をもたらした。しかしこのため、何がソーシャル・マーケティングなのか、という点についての私たちの認識も歪められてしまったのである。ソーシャルとは、技術やチャネルではなく人であり、私たちがどのように毎日の意思決定をしていくかということである。

消費者がソーシャルな意思決定をするという真実は、現在もこれからも変わらないことであり、したがって現実のビジネスも、それに沿って計画されるべきである。これがビジネスの常識になるまで、ソーシャル戦略は明示的にすべての部門によって担当されるべきである。もし企業がこの考えを擁護するためにソーシャル・マーケティングの指導者を雇う必要があると決めたなら、その指導者には自由な裁量が与えられるべきだ。そしてその指導者は、ソーシャル戦略や戦術を広く組織全体に、教育し実行していかなくてはならない。

これは、実務的にはどういうことを意味するだろうか。私たちが詳しく観察してきたいくつかの企業のうち、ソーシャルメディアを受け入れるだけでなく、より広くソーシャル化を目指すという理念を組織に埋め込むことができたところは、よりソーシャルなやり方で行うマーケティングを目指すという方向において、うまくやっている。ベスト・バイは、顧客に直接対応する現場の従業員の多くに対して、ソーシャルな思考や目標に集中するトレーニングを実施し、このような企業のソーシャル化を実行した。ゼネラル・ミルズは、ペイドメディアの役割を過小評価するのではなく、アーンドメディアとオウンドメディアにより重点を置く「モダン・キャンペーン」の原理を受け入れることにより、長年にわたって蓄積されてきた同社のソーシャルな資産を活用し、企業のソーシャル化を実行した。キンバリークラークは、消費者同士が会話の中で取り上げる価値があるビジネスのアイデアを強調しながら、より多くのコラボレーションが行われることを目指してマーケティング・プロセスを再構築した。これら3社は、これからも進化し続けていくプロセスの初期段階にあることを認めている。しかし組織を管理し、市場に対応するためには、ソーシャルな影響に重点を置くことが必要だと信じる者であるなら誰でも、彼らの取り組みを見習う価値がある。

■従業員と顧客を結びつけるベスト・バイのトウェレプフォース

第8章で議論したように、デルは、事業を行っていくうえで、ソーシャルな影響が重要な要素であると考えている企業である。約1万人の従業員にソーシャル・マーケティングの研修を実施したところ、同社の顧客満足や顧客支持は劇的に改善した。同様に、電化製品の小売業者であるベスト・バイも、顧客とのつながりを強固なものとするために、小売スタッフを活用している。デルもベスト・バイも、それまで行ってきた経営実践をソーシャル戦略と統合し、これを大規模に実行してきた。

ベスト・バイは、顧客との対面《リアル》の会話の価値を昔から理解していた。[8] このため同社は、十分なトレーニングを施し、丁寧にブランド化された「ブルーシャツ」(同社の戦力である店頭の販売員)とともに、顧客が購入した電化製品の設定やトラブルの解決を援助するために数千人のスタッフを雇用して、ベスト・バイ全店に彼らを配置するギーク・スカッドという子会社に投資を行ってきた。ブルーシャツやギーク・スカッドは、ベスト・バイの売上を1983年の900万ドルから、今日の500億ドル以上に成長させる上で大きな役割を果たした。とはいえ、当然のことだが、こうした販売やサービスの専門家は、自分から彼らに話しかけてきた顧客としか会話を交わさない。

このことについてベスト・バイのCMOであるバリー・ジャッジは、次のように述べている。「私たちはソーシャル・マーケティングを、店舗を超えたブランドの問題として捉えています。たとえば、通常の店舗では、ドアを開けて入ってきた顧客を助けたいと願っていますね。他方でソーシャルの天才というのは、まだ店の外にいるのに、もう家電について会話しているような人をみつけ、その会話に参加して、知識を共有して、手助けをするんです」。

ブルーシャツやギーク・スカッドのようなアドボケーターから手助けしてもらえるオンライン上の場所として、そして他の顧客と交流できる場所として、彼らが「ベスト・バイ・コミュニティ」を立ち上げたのも、これと同じような考えに基づいていた。さらにベスト・バイは、多言語のツイッター公式チャネルや、家電に関する特定の話題を投げかけ、会話を繰り広げ、回答を得ることができるブログも始めた。

2009年7月にベスト・バイは、このような対話の拡大に本気で取り組もうと、「トウェルプフォース」という試みを開始した。これは、すべての顧客サービス担当者が、ツイッター上で誰とでもチャットをしたり助けたりすることができるようにしたものである。同社の大勢のスタッフは、ベスト・バイを訪れた人を助けるだけでなく、他の顧客同士が行っている会話をみつけて、それに参加し、意見を述べて貢献することもできるようになる。ジャッジが言うように、「トウェルプフォースは、『もし顧客が来店したら、私たちは彼らを助けることができる。だったら、店の外にいる人だって助けられるはず』という考えから本当に始まったのです」。

ジャッジは続けて次のように述べた。「ソーシャルであることによって差別化が可能となります。ベスト・バイはブログとツイッターを行っており、これは顧客から理解され、評価もされています。しかし、これらはまだ小さなことに過ぎません。これらは顧客の理解を得るための中心ではないのです。『トウェルプフォース』は、もっと色々なことができるプラットフォームです。私たちは、『トウェルプフォース』で年間ダイレクト・マーケター賞を獲得しました。また世界で最も優れたデジタル・アイデアとして、カンヌのチタニウム・ライオン賞も受賞しました……ただし、『トウェルプフォース』が多くの消費者を牽引するものであるのは確かなのですが……実際にはもっと内的なツールなのです。私たちはすでにこのプラットフォームを手にしていますし、これがとても興味深いものであることも明らかです。しかし、何につけてもそうですが、このプラットフォームには、それを通じて企業が何をやろうとしているのかが人々に伝わるようにするために、いわゆる筋力が必要なのです」。

この事例の費用対効果を知るための一つの方法として、ベスト・バイによれば、「トウェルプフォース」・チームは、２０１０年半ば時点で、消費者からの3万通を超える質問に対して回答を行っていたことがあげられる。重要なことは、この結果として、顧客からのクレームが20％以上も減ったことである。なぜなら顧客がベスト・バイのコールセンターへ電話をする前にこの「トウェルプフォース」を見ることで、いくつかの潜在的な不満が明らかになり、問題が解決されたからである。実際にベスト・バイのコミュニティサイトを50万人以上の顧客が四半期ごとに訪れており、その間に2万通以上のメッセージを残している。

ベスト・バイの当初の成功は「トークトラック」の調査からも裏づけられている。ベスト・バイに関するクチコミのうちインターネットのウェブサイトを情報源として引用しているものが、２０１０年上半期に、同社に関するクチコミ全体の約3分の1にまで増加し、前年に比べて2倍となった。この一部は、「トウェルプフォース」が会話チャネルとしてインターネットを使用していることを反映しているだろう。また、同時期においてクレームの減少と歩を合わせるように、ベスト・バイに対する純粋にネガティブなクチコミが減少していたことがわかった。

バリー・ジャッジは、ベスト・バイのクチコミ・マーケティングが、まだ第一歩に過ぎないことを認識している。彼らがこれまでに成し遂げたことは、デジタル・ソーシャル・ツールと顧客サービスを統合させて、同社からお金を受け取っているアドボケーターと顧客の間の会話数を増大させたことである。そしてまだできていないことは、消費者同士のすべての会話から生み出される便益を最大化させることである。

ジャッジは、「私たちはこれまでソーシャルであることとは、従業員に対して手厚く対応しつつ、顧客に対して大規模に会話を行うことによって、店舗を超えたコミュニケーションを行っていくことだと本当に考えてきました。ですから私たちは、友人やソーシャルネットワークから情報を得るというこの新しい方法について、まだ多くを行ってはいません。しかし私たちはこのことについて議論や検討を続けており、もうすぐ妙案が出てきそうです。いかにしたら、私たちは顧客同士の会話にもっと参加できるのでしょうか」と述べた。ベスト・バイは、このすばらしく有効な戦略を改善させ続けている。

■ ゼネラル・ミルズはアーンドメディアとオウンドメディアに力を入れている

ゼネラル・ミルズは、世界で最も大きな食品企業の一つである。同社は1860年代に二つの製粉所から始まり、今日では、「ベティ・クロッカー」「ピルズベリー」「チェリオス」「グリーン・ジャイアント」といった、歳月の試練に耐え続けた歴史あるブランドに加えて、「ファイバー・ワン」「ネイチャー・バレー」「ヨープレイ・ヨーグルト」など比較的新しいブランドも販売している。この本で紹介している多くのブランドのマーケターと同様に、ゼネラル・ミルズも消費者市場の需要の激変によって、企業が製品を市場に出す方法を変える必要が出てきたことを認識している。今やソーシャルな影響は、企業のマーケティング計画の設計や実行に重要な役割を果たしている。

ゼネラル・ミルズの「伝統的な企業」から「ソーシャルな企業」への進展に、ケラー・フェイ・グループが関わるようになったきっかけは、2006年にゼネラル・ミルズのCMOであるマーク・アディックスが社内のマーケティング部門に対してクチコミやそれが引き起こす力について講演をしてほしいと、エドに依頼してきたときからである。私たちは「パスット」や「マイブログスパーク」といった新たなソーシャル・プログラムを設計し展開させるために、ゼネラル・ミルズにコンサルティングを行ってきた。[9] パスットは20万人のインフルエンサーから構成される、アドボカシー・ネットワークである。メンバーらは日々の生活の中でゼネラル・ミルズについて語っており、ニュースや、製品の裏側の情報や新製品のサンプルを受け取ることに興味を持っている。また彼らに対しては、オフラインの会話やSNSへの投稿などで、自分たちの発言を拡散させることが推奨されている。これは第7章で紹介したトレマー社の「ボーカルポイント」（これはP＆Gの運営だがP＆G以外のブランドにも機能する）やバズエージェント社のようなクチコミ代理店によるプログラムのゼネラル・ミルズ版と言える。またマイブログスパークは、食品分野の約5000人のブロガーのネットワークである。このネットワークのメンバーらは、ゼネラル・ミルズから情報やニュースを受け取ることに同意しており、また開発中の新製品やマーケティングのコンセプトについてフィードバックを行っている。彼らには、受け取った情報のうち興味を抱いた内容については何でも（正直に）ブログに投稿することが推奨されている。ゼネラル・ミルズがいうには、このネットワークによって「影響力のある消費者とオンラインで会話する」機会を得ることができたという。

CMOのアディックスは、ゼネラル・ミルズが全体論的《ホリスティック》なソーシャル戦略を生み出すために全社的に歩んできた道のりについて、それがインターネットの出現よりもずっと前から始まっていたと述べている。[10] これを確認するには、ゼネラル・ミルズの主要ブランドであるベティ・クロッカーの例を見るだけでも十分である。ちなみにベティ・クロッカーは実在する人物ではない。1921年にゴールドメダル小麦粉のプロモーションを行ったときに、パンの焼き方についての質問が同社に殺到したため、このキャラクターが作られたのである。[11] つまりこれらの質問に親身に対応するために、架空の料理の専門家を作ったわけである。クロッカーという苗字は、同社の退職した役員であるウイリアム・クロッカーにちなんでつけられた。またベティという名前は、親近感が感じられるものが採用された。その後ベティ・クロッカーは、彼女の名前がついたラジオ番組（1924年に開始）やテレビ番組（1954年から1976年に放送）を持つこととなった。また数百冊もの料理本が発行され、スーパーなどのレジカウンターでは雑誌も販売された。1945年のフォーチュン誌の調査によると、彼女はエレノア・ルーズヴェルトに続いて、米国で2番目に有名な女性になっていた。『アドバタイジング・エイジ』誌は、彼女に「広告の世紀」を象徴するアイコンの一つという称号を贈り、「マーサ・スチュアートよりずっと前に、ベティ・クロッカーがいた」と記している。

アディックスが語ったところによれば、ベティ・クロッカーはすでに1940年代に、料理のアドバイスを求める何千通もの手紙を毎日受け取っており、そのすべてに対して回答がなされていた。また何百、何千という人が、家族旅行の一環でミネアポリスにある同社の本社を訪問し、ベティ・クロッカーのキッチンを見学した。ベティ・クロッカー・ブランドは、現在最も積極的にソーシャル戦略を進めようとしているブランドが消費者と築きたいと熱望しているような消費者との関係を享受してきたのである。アディックスにとって、このことは単なる古き良き思い出話というだけにとどまらない。この話は、フェイスブックやツイッター、あるいは電子メールが登場するずっと前から、人々はブランドとソーシャルな関係を築いてきたということを私たちに思い出させる重要な事例なのである。技術は私たちに何かを可能にさせる要因ではあるが、それだけでは人がブランドとソーシャルな関係を築く理由にはならないと彼は信じている。「技術を追わず、顧客を追え」とは、そんなアディックスの信条の一つである。

ゼネラル・ミルズの現在のプログラムの発想の起点となったのは、「ビスクイック」という、同社が１９３０年に立ち上げたもう一つの伝統的ブランドである。[12] １９８０年には「ビスクイック」の50周年を祝うために、特別版の料理本『ベティ・クロッカーのビスクイック・アレンジ・レシピ』が発行された。同時に「ビスクイック」のレシピクラブもスタートした。レシピクラブのメンバーには無料のニュースレターや料理本が提供され、オーブン調理をするときのヒントやレシピを友人や家族と共有することが推奨された。ピーク時には、オーブン調理が大好きな何百、何千人もの人々が、このプログラムに参加した。しかしながら、郵送のための送料やその中身のコストが上昇し、プログラムを維持することが難しくなったため、１９８５年に終了した。

２０００年代の初めに、アディクスがある大手小売業との打合せに出席していたとき、電子メール・マーケティングのキャンペーンを開始するために同社のカード会員のデータベースの中身に触れる機会があった。問題は、それで何をするかであった。彼は「ビスクイック・レシピ・クラブ」の成功を思い出すと、このアイデアを改良して使用することにした。その結果、プログラムに招待された人の80％以上が参加を承認した。参加者は土曜日の朝食のアイデアとか、バレンタインデーのハート型クッキーの作り方のアイデアなどを受け取った。いまではこのプログラムは進化し、ベティ・クロッカーの毎日のレシピは、ウェブサイト（BettyCrocker.com）からも入手できる。あるいはフェイスブックやツイッターが好みなら、それらのベティ・クロッカーのファンページからも入手可能である。

「有意義なものなら、私たちはいつでも昔のアイデアを現代版にします。私は古いものであっても新しく蘇らせることができると、固く信じています。私たちは、単に昔のすばらしいアイデアを若返らせているだけなんです」とアディクスは言う。こういうことこそが、ゼネラル・ミルズのように長い歴史をもち伝説的なブランドをたくさん抱えている企業がもつ強みの一つであると、彼は考えている。そしてこのことは、彼らが新たにソーシャル・マーケティングのアイデアをスタートさせるときに、自分たちのチームはきっと成功するという確信を得る上でも大いに役立っている。

２０１０年にアディックスは、彼がいう「モダン・キャンペーン」の重要性について社内で説き始めた。彼は大成功している競合企業をベンチマークすることで、これらの会社が何をしているかを研究し、そこからある原則を導き出していた。彼がとくに興味を持ったのは、あるカテゴリーで平均3年以上継続して業界平均を上回る成長をしている（食品業界および食品業界以外の）ブランドの実践事例であった。これらの調査から「モダン・キャンペーン」で実行すべき原則が浮かび上がってきた。

アディックスが言うには、いちばん大きな変化は、アーンドメディア、オウンドメディア、ペイドメディアでの優先順位についてである。かつてはリップサービスとして、三つともすべて重要だと述べたものの、実際には、ペイドメディアがマーケティング戦略と実行の両方における中心であった。つまり新しいアイデアの中心に広告会社がいて、その他はこれに従う必要があった。しかし今日では、消費者が本物だと思って聞いてくれることに最も価値があると考えられるため、アーンドメディアの優先順位が最も高くなっているとアディックスは言う。「ファイバーワン・バー」は、ゼネラル・ミルズが発売する時に、消費者の会話が非常に大きな役割を果たした商品の例である[13]。調査の結果、その発売時において、オンライン上の消費者の会話数と売上数がきわめて高い相関関係にあったことが明らかになった。次に重要なのは、消費者が自ら情報を探しに訪ねるオウンドメディアである。人気のある料理本や他の伝統的で人気のあるメディアに加えて、よく閲覧されているウェブサイトやフェイスブックのページ、ツイッターのフィードまで、今日オウンドメディアはますます拡大している。この点においてベティ・クロッカーのようなゼネラル・ミルズにとって遺産とも言えるブランドが非常に重要な資産となった。ペイドメディアは、いまではゼネラル・ミルズの優先順位で最下位である。同社にとってペイドメディアはいまだにきわめて重要なものであるが、もはやペイドメディアや、あるいは広告をつくる人たちが、主導的な立場に立つことはないだろうとアディックスは言う。

私たちはゼネラル・ミルズの経験から、アーンドメディアとオウンドメディアがともに機能する割合に、重要なインサイトが見出せると考えている。私たちは「トークトラック」を立ち上げて以来、人々がブランドについて語る際、そのブランドのウェブサイトで見たものについて何かを述べることがきわめて多いということに、つねづね驚かされてきた。ブランドに関するすべての会話の5%は（これは毎週７・５億のクチコミのインプレッションに該当する）、誰かがそのブランドのウェブサイトで見たものについて述べている。その割合は、インターネット広告や、新聞広告、雑誌広告など、ＴＶコマーシャルを除くすべてのタイプの有料メディアより高い。今日のソーシャルな消費者との間に絆を作る方法を探し求めるマーケターは、ブランドのウェブサイトを忘れてはならないし、縮小するべきでもないのである。

ブランドのウェブサイトと同様に、製品のパッケージもまた別の形のオウンドメディアである。毎週6億ほどの全会話のうち約４％は、製品のパッケージで見た何かについて、たとえば食品の場合ならレシピや栄養に関する情報などについて、人々は会話をしているのである。ベティ・クロッカーの場合、２０１０年と２０１１年における製品パッケージに関するコメントは９％であり、この数字は平均の２倍であった。

クチコミの獲得という点で、なぜオウンドメディアの存在がこれほど大きいのだろうか。それは、このようなオウンドメディア上のタッチポイントが、影響力のある消費者やとくにブランド・アドボケーターとつながるための最良の方法の一つだからであると私たちは考えている。あるブランドを愛し、擁護したいと思っている人は、他の人と共有できるブランドの情報をいつでも探している。その情報は、フェイスブックのページからやって来ることもあるかもしれないが、それより消費者はベティ・クロッカーのウェブサイトに自らアクセスして、自分でみつけたレシピのアイデアを友人や家族と共有しようとするのである。

したがってこれらのオウンドメディアは、チャネルにかかわらず、ブランドのアドボケーターらに知ってもらいたい情報を提供するための理想的な場所である。アドボケーターたちは、何かおもしろい情報をみつけたら、自然と他人と共有しようと思うので、彼らが簡単に情報を共有できる仕組みが大切になる。そのため企業は、ウェブサイト、ソーシャルメディアのサイト、ニュースレター、パッケージやクーポンを設計するときには、ブランドとしてそこを「先読み」すべきである。これは簡単にみつけられ、理解でき、他の人に伝えられるように、コンテンツをデザインすることを意味している。

アディックスの経験は、アーンドメディアとオウンドメディアに重きを置いた「モダン・キャンペーン」を運営するための「よいアイデアは、どこからでも来る」という、彼自身の信条をほのめかしている。アディックスによれば、勝てるアイデアは広告のクリエイティブ・エージェンシーから来ると思われてきたし、今でもそう思われている。しかし実際には、広報、パッケージデザイン、多国籍文化チーム、デジタルやクーポン発行のチームからも勝てるアイデアは出てくるという。彼は、自社のチームとクリエイティブ・エージェンシーの協働にも期待しているし、同じマーケティング部門内の異なる才能の組合せにも期待を寄せている。彼は「深いスキルを持つ人を求めている」と言いつつ、「しかし同時に幅広いスキルを持った人も求めている。そしてニッチな専門性よりは、幅広い思考を持てるように人材を鍛えている」と述べている。

結局のところ、消費者とはどのような人たちで、何が彼らを突き動かすのか、ということについてより深く、より詳しく理解したいというニーズにすべては帰結するのである。モダン・キャンペーンが目指すのは、エンゲージメント、コンバージョン、そしてアドボケートなのである。これらは実践的には、どういうことを意味するだろうか。アディックスによると、「消費者はいつも、自らの時間やお金の使い方の優先順位を組み替えています。したがって私たちは、適切なときと場所で消費者とつながる必要があります」という。「いつ、どこで、どのように消費者と接していくかは、何を語るかと比べて、より重要とまではいかないにしても、しばしば同じくらいには重要です。なぜならそれは、自分たちをどのくらい理解してくれているかという点から、消費者があなたを判断することに影響するからです」と彼は言う。アディックスの「いつ、どこで、どのように」に関する観察は、第5章で議論したメディア・プランニングにも重要な示唆を与える。たとえば食事を準備するタイミングでレシピが届くように、人々が最も興味がありそうな時に、ねらったメッセージを彼らに届けられるようなことが、これまで以上に可能となってきたし、またそれを近くの誰かとすぐに共有してもらうことなどもできるようになってきた。つまりデモグラフィック（人口統計的）なセグメントをターゲットとするよりも、そのブランドやメッセージに応じた形でエンゲージメントを促進させるメディアチャネルや日時、場所を選択する方が重要なのである。

顧客がブランドにエンゲージメントを抱いたら、次の目標は彼らをゼネラル・ミルズの製品を購入「コンバージョン」してくれる消費者へと変化させることである。そして最終的に企業がブランドの勝者となるには、消費者にブランドのアドボケーターになってもらいたいわけである。もちろん製品は、話題に値するほどにすばらしいものでなくてはならないし、また簡単に共有できるツールや経験も企業が提供しなくてはならないだろう。「私たちは消費者の知りたいことや、やりたいことを理解したうえで、彼らのために何ができるかを決める必要があります」とアディックスは言う。「それが実現できて初めて、私たちは役に立っていると言えますし、三つの目標、つまりエンゲージメント、コンバージョン、支援という目標を達成することになるでしょう」。

■ キンバリークラーク：ありそうもない会話から始める

第2章で議論したように、クチコミ・マーケティングはハイテク、車、レストラン、旅行、映画といった「エキサイティング」なカテゴリーだけに効くという、これまでに広く浸透してしまった思い込みを払拭するのは簡単ではない。読者の皆さんは納得してくれると願っているが、子ども用品、飲料、美容商品のような日用品カテゴリーの製品やブランドにも、クチコミは機能するのである。それではタンポンはどうだろうか。答えはイエスである。クチコミはタンポンや他の女性向けケア製品にも機能する。この本の執筆中である2010年に発売されたタンポンのブランド「ユー・バイ・コーテックス」の驚異的な成功から、新しいソーシャル・マーケティングに関して多くを学ぶことができる。この教えは、すばらしいソーシャル・マーケティングのキャンペーンの計画と実行の方法だけでなく、ソーシャル・マーケティングの時代において、企業がどのように自社を差別化しマネジメントすべきかについても私たちに教えてくれるのである。

キンバリークラークは、テキサス州アービングに拠点を置く巨大な消費財メーカーであり、幅広く家庭用品や個人向けケア製品を製造し、市場に出している。その中には、数十年もの間ほとんどイノベーションが見られなかった、女性向けケア製品のカテゴリーも含まれている。このカテゴリーは昔から人があまり話をしたがらない分野である。たとえ話した場合でも、その会話は限定されることが一般的であり、母と娘の間、姉妹の間、もしくはとても近い女友だちの間で、こっそりと小さな声で話される程度である。またこのカテゴリーの広告やマーケティングでは、長年にわたって、基本的に雪の白い純粋さや、そよ風が吹くイメージなどが用いられ、言葉も「さわやかさ」や「保護」などの婉曲的な表現が用いられてきた。喜劇女優のティナ・フェイのユーモアにあふれた自伝『ボッシーパンツ』では、黄金期のマディソン街における生理用品に対するアプローチについて、おもしろく、しかし真面目に、描かれている。[14] 彼女は最初の生理を思い出して次のように述べている。「私は、その日の朝早くから何か変な感じに気づいていたけれど、生理の時期には吸収力をテストする大きなパッドに洗剤のような青い液体が出てくるってことをコマーシャルで見て知っていたの。でも実際には、もちろん青くなくって、それで……私は数時間もそのままにしてしまったのよ」。

キンバリークラークの役員たちは、世の中が女性の婦人科系の健康や生理について本音で話したがらないことは深刻な問題だと考えていた。[15] なぜなら、このことによって10代の若者が必要な情報を得られず、誤った健康への判断や結果につながる可能性があるからである。この考えは、「ハリス・インタラクティブ社」が米国とカナダの14歳から35歳の女性を対象に実施した調査でも支持された。調査対象の70%が、「婦人科系の健康の問題をどう話題にするかについて、社会が変わるべきときにある」と回答する一方で、「自分にはそのような変化を起こす力があると思う」と答えた回答者は、全体の半分未満（45％）であった。約半数（52％）の回答者は、婦人科系の健康について話すと、周りから軽蔑されると感じていた。

ユー・バイ・コーテックスの背後にあった重要な考えは、女性の保護をタブーな話題にするべきではないということだった。同社では、女性がそのことについて気兼ねなく話せるようになるだけでなく、このカテゴリー自体も、もっとファッショナブルにもなるべきだと考えた。ユー・バイ・コーテックスのパッケージやアプリケーターはカラフルであり、そのマーケティングは、このカテゴリー特有の婉曲的な広告やコミュニケーションの連鎖を断ち切ろうとするものであった。その結果、タンポンや婦人科系の健康全般が、会話に受け入れられる話題となったのである。発売時のキャンペーンでは、本音の会話が推奨され、健康情報や使用方法に関する本質的な情報が若い女性に向けて提供されるように設計された。

ユー・バイ・コーテックスは、2007年にオーストラリアで初めて発売され、次いで2010年3月に米国で発売された。[16] そして翌春には、0％であったタンポン市場でシェアが一気に5・5％まで高まった。コーテックス全体のシェアも2・5ポイント増えて18・2％となり、タンポンのカテゴリー全体も2％拡大した。これは10年前の「タンパックス・パール」のイノベーション以来であり、この市場にとって信じられないほど大きな成功であった。調査会社であるTNS社によって実施された6万人の買い物客を対象とした調査において、ユー・バイ・コーテックスは、2011年の米国を代表する商品として名前があがった[17]。また「ＮＢＣユニバーサル社」による２０１１年のブランドパワー指標は、ケラー・フェイ・グループおよび他2社によるデータを引用しつつ、女性の間で最も魅力を高めたブランドとして、「コーテックス」と「ハーレー・ダビッドソン」の二つのブランド名をあげた[18]。びっくりするほど楽しくファッショナブルな色や、伝統的な女性保護の広告のばからしさ、女性の健康について本音で会話することのソーシャルな重要性などを若い女性たちが話すようになることによって、このキャンペーンは成功したのである。

実際、これはよく機能した。トークトラックの調査によると、コーテックス関連ブランドは、13歳から44歳の女性におけるカテゴリー内の会話のシェアを、２００８年の20％から２０１１年の上半期には32％へと増加させた。そして「タイラ・バンクス・ショー」［元人気スーパーモデルであったタイラ・バンクスがプロデュースしパーソナリティーを務める米国の人気ワイドショー番組］でこの新しいブランドが取り上げられ、クロエ・カーダシアンが全国メディアでこのブランドを支持し「本音の告白」を行ったときに、話題はピークを迎えた。このときのコーテックスのクチコミのレベルは、同ブランドの主要なターゲットである13歳から24歳の女性の間で、キャンペーン前よりも4倍も高くなった。

キンバリークラークの最高マーケティング責任者（ＣＭＯ）であるトニー・パーマー

図表 9.2
コーテックスのトークシェア(TalkShare™) は 2011 年初めに急激な伸びを示した

女性（13 歳から 44 歳）の女性向けケア製品へのクチコミのブランドシェア

	2008 年 (%)	2009 年 (%)	2010 年 (%)	2011 年 上半期（%)
コーテックス	20	22	25	32
オールウェイズ	34	41	32	30
タンパックス	32	28	32	29
プレイテックス	14	8	11	9

（出所）　ケラー・フェイ・グループのトークトラック（TalkTrack®），2008 年 1 月～2011 年 6 月。

を含む、同社の主要なマーケティング担当役員と製品開発担当役員、そして製品立ち上げチームの参加者である代理店も加えたメンバーで続けられていた議論や、またユー・バイ・コーテックスだけでなく、大人の尿漏れ向け製品である「ポイズ」など他の一連のブランドについての議論を踏まえて、私たちは企業を成功に導くいくつかの鍵となる要素があることを発見した。これらのうちいちばん重要な要素は「商業的アイデア」である。

■ 商業的アイデア

マディソン街の神秘は、クリエイティブ・プロセスについての大衆化されたイメージに長く結びつけられてきた。1960年代の「マッドメン」の時代から、広告業界のファンたちは、「エウレカ・モーメント（ひらめきの瞬間）」を崇めてきた。それは、広告会社のやり手のエグゼクティブやクリエイティブ・ディレクターが、その時代のポップカルチャーとブランドが娯楽的でウィットに富んだ形で完璧に結びつく、巧みなアイデアを思いつく瞬間である。こういったアイデアは、頭の固いクライアントにも「これだ！」と言わせる説得力ある絵コンテによって完璧な形で表現され、説明される。ただし、得てしてこの種のストーリーは、製品そのものの描写が欠けていることも多い。実際のところ、製品そのものがつまらないものだったとしても、その販売を成功に導くような、すばらしく巧みなキャンペーンを大いにもてはやす傾向があるのだ。

しかしながらキンバリークラークのマーケティング部門の役員らは、テレビコマーシャルの背後にある巧みなアイデアよりも、消費者の便益となりビジネスを成功に導くアイデアとなる「商業的アイデア」が重要だという。[19] CMOのトニー・パーマーは「私たちはイノベーションに対する見方を変えてきました」という。彼は「私たちはイノベーションを、新商品を形にするときのものだと単純に考えてはいません。それは顧客への約束を成長させること、活発で持続的な成長をもたらす商業的アイデアを創り出すこと、そしてコミュニケーション・チャネルを戦略的に選択することを通じて成し遂げられるものなのです」と述べている。つまり創造性とは、単にキャンペーンを広告代理店に委託して終わるものではなく、製品開発のライフサイクルの中で丹念に製品に織り込まれていくものだということである。キンバリークラークは、コンセプトやデザインの中に埋め込まれた質の高いアイデアによって自らを売り込むことができる製品を欲しているのであり、広告キャンペーンは、ねらったターゲットへ商業的アイデアを伝えるためのコミュニケーション手段に過ぎないのだ。

私たちの見方では、これは話題にする価値があると感じるアイデアの糸口を提供すること、つまり消費者にとって語ったり、推奨したり、あるいは共有したりする価値がある何かを目指しているということに近いだろう。キンバリークラークの成人女性向けケア製品のマーケティング担当であるジェイ・ゴットリーブ副社長は、ユー・バイ・コーテックスの開発を思い出しつつ、「正しくスタートする。それがクチコミの原則だと信じている」と述べた。

ユー・バイ・コーテックスの発売では、デザイン部門が中心的な役割を担った。成人女性向けケア製品のデザイン責任者であるジェニファー・ウェストメイヤーは、ユー・バイ・コーテックスの開発の最初のアイデアを、消費者調査、とくに女性がどのようにしてケア製品をポーチから取り出すかを観察することから得たという。「私たちは耳ではなく、目を使って消費者から聞きました」。彼女が言うには、「女性1人ひとりの特性」に向き合った製品であること、「多様性が重要であり、色やファッションについてさまざまな選択ができること」が製品に必要であると役員たちは結論づけた。結果としてユー・バイ・コーテックスのデザインとカラーは、タンポン、生理用ナプキン、パンティライナーなどに幅広く展開されることとなった。

女性向けケア製品のマーケティング計画をとりまとめたメリッサ・セクストンによると、もう1つ重要だったことは、この戦略が「恥かしいと思うことの連鎖を断ち切る」ためにソーシャルであったことである。「勉強不足にも、私たちはこのカテゴリーではイノベーションはほぼ起こらないと思っていました。しかし、私たちはなぜ主体性をもってイノベーションに取り組んでこなかったのかを問い直すべきでした。私たちの戦略〔原文では go-to-market strategy だが、この言葉は当時の流行語のようなのであえて「戦略」と訳した〕は、いわば木を揺するように混乱を引き起こすことによって、人々の意識を高めることでした。私たちのブランドによって、女性が声をあげられるようにしたかったのです」。

このキャンペーン自体は、スキーマを混乱させることそのものであった[20]。それは、ファッショナブルで話題性のあるタンポンであり、コマーシャルは今までのカテゴリー・イメージをからかうようなものだった。あるコマーシャルでは「タンポンの広告は、なぜあんなにばかげてるの?」と、消費者に問いかけた。中でもとくにユーモアのある広告は、食品スーパーの外で隠しカメラに写った魅力的な若い女性が、歩道に停めた鍵のかからない自転車から離れられないため、彼女のタンポンをスーパーに買いに行ってくれる通行人を探しているというものだった。このコマーシャルのいちばんおもしろいところは、まじめな若い男性たちが、なぜタンポンを買いたくないのかをこの女性に説明するシーンだった。たとえばある男性は、ややあきらめ顔になっているこの若い女性に対して「あなたのトイレットペーパーを買ってくることならできますが」という代案を出した。

■コラボレーションのプロセス

キンバリークラークの役員たちは、ユー・バイ・コーテックスについて、この新製品の開発プロセスとキャンペーンのプロセスが同社を根底から変えたと語っている。同じことは、ウーピー・ゴールドバーグや（カーダシアン姉妹の母である）クリス・ジェンナーを使って成功した尿漏れ対策用製品ブランドである「ポイズ」によって、同社のそれまでの常識が壊された事例によっても裏づけられる。

ＣＭＯのパーマーによれば、キンバリークラークは「マーケティング、市場調査と分析、イノベーション、技術やコミュニケーションの各部門を一つの傘のもとに統合し、中核となるグローバル・マーケティングの組織をつくりました」と述べている。[21] また彼は、そこにおいて「私たちが行うすべてのことの中心に消費者を置いたのです」と述べている。マーケティング担当副社長のゴットリーブは、キンバリークラークにおいて「固定的な指揮命令系統を探すのは難しいことです」と付け加える。なぜなら、他の企業が機能別に組織を構成しているのに対して、同社は「マトリックス組織であり、すべてがブランド中心志向になっているから」である。これは実は重要なことだと彼は言う、なぜなら、「インスピレーションの閃きはどこからでも生まれる」からである。ここで私たちは、ゼネラル・ミルズで聞いたのと同じ考え方を再び聞くこととなったのである。パーマーはこれを「統合マーケティング計画」と呼び、そこには企業の内外のすべての関係者が含まれることになる。

　実際キンバリークラークでは、いくつかの主要な代理店の役割を、同社にアイデアを提供することにまで高めてきた。ユー・バイ・コーテックスの発売時、デジタル・エージェンシーのオーガニック社や、広報エージェンシーのマリナ・メイハー・コミュニケーション（ＭＭＣ）社は、開発のきわめて初期の段階から参画していた。ＭＭＣの創業者でＣＥＯであるマリナ・メイハーは、自分がキンバリークラークから呼ばれたのが「製品が実際に発売される約２年前だった」と教えてくれた。彼女は「マーケティングや広告部門の同僚たちは、ブランドが信任を得るための全体論的《ホリスティック》なコミュニケーション戦略を開発し、メディア、顧客、女性らの興味が大きなうねりをつくり出すように、一丸となって取り組んできました[22]」と語った。メイハーは、ユー・バイ・コーテックスのキャンペーンの結果だけでなく、それが持つソーシャルな重要性に対しても自信を持っていた。ユー・バイ・コーテックスや「ポイズ」のキャンペーンによってＭＭＣが２０１１年にシルバー・アンヴィル賞〔アンヴィル賞は米国パブリック・リレーションズ協会〔ＰＲＳＡ〕が、その年の優れたパブリック・リレーションズの試みに対して授与する賞で、このうち銀賞〔シルバー・アンヴィル〕は最も優れたパブリック・リレーションの戦略に対して授与される」を勝ち取ったとき、彼女は１９９６年にも「ワンダーブラ」の発売で同社が同じ賞を獲得したことを思い出して、ブログで次のように述べた。[23]「１９９６年には、ベルトの上の不快さを克服するテーマでした。２０１１年には私たちは、今度はベルトの下の不快さに取り組みました。つまり、生理や尿漏れです……これらのテーマはタブーであり、コマーシャルの中で『下の方のこと』という婉曲表現を使って放送することさえ、テレビ局に拒否されていました。その一方で『4時間以上持続する勃起経験』を得たいのなら、かかりつけの医者に相談しよう、と薦める『バイアグラ』の広告には何の問題もなかったんですけどね」。

このキャンペーンに直接関わったＭＭＣやオーガニックの役員たちは、ビジネス上の成果とソーシャルな成果を達成するために情熱を注いだ。「婦人科系に関する話題については、とても恥ずかしい面もありますが、これは女性の健康や自尊心にも影響を与えます。とくに若い女性の成長を考える際に、とても大きな影響を与えます」とＭＭＣのダイアナ・リットマン・ペイジは言う。オーガニックのアミー・カージャヴァルも「私たちは何かが間違っているということを指摘する必要がありました」と付け加えた。キャンペーンに関わった全員にとって、正直さこそが、いちばん大切な価値だったのである。

消費者からの反応は印象的であった。ソーシャルメディアや、オーガニックによってデザインされ管理されている同ブランドのウェブサイト（www.ubykotex.com）を通じて、何千通ものコメントが寄せられた。カージャヴァルは、そのうちのいくつかを見せてくれた。

・「普通ならそんなことできないはずなのに、ユー・バイ・コーテックスの商品は生理の期間を女の子らしく、楽しいものにしてくれました。『毎月のあの時期』をクール！にしてくれて、ありがとう」　A・I　フェイスブックより

・「ユー・バイ・コーテックスのコンセプト、パッケージングや広告を思いついた人は天才だと認めなくちゃならない。女性向け製品への見方を変えるときだわ。10代や若い女性たちに『隠さないで、堂々と持っていて。（拍手！）』って言いたい」　シェリル、フェイスブックより

・「私はこの商品がすごく好きなので、見せびらかしたくなっちゃうわ」　モニーク、ユー・バイ・コーテックス・ドット・コムより

・「あなたたちは私の人生を変えたということを知ってほしいです……あなたたちがウェブサイトでやってくれたすべてのことで……そして私たちに送ってくれたすべてのアドバイスに、本当に助けられました」　R　ツイッターより

トークトラックの調査から得られた、フェイス・トゥ・フェイスの会話も二つ紹介したい。

・「ユー・バイ・コーテックスは、快適で安心できて、恥ずかしい思いをしないですむことを望む人たちにとって驚くべき発明です」　女性　18歳

・「コーテックスのタンポンは、かわいくて楽しいパッケージだし、小さくて目立たないねって話しました」　女性　15歳

コーテックス・ブランドのウェブサイトは、意見を投稿したり、ブランドとつながったりするためだけの場所ではなく、健康情報や、タンポンの使い方の動画を含む製品のアドバイスなどを掲載するための場所でもある。こうしてこのキャンペーンは製品そのものと、自信を持ちたいと思っている女性たちの思いとが相まって、同社の役員の言葉を借りれば「堂々と女性らしくありたいと願う女性を擁護すること」によって成功した[24]。

パーマーは『マーケティング-NPV』というマーケティング雑誌の２００８年7月のインタビューで、彼のキャリアの初期にどのようにマーケティングが行われていたかを思い出してこう述べた[25]。「それは30秒のスポット広告を空気中に放り投げるようなものでした。一つの広告を撮影したらオンエアし、販売部にこれはわが社の広告ですと伝え、次に写真を撮って店頭に掲示しました。それではデジタルの世界で、私たちには何ができるでしょうか……今日の課題はこれらを並べ直すことです。まずそのブランドが顧客に約束するものは何かを考えます……続いて、どのチャネルを使うかを決めます。そして広告クリエイティブの制作に取り組みます。広告クリエイティブの制作から始めてはいけません。実は私にとって、これこそが業界の大きな変化だったのです。キンバリークラークでは、このやり方にたどり着くまでに長くかかりました」。

この手順は、私たちがケラー・フェイ・グループを設立したときからクライアントに話し続けてきたことである。まず話すべき内容をみつけることからスタートして、ターゲットとなる消費者を決め、次に最適なメディアチャネルを選択する。その際、いくつかは伝統的なチャネルに加えて、ソーシャルネットワークをいくつか選ぶようにするとよい。

■ これからのソーシャル

「ベスト・バイ」「ゼネラル・ミルズ」「キンバリークラーク」、その他にも本書で紹介した多くの企業が、より消費者志向となり戦略を変化させている。ソーシャルな影響は、いずれも消費者のエンゲージメントに関係するものであり、私たちに価値ある枠組みを提供してくれるものとなる。消費者があなたの会社のブランドと貴重な時間を過ごしたいと思い、ブランドに注意を払い、ブランドの話をし、そのコンテンツを友人や家族と共有し、さらにはブランドに関連した自分自身のコンテンツを作り出したいと思ってくれるように、どうやって強固なエンゲージメントを築けばいいのだろうか。ソーシャルな影響とは、人間がどのように生き、決断するかの根本でもあるという事実が、ソーシャル戦略の重要性やパワーをさらに増加させることになるだろう。

この本を書きながら、私たちは新しいソーシャル・マーケティングの先駆けとなるいくつもの企業を研究する貴重な機会を得た。私たちは、今回のこうした経験や、これまで行ってきた調査や、クチコミ・マーケティングに深く関わってきた10年以上の経験を活かすことで、マーケティングやビジネスの変革に対して機能しており、また次の10年間も機能し続けるであろう原動力を、最後まで見届けていきたいと思っている。

■ ソーシャルであることについての科学

感情やソーシャルな影響といったものが人間の脳にどのように組み込まれているかについての理解は、まだほんの初期段階にある。私たち人類は、最大限ソーシャルに進化してきた。私たちは自分たちを取り囲むソーシャルな手がかりから、絶えず影響を受けている。また感情は、ほとんど意識されることなく、人から人へと移っていく。ソーシャルな規範、願望、個人的な好みといったものも、同じように伝播する。関係性と近接性の両面から見た場合、ソーシャルな影響は自分に近い人との間で最も強力である。フェイス・トゥ・フェイスの相互作用は何よりも強力であり、そこで起こる会話は、他の方法で起こる会話よりも信頼され、行動を誘発するものとなりやすい。

オンライン・ソーシャルメディアの出現は、私たちの持つソーシャルな性質から生まれた結果であり、その原因ではない。またオンライン・ソーシャルメディアの影響は非常に重要であるが、多くのマーケターが信じているよりも限られたものである。オンライン・ネットワーキングのツール、とくにフェイスブックの急激な伸びは、他人とつながりたいという欲求が、人間の根本的な特性であることを証明した。フェイスブックのマーク・ザッカーバーグの最も偉大な貢献は、人々がつながりたいという欲求が、市場においてまだ十分に満たされていなかったということを、私たちに認識させた点にある。ただし、マーケターはこのインサイトを利用するために多様な種類のツールを準備する必要があるし、また限られた数のオンライン・ソーシャルメディア・ネットワークという1種類のコミュニケーション手段に、自社の資源をすべて投入してしまわないように気をつける必要もある。

私たちは、心理学、社会学、人類学、脳神経科学の交わりによって生まれる大きな進歩が、マーケティングやコミュニケーションを効果的に改善する新しいインサイトやツールを生み出すだろうと予測している。たとえば広告テストの領域では、感情的な反応やソーシャルな反応を最も効果的にもたらすイメージや言葉を識別するために、バイオメトリクス反応による測定法を使う機会が増えるかもしれない。このような科学的な進歩が、これまでの教訓のいくつか、たとえば物語の力であるとか、驚きや「認識の混乱」からもたらされるエンゲージメントなどを補強することは間違いないだろう。またマーケティングのプログラムの開発と実行に組み込まれるべきものとして消費者同士の共有《シェア》という行動があるが、これが何を動機として生じるのかについても、こういった科学の進歩によって新しい洞察が得られるかもしれない。

■影響力に基づいたターゲティング

企業は長い間、顧客をその価値によってセグメント化してきた。そこにおいて顧客の価値とは、より多くのお金を、高い頻度で費やしてくれることとして定義づけられ、伝統的には、いつも買ってくれる人や、たくさんお金を使ってくれる人が、最も価値のある顧客だとみなされてきた。しかしながら、私たちは顧客の「ソーシャルな価値」こそが最も重要な計測法だろうと考えている。なぜならそれは、測定可能であり、育成可能な特徴であり、またすべての顧客と関連しているからである。つまりいちばん価値のある顧客は、ブランドに対していちばん多くを直接支払う人である必要はなく、それよりも最もたくさんの新しい顧客をクチコミによるアドボカシーを通じて連れてきてくれる人なのである。どの顧客がいちばん高いソーシャルの価値を持っているのか、そしてその動機は何かを理解することは、企業が解明すべきインサイトのリストの中でも優先順位が高いものとなるだろう。

新しい技術によって、他の消費者の購買に最も影響を与える顧客や潜在顧客を識別することが、どんどん可能になるだろう。さらには、ロイヤルティ・プログラムに参加している人たちや、情報を探し回って他の人と共有するような人たちよりも先に、新しい情報を手に入れて、「私だけが知っている」ようになれるプログラムに魅力を感じてもらうことで、インフルエンサーやアドボケーターといった人たちが自分らしさを再確認できるように設計された、新しいマーケティング戦術があらわれるかもしれない。

いかなるブランドにとっても，ブランド・アドボケーター，すなわちロイヤルティを持ったインフルエンサーが最も重要な資産であると，私たちは信じている。彼らに焦点を合わせ，ブランドのどのような特徴や便益が気に入って，他の人々に推奨してくれるのかを見極めるために，マーケティング調査がなされるべきである。その結果マーケターは，最も強力なアドボケーターがよく語るメッセージこそ，一般に向けたマーケティング・コミュニケーションの中でより多く使われるべきものであることを理解するだろう。

■ソーシャルな広告

広告の専門家たちが，会話を刺激することが広告の効果に結びついていることを発見したことで，萌芽期にあるクチコミ広告を伝統的な広告から隔てている壁が打ち壊されていくだろうと，私たちは予測している。

広告クリエイティブの領域では，会話のきっかけとなることをねらって，コミュニケーションをデザインすることが増えていくだろう。すでに，会話を発生させるタイプのクリエイティブ戦略が，いくつか明らかになっている。その一つの例は，消費者が実際に行った本当の推奨を広く紹介するために，広告を用いるというものである。たとえば，スナップル・レディのウェンディは，消費者から送られてきたファンレターをテレビ広告で紹介することで、「スナップル」に関する会話を盛り上げた。また「ドリトス」のスーパーボウル広告や「トヨタ」の「オート・バイオグラフィ」キャンペーンのように、テレビ広告に本物の消費者を登場させる方法も、このやり方による広告戦略の一つと捉えることができる。さらに「ラバーメイド」が、同社のサイトに集まった評価やレビューを新聞折り込みチラシに掲載したように、消費者による客観的な評価やレビューを広告に取り込むことも、同様の事例と言うことができる。

もう一つの方法として「リマインダー」戦略というものもある。これはそのブランドの現在あるいは過去の顧客に、自らが大喜びしたブランド・ストーリーについて、友人や家族に再び語ってもらうような刺激を与える戦略である。このようなリマインダー戦略は、とくに旅行の分野で効果がある。なぜなら旅行とは、短期間に集中して感情的満足を味わうものであり、リマインドすることがなければ、そのまま次第に忘れられてしまうことが多いためである。しかし「トヨタ」がニューイングランド地区で行った「トヨタ・ユーザーに聞いてみよう」キャンペーンのように、実はリマインダー戦略は旅行以外の分野でも効果がある。

クチコミを発生させるのに、最も効果的で創造的な戦略の1つは、消費者のスキーマを混乱させるメッセージに基づくことである。人は平常の予測から外れる何かに直面したときに、元の均衡状態に戻ろうとして、会話を発生させるからである。ファストフード・レストランの「チックフィレイ」が、白いテーブルクロスで「父と娘のデート・ナイト」を開催するのは、スキーマを混乱させるメッセージのよい例である。また「ドミノ・ピザ」が、自社製品が最悪だったときがあったことを認めたコマーシャルも同様である。

より会員クラブ的なやり方として、「私だけが知っている」型のメッセージにも可能性がある。これは「ターゲット」がニューヨーク市場に参入したとき、印刷広告に秘密めいたロゴマークを使用した例のように、あるグループに所属している人と、その外部の人の間の会話を誘発するものである。「グーグル」は新製品（たとえば2011年のGoogle+）を展開したときに、このやり方を用いている。「グーグル」は、すでに同社のサービスのユーザーになっている誰かから招待されなければ、ユーザーになれないように設計したのである。こうすることによって、新しいサービスに招待してもらいたい人々からの会話が作り出されることになる。

ユーモア、とくにパロディも、実りある会話を発生させる、もう一つのアプローチである。ユーモアやパロディから生まれる会話は、その中心に製品があるためである。「クリスピン・ポーター＋ボガスキー社」が企画したキャンペーンでは、「ベビーキャロット」をスナック菓子風にすることで、健康関連の広告とジャンクフードの広告をくっつけて、パロディにしてしまった。伝統的な女性向けケア製品の広告をパロディにした、ユー・バイ・コーテックスのコマーシャルも同様である。私たちが毎年見ているスーパーボウル広告でも、会話を発生させるためのユーモアが随所で用いられている。重要なことは、ユーモアがそのブランドやメッセージをサポートするようなものであることだ。どこかの企業や業界が主催する受賞式に登場する有名人のスピーチくらいにしか具体的成果をもたらせないならば、そのユーモア広告は失敗である。

■すべてのメディアはソーシャルである

広告ビジネスのクリエイティブ領域においてソーシャル性を目指したデザインが意識され始めたことで、メディア・プランナーもソーシャル性を意識するようになり、いつ、どこで、どのように消費者にリーチすれば、最も会話が発生する可能性が高く、エンゲージメントを得られる可能性が高いかについて深く考えるようになった。メディア・プランニングでは、広告を介して何人の人々に直接リーチできたかということだけではなく、広告から得た情報を他人とシェアしたいと考えるインフルエンサーや、ブランドの代弁者にどのぐらいリーチできたかという点が注目され始めた。そしてクチコミも、広告の効果に組み込まれるようになった。メディア・エージェンシーであるユニバーサル・マッキャン（UM）社は、クチコミの効果はブランド想起のような尺度よりも、売上で直接測った方がよいと述べている。

過小評価されているが、共視聴（テレビを誰かと一緒に見ること）は、消費者に語るべき内容を提供する。それはたとえば、あるブランドについて自分が経験したストーリーを共有することだったり、あるいは単に会話のすき間を埋める話題だったりする。共視聴傾向の高い番組、たとえばスポーツ、子ども向け番組、メロドラマ、リアリティ番組などは、広告効果を高める会話が生じやすくなるように設計された広告に最適である。

同様の戦略は、他のメディアでも多く用いられている。インターネット広告は、それを見た人が他の人に話したくなるようなタイミングで出稿される。たとえば一日の始まり、つまり人々がコンピュータにログインしたり、職場でお互いに挨拶を交わしたりする時間や、あるいは人々が誰かと一緒にイベントに参加することが多いときとか、屋外広告に流れたメッセージを共有することが多いタイミングなどもそうである。ラジオで言えば、一日のうちで人々が一緒に番組を聞くことが多い時間帯などが当てはまる。バーやレストラン、空港などの公共の場での広告も、会話のきっかけとなり、話題を提供する重要な媒体と言えるだろう。

インターネットがもつ最大のソーシャルな資産は、ソーシャルネットワーキング・サイト自体ではなく、むしろ会話の間や直後に、情報源として使用されるインターネットの可能性にある。会話の途中でインターネットを検索することで、いままさに話しているブランドの商品の価格や購入できる場所、また特徴の比較や便益などの情報を得ることができ、そのブランドについての重要な空白を埋めることに役立つのである。

■オウンドメディアの革命

1990年代、「クラフト」のような大手ブランドは、ブランドとロイヤル・カスタマーとの絆を強固にするために、自社で雑誌を発行していた。これと同じように、製品のパッケージやラベルもまた、依然として重要なオウンドメディアの資産であり、うまく利用すれば、共有されるべき内容を届ける場所として効果を発揮するに違いない。インターネット時代になると、ブランドのアドボケーターが楽しんだり、共有したりできるコンテンツを低コストで公開できる方法も出てきた。このようなものとしてブランドの公式サイトが強調されるが、他にもビデオ共有サイトや、ソーシャルメディアのファンページなどがある。これらのツールはブランドにとって最も重要な顧客であるブランド・アドボケーターをそのブランドと結びつけてくれるので、信じられないくらい強力なツールとなる。ブランド・アドボケーターたちは、彼らの知識を深めるのに役立ち、そして友人や家族とシェアできるようなコンテンツを提供してくれるオウンドメディアに引き寄せられる。オウンドメディアは、そのコンテンツが訪問者や読者によってどの程度共有されているかによって評価されるべきである。またそのためには、コンテンツは共有しやすいようにデザインされるべきである。

ベティ・クロッカー・ブランドに関連したコンテンツのように、ゼネラル・ミルズはオウンドメディアを非常に重要視してきた。これと同じように、すべてのマーケターはオウンドメディアを育てる必要がある。次々に登場する新しい技術やトレンドを追い求めることに夢中になり過ぎて、オウンドメディアの重要性を忘れてはならない。イノベーションというものは、現在機能している基盤の上に築かれるべきであり、それを犠牲にして築くべきものではないのである。

■ クチコミ・チャネル

クチコミは、優れた商品やサービスの結果や、重要なニーズを満たすイノベーションから自然と発生することが、最も多い。私たちはまた、視覚的な手がかりの結果としても、クチコミが生まれることを見てきた。すなわち製品の可視性やマーケティング活動の可視性が、短期間にないしは長期的に、ブランドが話題に取り上げられる可能性を高めるのである。しかし、努力をそこで終えてしまってはいけない。透明性が高く倫理的な方法で行われれば、クチコミはそれ自体がチャネルにもなりうるのである。消費者はクチコミで語られている内容について詳しくなるし、興味深く価値があって楽しいプログラムには自分も参加したくなる。

これらのプログラムをデザインする場合、人々をプログラムに惹きつける鍵となる動機は、次のようなものであることを思い出すべきだ。それらは(a)最新の商品について知りたいということと、(b)わかったことを友人や家族と共有し、メーカーへフィードバックしたいということである。人々は新商品やイノベーションを最初に知る人になりたいものなので、「内部情報」や「あなたが最初に知る人です」といった内容を提案の基本とするべきである。また、すべての可能なチャネルで、ブランドのストーリーと消費者のストーリーを簡単に共有できるようにすべきである。消費者はコミュニケーションを行うときに、さまざまなチャネルを使うが、最も多く使われる会話のチャネルはオフラインである。したがって消費者が商品を試し，他の人に見せたりできるように，彼らの手の中に商品を送り届けるべきである。このためには，物理的に共有できるクーポンを提供したり，家族や友人をイベントやパーティーに招待したりする機会を提供することも検討されるべきだ。もちろん彼らは情報をシェアするためにオンライン・メディアも利用する。電子メール，ソーシャルネットワーキング・サイトへアップする近況や写真，サイトの評価やレビューへの参加などがそれである。したがって，これらのことが簡単にできるようにすべきである。

２００4年と２００8年の大統領選挙戦で候補者を勝たせたローカルな組織やハウス・パーティー社，バズエージェント社，トレマー社のような代理店が提供するプログラム，あるいはよく組織されたオンライン・コミュニティなどのように，クチコミ・ネットワークはいずれもインフルエンサーを引き寄せる。私たちは，ソーシャルメディアの世界で膨大な数のフォロワーがついている，ほんの一握りの人々について述べているのではない。こういった人々が，あなたが送った内容について何かを書いてくれたりリツイートしてくれたりすることを願うことは今後難しくなるであろうし，実際に難しくなりつつある。私たちが取り上げるのは，日常的なインフルエンサーである。彼らはその個人的なソーシャルネットワークに不釣り合いなほどの大きな影響力を持っているし，彼らがクチコミで述べるアドバイスは，平均的な人が言うことに比べて4倍もの重みがある。彼らは，今日のようなソーシャルな時代における重要な顧客であるが，こうしたプログラムによって彼らのようなインフルエンサーを惹きつけ，つながりを保つことができるだろう。

■ ネガティブなクチコミをポジティブなクチコミへ変化させる

多くの企業を足踏みさせているのが、ネガティブなクチコミへの恐れである。すなわち「もし消費者に自由に彼らの物語をシェアさせてしまったら、きっと消費者は、私たちのブランドについてネガティブなことを語るだろう」ということである。確かにそれは真実である。消費者はそうするかもしれない。しかしこの本で議論してきた事実から言えば、こうした恐れは誇張され過ぎている。人々が、自分の家で、職場で、子供のリトルリーグの試合で、オンラインの評価やレビューで、どこであろうと彼らが選んだ場所で、あなたのブランドや会社について話す内容がネガティブなものである可能性より、ポジティブなものである可能性の方がずっと大きいのである。人はポジティブな経験よりもネガティブな経験を共有したいという考えは俗説に過ぎず、そのようなことを証明する証拠はどこにもない。私たちはさまざまな情報源に基づいて本書を書き進めてきたが、そんなことを示す証拠はどこにもなかった。

もちろん、ネガティブなクチコミは発生する。しかしその場合でも、ネガティブなクチコミにはいろいろな価値がある。たとえば、「L・L・ビーン」の事例のように、修正すべき課題が明らかになり、これに対応することで、製品の品質についての評判を強化するのに役立つこともある。また、「デル」が「デルは地獄に堕ちろ」から「ファイブスター・チャレンジ」というプログラムで、非常に短期間に成功したように、自らの品質の基準を上げようとする企業にとって、ネガティブなクチコミはそれを刺激し推進する力となる。「デル」はネガティブなクチコミを恐れていた状態から、短期間で、これを喜んで取り入れる会社に変わった。「顧客からのネガティブな情報は、あなたの会社にとって最高の贈り物」なのである。

ネガティブなクチコミは、顧客や供給業者とよりよいコミュニケーションを行うきっかけになるうえに、ポジティブなメッセージに信頼性を付与することで、それがさらに広まるようにする。企業は批判を受け入れ、対処するべきであり、逃げ出すべきではない。

■クチコミをマネジメントする

私たちは、ソーシャル・マーケティング戦略を採用し、自社の経営に取り入れている企業の事例を、さまざまな段階にわたって幅広く見てきた。ソーシャル・マーケティング時代に企業が直面する最も大きな障害は、ブランドが「友人」になることを約束することから生じる、実務的な難しさである。もしブランドと友人になったら、ブランドと会話したいし、他の友人にも紹介したくなるのは自然なことだ。しかし、人々は以前の会話を思い出すために、こうした友人としてのブランドに頼ることができるだろうか。あるいは彼らとの関係を維持したまま、他の友人と一緒に行動することができるだろうか。さらにブランドは、自分のソーシャルな輪の中に招いても誇りに思える友人だろうか。どんなときでも、変わることなく頼りになる友人だろうか。

ブランドを所有しマネジメントを行う企業は巨大で複雑であり、数百、数千、時には何十万もの人々によって運営されている。現実の世界では、私たち個人や友人は、自分の両手をコントロールすることができるが、企業では自分の左手が何をしているかを右手は知らない。ブランドが消費者の友人になるためには、企業は全体論的に行動することを考え、学ぶ必要がある。そうすることで、この友達関係をよりよいものにすることができるだろうし、また首尾一貫性のある形でコントロールが可能となるだろう。いつもは組織の隅から隅まで活用したコミュニケーションを行っているのに、ブランドだけが単一のコミュニケーション・チャネルに頼るようでは、消費者と友人関係を望むことはできないのである。

「アップル」「ゼネラル・ミルズ」「トヨタ」を思い浮べてみればわかるように、きわめて高い効果を生み出しているソーシャルなブランドは、強力な文化を持つことで一貫性を保っており、すべての組織が共通の目標や期待に向かって確実に行動している。その他の成功しているブランドである「ベスト・バイ」「L・L・ビーン」「ザッポス」などは、従業員と顧客との間で品の高い相互作用が確実に行われるように、情報技術に着実な投資を行い、しっかりと教育されたカスタマー・サービス部門を持っている。「ミラークアーズ」の「コールド・アクティベーション」や、コーテックスのおしゃれな女性向けケア製品シリーズなどを見ればわかるように、商品やブランドについて心を動かされるような約束を創り出す企業もある。これによって会話が弾み、消費者は肯定的な推奨をしないではいられなくなる。

これらの企業や、本書で取り上げたその他の事例に共通していることは、彼らのアイデアや頭の柔らかさが成功をもたらしたということだ。彼らは今日のソーシャルな顧客を考慮して、組織構造やビジネスのやり方を積極的に変えようとしている。その努力は、たいていは、技術をきっかけにしてではなく、技術によって実現される。そしてこれがいちばん重要なことだが、彼らはまさに、消費者、つまり現実の人々を計画、戦略、実行の中心に置いているのだ。

フェイスブックやその他のソーシャルメディアは、ソーシャルな影響がマーケティングやビジネス、そして私たちの文化において決定的に重要な要素となる未来へと道を切り開いてきた。しかしながら彼らが切り開いてきた道は、人類がもともと持っていたソーシャルな性質を利用して得られる成功への、唯一の道ではないし、重要な道の一つですらない。ゴールドラッシュ時代に、フォーティナイナーズが一斉に「西部へ向かえ」と言われたように、私たちは皆、ソーシャルな未来の方向へ向かわなくてはならない。しかしだからといって、オンラインのソーシャルネットワーク・ツールを使おうという大きな声だけに、ただ従うのも馬鹿げているだろう。ソーシャルな影響は、私たちが人間の行動や意思決定を考える方法に関して、奥深いところで起きている一つの変化を示してはいるものの、私たちが選択可能な潜在的なソーシャル戦略は何百もある。そしてこれらのうちで最も多くの利益をもたらすものが、フェイス・トゥ・フェイスな結びつきの力に基づいたものなのである。

訳者あとがき

本書は、*The Face-to-Face Book: Why Real Relationships Rule in a Digital Marketplace* の全訳である。原著者のエド・ケラーとブラッド・フェイは、ともに米国のリサーチ業界で近年非常に注目されているリサーチャーである。その理由は、2人が立ち上げたケラー・フェイ・グループという小さな会社の「トークトラック」というクチコミ調査の仕組みが、マーケティングやクチコミ、広告などの実務の業界とアカデミックの業界の双方から、非常に高く評価されているためである。2人はリサーチ業界で20年近い経験を積んだ後、2005年にこの会社を立ち上げたが、いまでは同社のクライアントには名だたる有名企業が名を連ね、トークトラックのデータはさまざまな学術研究に用いられるようになった。またトークトラックのデータに基づいて書かれた本書は、米国のマーケティング関連で最大の団体であるAMA（米国マーケティング協会）の2013年度の最優秀書籍に選ばれ、著者の1人であるエド・ケラーは米国クチコミ・マーケティング協会の初代会長を務めた後、同協会の栄誉の殿堂（WOMMA Hall of Fame）にも選出されている。なぜトークトラックがここまで注目されているのだろうか。本書の内容を振り返りながら考えてみよう。

1940年代から1960年代に、マス・コミュニケーションの効果とクチコミとの関係に関して、いくつかの画期的な研究が出版された。これらの研究では、人々が日常生活の中で、政治問題や時事問題、映画やドラマ、広告などについていかに多くの会話を交わしているか、こうした会話がいかに人々の投票や買い物などのさまざまな意思決定に大きな影響を及ぼしているかが示されていた。加えてマスメディアやマス広告は、それまで考えられていたほど強い効果があるわけではなく、こうした人々の会話とうまく組み合わせられなければ、人々への情報伝達や説得にそれほど有効でないことも明らかにされていた。こうした研究の中でも最もよく知られているのは、ラザーズフェルドらによって行われた、1940年の大統領選挙における投票行動とクチコミについての大規模なパネル調査の報告で、「オピニオン・リーダー」という概念を最初に提示した『ピープルズ・チョイス』★や、本書第1章でも紹介されているカッツとラザーズフェルドによる『パーソナル・インフルエンス』★★、そしてこれら一連の研究の集大成となったクラッパーによる『マス・コミュニケーションの効果』★★★などである。

これらの研究は、コミュニケーションや説得、世論形成、普及等の研究分野における古典であり、こうした分野を研究しようとする者が読むべき最も基礎的な文献として位置づけられている。私（澁谷）も大学院入学直後にこうした文献をむさぼるように読み、以下のような箇所に夢中でアンダーラインを引いたことを、昨日のことのように覚えている。

(a)「どんな地域でもそしてどんな公共問題についても、その問題への関心が最も高く、かつそれについてもっともよく発言する人びとがいく人かいる……。われわれはそのような人びとを

Press.（竹内郁郎訳『パーソナル・インフルエンス：オピニオン・リーダーと人びとの意思決定』培風館，1965年）

★★★ Joseph T. Klapper (1960), *The Effects of Mass Communication*, Free Press.（NHK放送学研究室訳『マス・コミュニケーションの効果』日本放送出版協会，1966年）

『オピニオン・リーダー』と呼ぶ」（『ピープルズ・チョイス』105ページ）

（b）「概念はしばしば、ラジオや印刷物からオピニオン・リーダーに流れて、そしてオピニオン・リーダーからより能動性の低い層に流れる、という示唆がえられる」（『ピープルズ・チョイス』222ページ）

（c）「パーソナル・インフルエンスは一般的にマス・コミュニケーションよりも、より説得的である」（『マス・コミュニケーションの効果』51ページ）

（d）「人びとの行動様式を変化させようとする試みは、……孤立状態に置かれた個人を対象とする場合よりも、その問題をめぐって人びとの間に何らかの交渉が行われるような状況のもとで提案される場合の方が、ずっとうまく成功する」（『パーソナル・インフルエンス』68ページ）

（e）「マス・コミュニケーションはパーソナル・インフルエンスを刺激するもっとも効果的な手段である」（『マス・コミュニケーションの効果』105ページ）

本書を読まれた皆さんにはすぐにおわかりいただけると思うが、半世紀以上前のこれらの研究成果は、

★ Paul F. Lazarsfeld, Bernard Berelson and Hazel Gaudet (1944), *The People's Choice: How the Voter Makes up His Mind in a Presidential Campaign*, Duell, Sloan and Pearce.（有吉広介監訳『ピープルズ・チョイス：アメリカ人と大統領選挙』芦書房，1987年）

★★ Elihu Katz, and Paul F. Lazarsfeld (1955), *Personal Influence: The Part Played by People in the Flow of Mass Communications*, Free

本書で繰り返し述べられる主張とほぼ一致している。たとえば(a)の「オピニオン・リーダー」は、本書では第3章を中心に繰り返し登場する「インフルエンサー」という概念と同義であり、(b)は本書136ページで言及される「2段階流れ仮説」のオリジナルである。(c)は、本書全体にわたって展開される主張そのものであるし、(d)は、本書第5章で「共同視聴」の重要性として詳しく説明されている内容である。また(e)は、本書では「会話を焚きつける広告を創り出すことが、マーケターにとっての目的となるべきである」(163ページ)と述べられており、やはり本書の核となるメッセージの1つである。このように、本書の内容を先取りしたかのような研究が半世紀以上前にすでに刊行されており、また少なくともアカデミズムの世界では、以後の研究に対して非常に大きな影響を与えたのである。

しかしこうした初期のすぐれた研究が相次いで発表されたのとちょうど同じ頃に、米国ではテレビが急速に普及し始めており、1955年にはすでに全米の約半分の世帯に行き渡っていた。この結果1950年代から60年代にかけてマスメディアやマス広告の黄金時代が到来し、人々はテレビという新しいメディアと、魅力的なテレビ広告を創り出すマディソン街の広告マンたち(彼らについて本書第4章では、「ヒットドラマの『マッドメン』で描かれたように」と紹介している)の魔法のような能力に酔いしれた。こうした熱狂の中で、上記の一連の古典的な研究は、アカデミズムの世界では高く評価されたものの、一般にはすっかり忘れ去られてしまったのである。こうした経緯は、本書の序章や第4章でも述べられている通りである。

ここで重要なことは、こうしたマスメディアの黄金時代にも、実際には人々はテレビやマス広告から直接影響を受けるのではなく、マスメディアから得た情報をネタとして周りの人と会話しながら、相互に影響を及ぼし合う中でさまざまな意思決定をしていたということである。人々の意見や行動に最も強い影響を及ぼしていたのは、新しいメディアとしてもてはやされていたテレビではなく、ラジオや新聞でもなく、それ以前から当然のように行われていた人々の間の会話だったのである。つまり一般には忘れられてしまったラザーズフェルドやクラッパーらによる主張は、マスメディアの黄金時代にもずっと有効だったわけである。

ラザーズフェルドらの時代から約半世紀が経ち、インターネット上で人々の会話のプラットフォームを提供するSNSというサービスが生まれた2000年代に入り、その1つである「フェイスブック」が爆発的に成長したことによって、初めて人々のオンライン上の会話の力に一般の注目が集まるようになった。いまやマーケティングや広告の関係者なら誰でも、こうしたオンライン上の会話をうまく利用しなければ、マスメディアや広告が機能しないことを理解している。しかし実際には、SNSの誕生より半世紀以上も前から、それどころか太古の昔から、人々の生活や行動に最も強い力を及ぼしてきたのは、こうしたオンライン上の会話ではなく、マスメディアでもなく、日常生活の中の会話、つまり家庭や隣近所、あるいは教会や組合などにおける人々の会話だったのである。

トークトラックは、このようなことを初めて一般的なデータで明らかにしたという点で画期的だった。なぜならトークトラックは、従来別々にしか捉えることができなかった人々のオンライン上の会話とオフラインの会話とを、同一のモニターから同時に測定する大規模な仕組みを世界で初めて構築したからである。そして本書は、このようなトークトラックのデータに基づいて50年以上も前のすぐれた諸研究に改めて光を当てただけでなく、オンライン上のSNSが全盛の現代においても、なおオフラインのクチコミの力がいかに大きいかを世界で初めて一般の人々に認識させる契機にもなった。このような理由から本書は、実務と学術の両方の業界から大変高く評価されたのである。もちろん本書は50年以上前の研究に光を当てただけではなく、最新のさまざまな分野の研究によって裏付けられた知見や、最新の事例などを組み合わせて、人々の会話やソーシャルという特性について、より幅広く興味深い議論を各章で展開している。そのため本書は、ビジネス書としてだけでなく、私たちを取り巻く今日の社会を描いた最新の読み物としても、大変におもしろい本となっている。

最後に、本書の内容全般に関連するコメントを、1つだけ述べておきたい。本書では、人々が製品やサービス、ブランドに関して日常的に行う会話の90%以上はオフラインで行われるという、大変印象的な調査結果が繰り返し示されている。ここで気になるのは、このトークトラックが調査対象としている「会話」の範囲である。序章の原注2（巻末2ページ）には、トークトラックがデータを収集する会話として「対面、電話、電子メール、インスタント・メッセージ、チャット、ブログ、ツイッター、SNS、およびその他の会話」と説明されており、いわゆる「クチコミサイト」や「オンライン・コミュニティ」などに集積されている、オンライン上の他の消費者の意見・感想、経験などから得られる情報は含まれていないようである。

しかし今日の消費者は、何を買うにもどこへ行くにも、まずこうしたクチコミを調べる。このことは本書が書かれた米国でも同様であり、Yelp（レストラン）、TripAdvisor（旅行）、WebMD（医療情報）などのクチコミサイトには、毎日大変な量の投稿と、これらを読みに来る訪問者たちによる膨大なアクセスがある。これらを本書で言う「会話」（もちろんオンライン側の会話に）に含めてカウントしなくてよいだろうか、というのが訳者としてのコメントである。

ただしこのような、誰かによってオンライン上に投稿されたクチコミを別の誰かがオンライン上で読むという状況を、「会話」ととらえるかどうかについては、やや意見が分かれるところではある。一方では、クチコミサイトを介して消費者同士が意見や情報を交換しているのだから会話であると理解することもできる。しかし他方では、こうした情報を利用する消費者にとっては、データベースにアクセスして情報検索しているのと同じであり、そこで得られた情報を投稿した者は利用者の知り合いではないから、会話とは言えないという立場もある。しかしいずれにしてもこうしたサイトを経由する消費者間の膨大な情報交換は、今日一般に「クチコミ」と呼ばれており、またこうした情報が今日の消費者に及ぼす影響もきわめて大きいことは間違いない。そのため、本書で繰り返し示される「会話の90％以上はオフライン」という調査結果に関して、こうしたオンライン上のクチコミサイトなどから得られる情報を会話に含めた場合には、果たしてオンライン対オフラインがどの程度の比率になるのか、という点は消費者行動の見地から重要であるように思う。この点については、いずれケラーとフェイに会う機会があったら、ぜひ議論してみたい。

＊＊＊

訳者の1人である澁谷が本書に出会ったのは，2013年の夏の終わりであった。不勉強にも本書のこともトークトラックのことも知らなかった私は，たまたま出張で訪れたニューヨークで，最終日に「ストランド・ブックストア」という老舗書店を訪れ，地下の売り場でワゴンに山積みになっている本書に目を引きつけられた。そこは経営書のコーナーだったので，どちらかというと地味な装丁の本が多い中で，本書の華やかな装丁はひときわ目立っていたのである。山積みになっているのは，とてもよく売れているからなのか（あるいは売れ残っていたからなのか）はわからなかったが，日頃クチコミに関心があり，また帰りの飛行機の中で読む本を探していた私は，とりあえず本書を購入することにした。そして成田空港に着くまでには，すっかり夢中になって大部分を読み通してしまっていたのである。

その後私の中で，本書を翻訳してみたいという気持ちが固まるまでには，1年半の時間を要した。たまたま別件で日頃大変お世話になっている有斐閣の方とお会いした際に，本書の翻訳について初めてご相談し，あわせて本書の版権についての調査をお願いしたときには，すでに2015年の1月になっていた。もちろん初めての翻訳というプロジェクトを私1人で担えるはずもなく，すぐに日頃大変親しくさせていただいている青山学院大学経営学部の久保田進彦先生にプロジェクトに加わっていただき，またその後2人が大変頼りにし，また尊敬している若手の経営学者である関西学院大学商学部の須永努先生にも加わっていただくことになった。久保田先生はいつものように，多方面に目配りしつつ大変手際よく本プロジェクトを切り回してくださり、また須永先生もいつものように、大変緻密かつ迅速な作業で、本プロジェクトを力強く支えてくださった。お2人がいなかったら、そもそもこのプロジェクトは立ち上がることもなかった。両先生に、心から感謝を申し上げたい。

また、若手で気鋭の研究者である石田実先生（東洋大学）、鈴木和宏先生（小樽商科大学）、津村将章先生（九州産業大学）、西原彰宏先生（亜細亜大学）、増田明子先生（千葉商科大学）の皆さんには、2015年の夏休みを費やして、忙しい中を分担して本書の9つの章の下訳を作っていただいた。さらにスウェーデン在住で日本語も大変堪能なAna Mchedlidzeさんにも、校正のお手伝いをいただいた。これらの方々にも記して感謝したい。

本書の翻訳にあたっては、東北大学経済学部で私のゼミに在籍していた以下の学生諸君にも大変お世話になった。就職活動と卒業論文で多忙を極める中、本書の翻訳を手伝ってくれた石尾若菜さん、北田拓也くん、久保庭隆行くん、小松賢太くん、志賀直人くん、塚田啓吾くん、野笹友くん、牧野侑さんの8名の優秀なゼミ生たちにも、心から感謝する。

書籍の翻訳を経験したことがなく、まったく手探り状態であった私に、原著者との契約交渉や版権の獲得をはじめ、手取り足取りで本プロジェクトの立ち上げと進行を支えてくださった有斐閣の柴田守さんと尾崎大輔さんには、いくら感謝しても足りないほど感謝の気持ちでいっぱいである。同社は、そもそも翻訳書は従来あまり手がけてこなかったにもかかわらず、私からさし上げた相談を受け止めてくださり、出版の可能性について社内で真剣に検討し、ゴーサインを出してくださった。お2人を含め、有斐閣の皆さまには、重ねてお礼を申し上げたい。
最後に、私自身が２０１６年３月まで勤務した東北大学を退職し、同年4月から学習院大学に移る慌ただしいタイミングと重なり、本書の翻訳プロジェクトは大幅に遅れてしまった。翻訳に協力し支えてくださった皆さまには、大変ご迷惑をおかけしたことを心からお詫びしたい。また上記の転職に伴って研究環境のみならず生活環境も大きく変わる中で、快適だった仙台での暮らしと充実していた仕事を諦め、私を物心両面で支えてくれた妻の美穂にも心から感謝したい。

２０１６年9月10日

目白にて
澁谷　覚

■ 著者紹介

エド・ケラー（Ed Keller）

エド・ケラーはケラー・フェイ・グループの CEO であり，「クチコミの世界で最も認められた名前の 1 つ」と呼ばれてきた。また最初の著書である『インフルエンシャルズ』（*The Influentials*）は「クチコミの進展の流れを変えた本」と言われてきた。彼は米国クチコミ・マーケティング協会（WOMMA）の初代会長，およびマーケット・リサーチ協議会の元会長である。ニューヨーク在住。

ブラッド・フェイ（Brad Fay）

ブラッド・フェイはケラー・フェイ・グループの COO である。彼は，ブランドや企業についてのすべての消費者による会話をオンラインとオフラインにわたって継続的に測定するシステムであるケラー・フェイのトークトラックを開発した功績により，米国広告調査財団の最優秀イノベーション賞を受賞した。また米国クチコミ・マーケティング協会の役員を務めている。ニュージャージー在住。

フェイス・トゥ・フェイス・ブック
クチコミ・マーケティングの効果を最大限に高める秘訣
The Face-to-Face Book: Why Real Relationships Rule in a Digital Marketplace

2016 年 12 月 10 日　初版第 1 刷発行

著　者	エド・ケラー ブラッド・フェイ
訳　者	澁谷　覚 久保田進彦 須永　努
発行者	江草貞治
発行所	株式会社 有斐閣

郵便番号　101-0051
東京都千代田区神田神保町 2-17
電話　(03)3264-1315〔編集〕
(03)3265-6811〔営業〕
http://www.yuhikaku.co.jp/

装丁デザイン・吉野　愛
印刷・萩原印刷株式会社／製本・牧製本印刷株式会社

ISBN 978-4-641-16494-9

■ 訳者紹介

澁谷　覚（しぶや・さとる）
学習院大学国際社会科学部教授

マーケティング，主にオンラインとオフラインの消費者同士のコミュニケーションの差異を明らかにし，クチコミ・マーケティングに活用するための研究を専門としている。2009年に吉田秀雄記念事業財団助成研究吉田秀雄賞，2012年に日本商業学会優秀論文賞を受賞。主著に『類似性の構造と判断：他者との比較が消費者行動を変える』（有斐閣，2013年）ほか，論文等も多数。

久保田 進彦（くぼた・ゆきひこ）
青山学院大学経営学部教授

企業と顧客との長期的なつきあい（リレーションシップ）を軸にマーケティング戦略，ブランド構築の研究に取り組んでいる。2007年に日本商業学会優秀論文賞，2010年に吉田秀雄記念事業財団助成研究吉田秀雄賞，2013年に次の著書にて日本商業学会奨励賞を受賞。主著に『リレーションシップ・マーケティング：コミットメント・アプローチによる把握』（有斐閣，2012年）ほか，論文等も多数。

須永　努（すなが・つとむ）
関西学院大学商学部教授

消費者がニーズを感じてから商品を選択・使用・評価するまでの一連のプロセスを解明し，マーケティング戦略への示唆を生み出すための研究を行っている。2006年に日本商業学会優秀論文賞を受賞。主著に『消費者の購買意思決定プロセス：環境変化への適応と動態性の解明』（青山社，2010年）ほか，論文等も多数。

■ 翻訳協力者紹介

鈴木 和宏（すずき・かずひろ）　　【第1，2章担当】
小樽商科大学商学部准教授

西原 彰宏（にしはら・あきひろ）　　【第3，4章担当】
亜細亜大学経営学部准教授

石田　実（いしだ・みのる）　　【第5，6章担当】
東洋大学経営学部講師

津村 将章（つむら・まさゆき）　　【第7，8章担当】
九州産業大学商学部講師

増田 明子（ますだ・あきこ）　　【第9章担当】
千葉商科大学人間社会学部准教授

原　注

◈ 序章

1 H. W. Brands, *The Age of Gold: The California Gold Rush and the New American Dream* (New York: Doubleday, 2002).

2 トークトラック調査は米国における以下の15の分野にわたってデータを収集する：自動車，金融サービス，健康／ヘルスケア，食品／外食，飲料，ハイテク，通信，旅行，パーソナルケア／美容，家庭用品，住宅，子ども向け製品，買い物／小売／アパレル，メディア／エンターテインメント，スポーツ／娯楽／趣味。事前に調査会社のネット・アンケートへの参加を了承した人々は，「会話」に関するアンケート調査に参加するように依頼される。この調査への参加同意書の中では，回答者はある1日の「調査日」に使用する2ページの白紙の日誌を渡され，その1日の間に上記の15分野について話した回数と，それぞれの会話の中で出てきたブランドや会社の名前を書き出すことが求められていた。そのうえで回答者はネット・アンケートに進み，まず調査日に行った会話の中に出てきた分野とブランドを報告する。その際に，回答者はオフラインとオンラインの両方で行った会話について報告する（その会話とは，対面，電話，電子メール，インスタント・メッセージ，チャット，ブログ，ツイッター，SNS，およびその他の会話である)。報告の中で一定以上の回数で名前が出たブランドはコード化され追跡調査される。他方で登場回数が一定以下であったブランドは該当する分野内の「その他」に分類される。ケラー・フェイ・グループでは，13歳から69歳までのすべての人を代表するように設計された700名の回答者から新鮮な回答を収集する。回答者はさまざまな人口セグメントを正確に代表したものとなるように割り当てられ，同様に性別や年齢，人種・民族，教育レベル，地域についても偏りがないようにウェイトづけされる。

◈ 第1章

1 Mike Esterl, “Diet Coke Wins Battle in Cola Wars,” *Wall Street Journal*, March 17, 2011, 12, http://online.wsj.com/article/SB10001424052748703899704576204933906436332.html (2011年12月19日にアクセス).

2 Ken Wheaton, “A Not-So-Secret Recipe for Pepsi to Regain Its Footing,” *Advertising Age*, March 28, 2011, http://adage.com/article/cmo-strategy/a-secret-recipe-pepsi-regain-footing/149578/ (2011年12月19日にアクセス).

3 これは以下のレポートからの要約である。Dave Cavander, “Social Voice as Brand Amplifier: A New Framework for Understanding the Interrelationships of Paid, Owned and Earned Media,” by MarketShare provided to Keller Fay Group on October 28, 2011.

4 Elihu Katz and Paul Felix Lazarsfeld, *Personal Influence: The Part Played by People in the Flow of Mass Communications* (New York: Free Press, 1955).［竹内郁郎訳『パーソナル・インフルエンス：オピニオン・リーダーと人びとの意思決定』培風館，1965年］

5 Malcolm Gladwell, *Blink: The Power of Thinking without Thinking* (New York: Little, Brown, 2005).［沢田博・阿部尚美訳『第1感：「最初の2秒」の「なんとなく」が正しい』光文社，2006年］; Daniel Goleman, *Social Intelligence: The New Science of Human Relationships* (New York: Bantam Books, 2006).［土屋京子訳『SQ　生きかたの知能指数』日本経済新聞出版社，2007年］; Mark Earls, *Herd: How to Change Mass Behaviour by Harnessing Our True Nature* (Hoboken, NJ: Wiley, 2007). ; Nicholas A. Christakis and James H. Fowler, *Connected: The Surprising Power of Our Social Networks and How They Shape Our Lives* (New York: Little, Brown, 2010).［鬼澤忍訳『つながり：社会的ネットワークの驚くべき力』講談社，2010年］; Tina Rosenberg, *Join the Club: How Peer Pressure Can Transform the World* (New York: Norton, 2011).［小坂恵理訳『クール革命：貧困・教育・独裁を解決する「ソーシャル・キュア」』早川書房，2012年］; David Brooks, *The Social Animal: The Hidden Sources of Love, Character, and Achievement* (New York: Random House, 2011).［夏目大訳『人生の科学：「無意識」があなたの一生を決める』早川書房，2012年］

6 Pam Belluck, "Hearts Beat as One in a Daring Ritual," *New York Times*, May 2, 2011, http://www.nytimes.com/2011/05/03/science/03firewalker.html (2011年12月19日にアクセス).

7 クリスタキスとファウラーによるフラミンガム研究の分析に対しては,「敬意と懐疑」の両面から,数多くの批評がなされてきた。これについては以下の要約が参考となる。Andrew Gelman, "Controversy over the Christakis-Fowler Findings on the Contagion of Obesity," *The Monkey Cage Blog*, June 10, 2011, http://themonkeycage.org/blog/2011/06/10/1-lyonss-statistical-critiques-seem-reasonable-to-me-there-could-well-be-something-important-that-im-missing-but-until-i-hear-otherwise-for-example-in-a-convincing-reply-by-christakis-and-f/ (2011年12月19日にアクセス).

8 Nadine M. Connell, Pamela M. Negro, and Allison N. Pearce, "Montgomery High School Report," Social Norms Project, New Jersey Department of Education and Rowan University Center for Addiction Studies and Awareness, January 2011.

9 Terry Connolly and Lars Aberg, "Some Contagion Models of Speeding," *Journal of Accident Analysis and Prevention*, 25, no. 1 (1993): 57–66, http://www.ncbi.nlm.nih.gov/pubmed/8420535 (2011年12月19日にアクセス).

10 David Brooks, "Nice Guys Finish First," *New York Times*, May 17, 2011, http://www.nytimes.com/2011/05/17/opinion/17brooks.html (2011年12月19日にアクセス).

11 Lauren Indvik, "Social Networks to Capture 11% of Online Ad Spending in 2011," *Mashable*, January 18, 2011, http://mashable.com/2011/01/18/emarketer-social-network-ad-spending/ (2011年12月19日にアクセス).

12 Stephen D. Rappaport, *Listen First! Turning Social Media Conversations into Business Advantage* (Hoboken, NJ: Wiley, 2011).［電通ソーシャルメディアラボ訳『リッスン・ファースト!:ソーシャルリスニングの教科書』翔泳社,2012年］

13 Ed Keller and Jon Berry, *The Influentials: One American in Ten Tells the Other Nine How to Vote, Where to Eat and What to Buy* (New York: Free Press, 2003).

14 "A Brief History of WOMMA," Word of Mouth Marketing Association, 2011, http://womma.org/about/history/ (2011年12月19日にアクセス).

15 データの源泉にはニールセン社とマッキンゼー社のジョイント・ベンチャーであるNMインサイト社によるソーシャルメディア・データ,ケラー・フェイ・グループのオフライン・クチコミ・データ,Y&R社のブランド・アセット・バリュエーターのブランド・エクイティ・データ,ディセイファー社によるペレスとシャハーのための特注調査が含まれている。"Multichannel Word of Mouth: The Effect of Brand Characteristics," は,レナナ・ペレスとロン・シャハーによって,「WIMIマルチチャネル・コンファレンス」(WIMI Multi-Channel Conference) において発表された。このコンファレンスは2010年12月に,ペンシルバニア大学ウォートン・スクールとMSI (米国マーケティングサイエンス協会) がスポンサーとなって行われたものである。このプレゼンテーションはhttps://www.communicationsmgr.com/projects/1387/docs/PeresShachar_WIMI%202010.pdfで見ることができる (2011年12月19日にアクセス)。またペレスは2011年10月にも,シャハーおよびロチェスター大学のミッシェル・ラベットとともに,同じデータを用いながら,分析をさらに拡張した "On Brands and Word of Mouth" というワーキングペーパーを発表している。

16 ESPNのアーティ・バルグリンへの個人インタビューによる (2011年7月13日に実施)。

17 "Replies and Retweets on Twitter," Sysomos Inc., September 2010, http://www.sysomos.com/insidetwitter/engagement/ (2011年12月19日にアクセス).

18 Peter L. Berger and Thomas Luckmann, *The Social Construction of Reality: A Treatise in the Sociology of Knowledge* (New York: Anchor Books, 1966).［山口節郎訳『現実の社会的構成:知識社会学論考 (新版)』新曜社,2003年］

19 Jacques Bughin, Jonathan Doogan, and Ole Jørgen Vetvik, "A New Way to Measure Word-of-Mouth Marketing," *McKinsey Quarterly*, April 2010, https://www.mckinseyquarterly.com/ghost.aspx?ID=/A_new_way_to_measure_word-of-mouth_marketing_2567 (2011年12月19日にアクセス).

20 (同上書) Bughin, Doogan, and Vetvik.

21 Jackie Cohen, "Report: The 100 Most Engaging Brands on Facebook," *All Facebook*, October 4, 2011, http://www.allfacebook.com/facebook-engaging-brands-2011-10 (2011

年 12 月 19 日にアクセス). 以下も参照。University of South Australia, "Big Brands being Snubbed by Facebook Fans," *PhysOrg.com*, January 30, 2012, http://www.physorg.com/news/2012-01-big-brands-snubbed-facebook-fans.html (2012 年 1 月 30 日アクセス).

22 "Smaller Categories Still Saw Growth as the U.S. Liquid Refreshment Beverage Market Shrank by 2.0% in 2008 Beverage Marketing Corporation Reports," *Beverage Marketing*, March 30, 2009, http://www.beveragemarketing.com/?section=news&newsID=111 (2011 年 12 月 19 日にアクセス).

◈ 第 2 章

1 フラット 12 ビアワークス社のスティーブ・ハーシュバーガーへの個人インタビューによる (2011 年 10 月 18 日)。

2 とくに注記がない限り，本書で用いているケラー・フェイ・グループの「トークトラック®」のデータは，2011 年 6 月 30 日までの 12 カ月のデータに基づいている。私たちはこの間に，米国人全体の代表サンプルとなる 13 歳から 69 歳までの 3 万 7343 人に対してオンライン・インタビューを行い，またブランドや企業についての 35 万 6934 の会話データを収集した。なお本節における推定値は，週次データによるものである。

3 これらのブランド (ベライゾン，AT&T，ウォルマート，フォード，マクドナルド) は，『アドバタイジング・エイジ』誌の次の記事において，メディア支出においてトップ 10 に含まれている。Bradley Johnson, "Ad Spending Is on the Rise, but Growth Rate May Slow," *Advertising Age*, December 20, 2010, 8–10.

4 Seth Godin, *Purple Cow: Transform Your Business by Being Remarkable* (New York: Do You Zoom, 2003), 2–3. [門田美鈴訳『「紫の牛」を売れ！』ダイヤモンド社，2004 年]

5 2011 年 6 月 30 日までの 12 カ月において，人々に最も語られたトップ 40 ブランドは以下の通りである。コカ・コーラ，ウォルマート，ベライゾン，AT & T，ペプシ，アップル，フォード，ソニー，マクドナルド，デル，シボレー，ターゲット，NFL，HP，スプリント，トヨタ，サムスン，ナイキ，iPhone，T-モバイル，マイクロソフト，ホンダ，iPod，マウンテンデュー，ドクターペッパー，バンク・オブ・アメリカ，スプライト，ダッジ，JP モルガン，チェース，メイシーズ，NBA，コールズ，JC ペニー，ホームデポ，バーガーキング，LG，ダヴ，タコベル，ロウズ (ケラー・フェイ・グループ LLC より)。

6 "The Steak Is the Sizzle: A Study on Product Attributes That Drive Word-of-Mouth Success," Keller Fay Group and BuzzAgent, July 2006, http://www.kellerfay.com/wp-content/uploads/2011/01/Keller-Fay-WOM-Drivers-Study-July-2006.pdf (2011 年 12 月 19 日にアクセス).

7 Jonah Berger and Eric Schwartz, "What Drives Immediate and Ongoing Word-of-Mouth," *Journal of Marketing Research*, 48 (October 2011): 869–880; Jonah Berger and Katherine Milkman, "What Makes Online Content Viral," *Journal of Marketing Research* 49 (April 2012): 192–205.

8 Jonah Berger and Eric Schwartz, "What Drives Immediate and Ongoing Word-of-Mouth?" *Journal of Marketing Research*, 48 (October 2011): 869–880, marketing.wharton.upenn.edu/documents/research/BzzAgent.pdf (2011 年 12 月 19 日にアクセス).

9 ミラークアーズ社のアンディ・イングランドへの個人インタビューによる (2011 年 1 月 21 日)。

10 イーサン・ホワイトヒル，ルー・サーマン，キース・ヴィラによる『ザ・ブランド・ショー』(*The Brand Show*) の 2011 年 2 月 4 日のポッドキャストの書き起こし。http://twowest.com/podcasts/thebrandshow/2011/transcripts/thebrandshow_BlueMoon_Keith_Villa_110204.pdf (2011 年 12 月 19 日にアクセス).

11 Tim Manners, "Blue Moon Beer," *Reveries.com*, November 2006, http://www.reveries.com/2006/11/blue-moon-beer/ (2011 年 12 月 19 日にアクセス).

12 "Coors Light Announces a Better Way to Vent," クアーズ社の 2008 年 4 月 7 日のプレスリリース，http://www.reuters.com/article/2008/04/07/idUS104809+07-Apr-2008+BW20080407 (2011 年 12 月 19 日にアクセス).

13 Stuart Elliot, "Coors Light Uses Cold to Turn Up Heat on Rivals," *New York Times*, April 27, 2009, http://www.nytimes.com/2009/04/27/business/media/27adnews

letter1.html（2011 年 12 月 19 日にアクセス）.

14 2011 年 6 月 12 日に行われた米国広告調査財団（ARF）の「オーディエンス測定 6.0」コンファレンスにおけるデイヴィッド・ブルックスの基調講演。

15 Jonah Lehrer, *How We Decide* (New York: Houghton Mifflin, 2009), 17.［門脇陽子訳『一流のプロは「感情脳」で決断する』アスペクト，2009 年］

16 Emanuel Rosen, *The Anatomy of Buzz: How to Create Word-of-Mouth Marketing* (New York: Random House, 2000) and *The Anatomy of Buzz Revisited* (New York: Crown Business, 2009).［濱岡豊訳『クチコミはこうしてつくられる：おもしろさが伝染するバズ・マーケティング』日本経済新聞社，2002 年］

17 エマニュエル・ローゼンのブログ「*The Anatomy of Buzz*」の 2009 年 9 月 29 日のエントリー，“The Biggest Misconception about Word of Mouth,” http://anatomyofbuzz.blogspot.com/2009_09_01_archive.html（2011 年 12 月 19 日にアクセス）。

18 トムス社のオンライン上のコメントは以下で見ることができる。http://www.toms.com/review/product/view/id/14730（2011 年 12 月 19 日にアクセス）

19 Chip Heath and Dan Heath, *Made to Stick* (New York: Random House, 2007).［飯岡美紀訳『アイデアのちから』日経 BP 社，2008 年］

20 （同上書）Heath and Heath, 67–68.

21 チックフィレイ社のカンパニー・ファクト・シート 2011 より，http://www.chick-fil-a.com/Company/Highlights-Fact-Sheets（2011 年 12 月 19 日にアクセス）。

22 チックフィレイ社のクチコミは 84%がポジティブであり，3%がネガティブであり，5%が混合的である。この数字はトークトラックで測定された 18 のファストフード・レストランの中で最高である。

23 チックフィレイ社の 2011 年 6 月のプレスリリース “Chick-fil-A’s Closed-on-Sundays Policy,” による，http://www.chick-fil- a.com/Media/PDF/ClosedonSundaypolicy-b.pdf（2011 年 12 月 19 日にアクセス）。

24 Steve Knox, Anthony Pralle, Kate Sayre, and Jody Visser, “Harnessing the Power of Advocacy Marketing,” Boston Consulting Group, March 7, 2011, http://www.bcg.com/documents/file74205.pdf（2011 年 12 月 19 日にアクセス）.

25 Steve Knox, “Why Effective Word-of-Mouth Disrupts Schemas,” *Advertising Age*, January 25, 2010, http://adage.com/article/cmo-strategy/marketing-effective-word-mouth-disrupts-schemas/141734/（2011 年 12 月 19 日にアクセス）.

26 Chick-fil-A “Daddy-Daughter Date Night,” 2011, http://daddydaughterdate.com（2011 年 12 月 19 日にアクセス）.

27 チックフィレイ社の L. J. ヤンコフスキーへの個人インタビューによる（2011 年 6 月 15 日）。

28 ボストン・コンサルティング・グループのスティーブ・ノックスへの個人インタビューによる（2011 年 4 月 18 日）。

29 ドミノ・ピザ社の 2010 年 1 月 22 日のオンライン・ビデオ・クリップ “Domino’s Pizza at the Door of Our Harshest Critics,” より，http://www.youtube.com/watch?v=-SwLn8ZPcUk&NR=1（2011 年 12 月 19 日にアクセス）。

30 チャック・ポーターは，2011 年 3 月 20 日～23 日に行われた米国広告調査財団（ARF）による「Re:Think 2011 Conference」において “Getting to Powerfully Creative Ads through Creative Business Strategies” というプレゼンテーションを行った。このプレゼンテーションは以下で見ることができる。http://www.youtube.com/watch?v=53ynSlan1kk（2011 年 12 月 19 日にアクセス）

31 David Gelles and Alan Rappaport, “Domino’s Eats a Slice of Humble Pie in Push to Boost Sales,” *Financial Times*, May 6, 2011, 9.

◆ 第 3 章

1 Malcolm Gladwell, *The Tipping Point: How Little Things Can Make a Big Difference* (New York: Little, Brown, 2000), 32.［高橋啓訳『急に売れ始めるにはワケがある：ネットワーク理論が明らかにする口コミの法則』ソフトバンククリエイティブ，2007 年］

2 ジェレミー・オーヤンのブログ「*Web Strateg*」を参照。http://www.web-strategist.com/blog/2011/02/21/klout-for-business-a-sometimes-useful-metric-but-an-incomplete-

view-of-customers/（2011年12月19日にアクセス）

3 リシャド・トバコワラ（@rishadt）の2011年7月16日のツイッター投稿，“Klout is not Clout. Little to no offline influence. Easy to game. Bias to Frequency vs Quality.”

4 クラウト社は，ツイッターの分析から始まり，その後，フェイスブックの分析（ただしフェイスブック・コネクトを通じてサインオンした人々の分析のみ）も加えた。2011年6月にリンクトインを追加し，2011年8月にフリッカー，インスタグラム，ラスト・エフエム，タンブラー，そしてブロガーを追加した。

5 Josh Bernoff and Ted Schadler, *Empowered: Unleash Your Employees, Energize Your Customers, Transform Your Business* (Boston: Harvard Business Review Press, 2010), 37–56.［黒輪篤嗣訳『エンパワード：ソーシャルメディアを最大活用する組織体制』翔泳社，2011年］

6 Jon Carson, in *Electing the President 2008: The Insiders' View*, ed. Kathleen Hall Jamieson (Philadelphia: University of Pennsylvania Press, 2009), 42.

7 オバマの2008年選挙キャンペーンに関わったメアリー・ジョイスへの個人インタビューによる（2011年7月1日）。

8 Claire Cain Miller, “How Obama's Internet Campaign Changed Politics,” *New York Times*, November 7, 2008, http://bits.blogs.nytimes.com/2008/11/07/how-obamas-internet-changed-politics/（2012年1月31日にアクセス）.

9 John F. Harris, “In Ohio, Building a Political Echo: Campaigns Rely on Word of Mouth to Spread Message,” *Washington Post*, May 12, 2004, A1, http://www.washingtonpost.com/wp-dyn/articles/A19040-2004May11.html（2011年12月19日にアクセス）.

10 ブッシュの2004年の選挙キャンペーンに関わったマシュー・ダウドへの個人インタビューによる（2011年5月12日）。

11 Douglas Sosnik, Matthew Dowd, and Ron Fournier, *Applebee's America: How Successful Political, Business, and Religious Leaders Connect with the New American Community* (New York: Simon & Schuster, 2006), 31.

12 同上書，186.

13 Gabriel Weimann, “The Influentials: Back to the Concept of Opinion Leaders?,” *Public Opinion Quarterly*, 55, no. 2 (1991): 267–279. 以下の文献も参照のこと。Ronald Burt, “A Note on Social Capital and Network Content,” *Social Networks*, 19, no. 4 (1997): 355–373; Alexa Bezjian-Avery, Bobby Calder, and Dawn Iacobucci, “New Media Interactive Advertising vs. Traditional Advertising,” *Journal of Advertising Research*, July/August 1998, 23–33; Christophe Van Den Bulte and Stefan Wuyts, *Social Networks and Marketing* (Cambridge, MA: Marketing Science Institute, 2007); Jacob Goldenberg, Sangman Han, Donald Lehmann, and Jae Weon Hong, “The Role of Hubs in the Adoption Process,” *Journal of Marketing*, 73, no. 2 (2009): 1–13.

14 Douglas Sosnik, Matthew Dowd, and Ron Fournier, *Applebee's America: How Successful Political, Business, and Religious Leaders Connect with the New American Community* (New York: Simon & Schuster, 2006), 188.

15 David Plouffe, in *Electing the President 2008: The Insiders' View*, ed. Kathleen Hall Jamieson (Philadelphia: University of Pennsylvania Press, 2009), 40. 以下の文献も参照のこと。Steve Peoples, “Final House Race Decided; GOP Net Gain: 63 Seats,” *Roll Call*, December 8, 2010, http://www.rollcall.com/news/-201279-1.html（2011年12月19日にアクセス）.

16 それからの私たちのインフルエンサーのセグメンテーション活動は，英国およびオーストラリアにおけるグループ企業による調査によって行われたものと，調査はメキシコ，韓国，ギリシャ，日本，ロシアにおいて，顧客の要望に応じて行われたものであった。また英国における IPA「タッチポイント」調査と米国における「タッチポイント」調査はメディア・ビヘイビア・インスティトュート社によって行われたものである。

17 Word of Mouth Marketing Association, *The WOMMA Influencer Handbook*, 2008, http://womma.org/membercenter/influencerhandbook.php（2011年12月19日にアクセス）.

18 Ed Keller and Jon Berry, *The Influentials: One American in Ten Tells the Other Nine How to Vote, Where to Eat and What to Buy* (New York: Free Press, 2003), 163.

19 Malcolm Gladwell, *The Tipping Point: How Little Things Can Make a Big Difference*

(New York: Little, Brown, 2000), 33.［高橋啓訳『急に売れ始めるにはワケがある：ネットワーク理論が明らかにする口コミの法則』ソフトバンククリエイティブ，2007年］グラッドウェルによると，鍵となるのは「少数の法則」である。世の中には，ソーシャルな伝播に強い影響を及ぼす「特別で稀有なソーシャルの才能をもった」人々が，確かに存在する。グラッドウェルはこのような人々を「コネクターズ」「メイヴン（情報通）」「セールスマン」と呼んでいる。これらの言葉は『*The Tipping Point*』によってすぐに業界用語となった。グラッドウェルはクチコミの伝染的な広まりについて，メイヴン（メッセージを提供する“データバンク”）とコネクターズ（それらを広めるための“ソーシャルな接着剤”）とセールスマン（“耳にしたことを行うように他者を説得する人々”）の組合せが必要だと述べている。

20 エド・ケラーとレイチェル・スワンソンは，2010年3月22日～24日に行われた米国広告調査財団（ARF）による「Re: Think 2010 Conference」において“Return on Influence: From Buzz to Buy”というプレゼンテーションを行った。このプレゼンテーションは以下で見ることができる。http://www.slideshare.net/gsweeton/keller-fay-conde-nast-arf-paper-3-2410（2011年12月19日にアクセス）

21 Barak Libai, Eitan Muller, and Renana Peres, “The Sources of Social Value in Word of Mouth Programs,” Marketing Sciences Institute, Working Paper Series（2010）: 10–103, http://www.msi.org/publications/publication.cfm?pub=1694（2011年12月19日にアクセス）．バラク・リバイはイスラエルにあるアリソン・ビジネススクール学際センターの教授である。彼は以前，レカナーティ経営大学院経営学研究科，テルアビブ大学，そしてテクニオン・イスラエル工科大学の産業エンジニアリング管理の教員であり，またマサチューセッツ工科大学スローン・マネジメント・スクールの客員教授でもあった。彼の研究はクチコミのような顧客のソーシャルな影響や，それらが新製品の成長，企業の収益性，新製品市場の成長，そして顧客関係性管理に及ぼす影響について扱っている。

22 Jacques Bughin, Jonathan Doogan, and Ole Jørgen Vetvik, “A New Way to Measure Word-of-Mouth Marketing,” *McKinsey Quarterly*, April 2010, https://www.mckinseyquarterly.com/ghost.aspx?ID=/A_new_way_to_measure_word-of-mouth_marketing_2567（2011年12月19日にアクセス）．

23 フラット12ビアワークス社のスティーブ・ハーシュバーガーへの個人インタビューによる（2011年10月18日）。

24 ブレイン・オン・ファイア社のロビン・フィリップスへの個人インタビューによる（2011年10月25日）。

25 “Marketing with a Whisper,” *Fast Company*, January 11, 2003, http://www.fastcompany.com/fast50_04/winners/stewart.html（2011年12月19日にアクセス）．

26 フィズ社テッド・ライトのへの個人インタビューによる（2011年8月9日）。

27 Kimberly Smith, *Influencer Marketing Success Stories: Case Study Collection*（Marketing Profs, online, 2011）: 18–19. 第5章“Increasing Sales–American Dairy Association Mideast”を参照のこと。

◆ 第4章

1 調査では多くの消費者が広告に対して何らかの不満を示しており，その数は増えている。たとえば，2010年秋の調査に回答した消費者の72%が，「番組の邪魔ばかりするので，テレビ広告は不快である」という項目に同意し，82%の消費者が「広告は不必要な製品を使うように人々を焚きつけている」という項目に同意している。さらに，51%以上の消費者が，CM中に席を立って何か別のことをすることが「多い」と答えており，52%の消費者がCMを無視して同じ部室にいる人と話をすると回答している。GfK Roper Consulting, Roper Reports U.S., Fall Core Study 2010, Fall Core Study 2008より。

2 “U.S. Annual Advertising Spending Since 1919,” *Coen Structured Advertising Expenditure Dataset*, PQ Media, 2005 figures, http://www.galbithink.org/ad-spending.htm（2011年12月20日アクセス）．

3 Douglas McGray, “How Carrots Became the New Junk Food,” *Fast Company*, March 22, 2011, http://www.fastcompany.com/magazine/154/the-new-junk-food.html（2011年12月19日アクセス）．

4 クリスピン・ポーター＋ボガスキー社のロブ・ライリーに対する個人的なインタビュー（2011 年 4 月 11 日）。

5 クリスピン・ポーター＋ボガスキー社のロブ・ライリーに対する個人的なインタビュー（2011 年 4 月 11 日）。 米国広告調査財団（ARF）のカンファレンスである「Re:Think 2011」（2011 年 3 月 20 日～ 23 日開催）におけるチャック・ポーターの講演 “Getting to Powerfully Creative Ads through Creative Business Strategies” も参照されたい。http://www.youtube.com/watch?v=53ynSlan1kk（2011 年 12 月 20 日アクセス）.

6 Seth Godin, *Unleashing the Ideavirus* (New York: Hyperion, 2001), 15. ［大橋禅太郎訳『バイラルマーケティング：アイディアバイルスを解き放て！』翔泳社，2001 年］

7 クリスピン・ポーター＋ボガスキー社のロブ・ライリーに対する個人的なインタビュー（2011 年 4 月 11 日）。

8 Ernest Dichter, “How Word-of-Mouth Advertising Works,” *Harvard Business Review*, 44, no. 6 (1966): 147–160.

9 Lynne Ames, “The View from Peekskill: Tending the Flame of a Motivator,” *New York Times*, August 2, 1998, http://www.nytimes.com/1998/08/02/nyregion/the-view-from-peekskill-tending-the-flame-of-a-motivator.html?src=pm（2011 年 12 月 19 日アクセス）.

10 Elihu Katz and Paul Felix Lazarsfeld, *Personal Influence: The Part Played by People in the Flow of Mass Communications* (New York: Free Press, 1955). ［竹内郁郎訳『パーソナル・インフルエンス：オピニオン・リーダーと人びとの意思決定』培風館，1965 年］

11 （本章注 8 の文献）Dichter, 147.

12 John McDonough, “Why 1960 Is the Golden Age of Advertising,” *Advertising Age*, June 23, 2008, C6.

13 “How to Create Word-of-Mouth Advertising”（カーシェンバウム＆ボンド社のパンフレット）。2011 年初め，ケラー・フェイはこのパンフレットが含まれたジョン・ボンドのファイルを共有した 。以下も参照されたい。http://www.kbsp.com/（2011 年 12 月 19 日アクセス）

14 ジョン・ボンド（当時カーシェンバウム＆ボンド社）に対する個人的なインタビュー（2011 年 3 月 9 日・11 日）。

15 Tina Rosenberg, *Join the Club: How Peer Pressure Can Transform the World* (New York: Norton, 2011).

16 スナップルの創設者はハイマン・ゴールデン，アーノルド・グリーンバーグ，レナード・マーシュである。

17 Maureen Morrison, “Jon Bond Joins Social-Media Agency Big Fuel,” *Advertising Age*, January 12, 2011, http://adage.com/article/agency-news/jon-bond-joins-social-media-agency-big- fuel/148158/（2011 年 12 月 19 日アクセス）.

18 2011 年 7 月，ビッグ・フーエル社は株式の大半を広告関連持株会社であるパブリシス・グループ社に売却した。Kunur Patel, “Behind Big Fuel’s Sale to Publicis Groupe,” *Advertising Age*, July 18, 2011, http://adage.com/article/agency-news/big-fuel-s-sale-publicis-groupe/228769/（2011 年 12 月 19 日アクセス）.

19 Jack Neff and Lisa Sanders, “It’s Broken,” *Advertising Age*, February 16, 2004.

20 Brian Steinberg, “As 30-Second Spot Fades, What Will Advertisers Do Next?,” *Wall Street Journal*, January 3, 2006, http://online.wsj.com/article/SB113624334456335918.html?mod=todays_us_marketplace（2011 年 12 月 20 日アクセス）.

21 Brian Steinberg, “Are Advertisers in Love with TV Again? 2011 Upfront Totals $8.8 Billion to $9.3 Billion, but Doesn’t Beat 2004 Benchmark,” *Advertising Age*, June 9, 2011, http://adage.com/article/special-report-tv-upfront/2011-upfront-totals-8-8-billion-9-3-billion-tops-2010/228102/（2011 年 12 月 20 日アクセス）.

22 “Deloitte Technology, Media and Telecommunications (TMT) Predictions 2011” Deloitte Touche Tohmatsu, Ltd., Bucharest, Romania, January 19, 2011, http://www.deloitte.com/assets/Dcom-Romania/Local%20Assets/Documents/EN/TMT/ro_TMT_Predictions_011911.pdf (2011 年 12 月 20 日アクセス）.

23 私たちの論文 “The Role of Advertising in Word of Mouth” は，*Journal of Advertising Research* の特集号（第 49 巻第 2 号，2009 年）“What We Know about Advertising: 21 Watertight Laws for Intelligent Advertising Decisions” に掲載された（154 ～ 158 ページ）。この予測は，ブランドに関する言及と 13 ～ 69 歳の国勢調査データに基づいて

いる。
24 Emanuel Rosen, "Conversation Starter: In a World of Word-of-Mouth Buzz, Marketers Need to Trigger the Talk," *Adweek*, April 12, 2010, http://www.adweek.com/news/advertising-branding/conversation-starter-102037（2011 年 12 月 20 日アクセス）.
25 Aaron Smith, "Super Bowl Ad: Is $3 Million Worth It?," *CNN Money*, February 3, 2011, money.cnn.com/2011/02/03/news/companies/super_bowl_ads/index.htm（2011 年 12 月 20 日アクセス）.
26 Katherine Dorsett, "Rather Watch Ads Than the Super Bowl?," *CNN Online*, February 4, 2011, http://www.cnn.com/2011/US/02/03/super.bowl.ads.commercial/index.html（2011 年 12 月 19 日アクセス）.
27 アウディ社のスコット・キーオに対する個人的なインタビュー（2011 年 2 月 2 日）。

◈ 第 5 章

1 Stuart Elliott, "Effort to Provide TV Ratings by Brand Moves Ahead," *New York Times*, February 10, 2011, http://mediadecoder.blogs.nytimes.com/2011/02/10/effort-to-provide-tv-ratings-by-brand-moves-ahead/（2011 年 12 月 19 日アクセス）.
2 "Turner Expands 'TV In Context,'" *New York Times*, May 20, 2009, http://mediadecoder.blogs.nytimes.com/2009/05/20/upfronts-turner-expands-tv-in-context/（2011 年 12 月 20 日アクセス）.
3 Steven Bellman, John R. Rossiter, Anika Schweda, and Duane Varan, "How Co-Viewing Reduces the Effectiveness of TV Advertising," *Journal of Marketing Communications*, January, 2011, www.tandfonline.com/doi/abs/10.1080/13527266.2010.531750#preview（2011 年 12 月 20 日アクセス）.
4 Robert B. Zajonc, "Social Facilitation: A Solution Is Suggested for an Old Unresolved Social Psychological Problem," *Science*, 149, no. 3681 (1965): 269–274.
5 Anca Cristina Micu and Joseph T. Plummer, "On the Road to a New Effectiveness Model: Measuring Emotional Responses to Television Advertising," Advertising Research Foundation and the American Association of Advertising Agencies Task Force, March 2007, http://www.aaaa.org/working/essentials/Documents/tv_road.pdf（2011 年 12 月 20 日アクセス）. 以下も参照されたい。Peter Field, Donald Gunn, and Janet Hull, "The Link between Creativity and Ad Effectiveness: The Growing Imperative to Embrace Creativity," The Gunn Report and Institute of Practitioners in Advertising in association with Thinkbox, March 2011, http://www.thinkbox.tv/upload/pdf/Creativity_and_Effectiveness_Report.pdf（2011 年 12 月 20 日アクセス）.
6 Donald B. Calne, *Within Reason: Rationality and Human Behavior* (New York: Pantheon Books, 1999).
7 Eric Gershon, "At World Cup, ESPN Looks to Become a Global Star," *Hartford (Ct.) Courant*, June 9, 2010, http://articles.courant.com/2010-06-09/sports/hc-espn-worldcup-0609-20100609_1_world-cups-south-africa-soccer-teams（2011 年 12 月 20 日アクセス）.
8 Richard Sandomir, "World Cup Ratings Certify a TV Winner," *New York Times*, June 28, 2010, http://www.nytimes.com/2010/06/29/sports/soccer/29sandomir.html（2011 年 12 月 20 日アクセス）. また，私たちは 2011 年 12 月 2 日，ESPN の調査・販売開発担当上級副社長であるアーティ・バルグリンに電子メールを送り，ニールセンのデータを提供していただいた。私たちはそれに基づき，最終的な数値をアップデートした。
9 Nick Green, "Where to Watch the World Cup in LA," *Los Angeles: The Official Guide*, 2010, http://discoverlosangeles.com/play/activities-and-recreation/outdoors-and-sports/where-to-watch-the-world-cup-in-la.html（2011 年 12 月 20 日アクセス）.
10 "Walking the Path: Exploring the Drivers of Expression" は 2003 年 6 月に開催された「ESOMAR Worldwide Audience Measurement Conference」においてアレックス・チザム，ヘンリー・ジェンキンス，ステイシー・リン・コーナー，ブライアン・タイゼン，サンギータ・シュレストーヴァ，デビッド・アーンストによって発表された。
11 "Word of Mouth and the Internet," Google and Keller Fay Group, June 2011, http://www.gstatic.com/ads/research/en/2011_Word_of_Mouth_Study.pdf（2011 年 12 月 20 日アクセス）.

12 "How Social Are Social Media Audience, Really?" は 2011 年 3 月 20 日〜 23 日に開催された米国広告調査財団（ARF）のカンファレンスである「Re:Think 2011」において，ブラッド・フェイとローレン・ハドレーによって発表された。そのときのプレゼンテーションは以下で閲覧することができる。http://www.slideshare.net/kellerfay/how-social-are-social-media-audiences-really（2011 年 12 月 20 日アクセス）

13 デイビッド・E. ポルトラックが「UBS Media and Communication Conference」（2010 年 12 月 6 日開催）で行ったプレゼンテーション "Food for Thought"。Dave Morgan, "CBS Audience Five Times Bigger Than Facebook," OnlineSPIN, December 9, 2010 にも引用されている。http://www.mediapost.com/publications/?art_aid=141044&fa=Articles.showArticle（2011 年 12 月 20 日アクセス）

14 Walter Isaacson, *Steve Jobs*（New York: Simon & Schuster, 2011）［井口耕二訳『スティーブ・ジョブズ』講談社，2011 年］. とくに，第 29 章 "Apple Stores" を参照されたい。

15 マーケティング・ミックス・モデリングに関する他の例としては，以下を参照されたい。米国広告調査財団（ARF）の「Audience Measurement 6.0 Conference」（2011 年 6 月 13 日開催）におけるグレッグ・ファロ，マシュー・サト，ブラッド・フェイによる プレゼンテーション "How WOM Drives AT&T's Sales". このプレゼンテーションは以下で閲覧できる。http://www.slideshare.net/kellerfay/word-of-mouths-role-in-driving-sales（2011 年 12 月 20 日アクセス）

16 2011 年 4 月に開催されたクチコミ・マーケティング協会におけるグレアム・ハットンのプレゼンテーション "Determining the Impact of Advertising on Word of Mouth." このプレゼンテーションは以下で閲覧できる。http://www.slideshare.net/WOMMAssociation/does-advertising-affect-word-of- mouth（2011 年 12 月 20 日アクセス）

17 カンター・メディア・インテリジェンスは，広告主に戦略的広告に関する英知を提供している企業であり，その知見は本研究でもソニーとその競合他社の広告費を追跡するために用いられた。http://kantarmediana.com/intelligence（2011 年 12 月 20 日アクセス）

18 Brad Fay and Graeme Hutton, "Advertising Worth Talking About," *AdMap*, November 2010, 15, www.kellerfay.com/wp-content/uploads/2011/01/ADMFayHutton.pdf（2011 年 12 月 20 日アクセス）.

19 2011 年 3 月 20 日〜 23 日に開催された米国広告調査財団（ARF）のカンファレンスである「Re:Think 2011」におけるトニー・カーディネイルとエド・ケラーによるプレゼンテーション "Supercharging the Path to Purchase: Using Word-of-Mouth to Drive More Consumers to Buy." このプレゼンテーションは以下で閲覧できる。http://www.slideshare.net/kellerfay/supercharging-the-path-to-purchase-using-word-of-mouth-to-drive-more-consumers-to-buy（2011 年 12 月 20 日アクセス）

20 "Welcome to IPA TouchPoints," Institute of Practitioners of Advertising, http://www.ipa.co.uk/Content/TouchPoints-Site-Home（2011 年 12 月 21 日アクセス）. IPA Touch Points は，15 歳以上の英国人 5400 人を対象とした調査であり，各自のモバイル端末に入力された日記と自記入式調査票によって収集された情報を提供している。調査は 2009 年 9 月から 2010 年 2 月にかけて実施された。各回答者は，30 分ごとに区切られた 7 日間以上のモバイル端末日記の記入と，メディアの利用と態度，買い物，そしてライフスタイルを網羅した自記入式調査票への回答の双方を行った。同報告書に示された知見は，TP3 の日記部分に焦点を当てている。その日記には，以下のような情報が 30 分ごとに記録されている。それは，回答者の居場所，一緒にいた人，何をしていたか（メディアを利用していた，連絡を取っていた，など），利用していたメディア，およびそのときの気分である。Peter Field, Donald Gunn, and Janet Hull, "The Link between Creativity and Ad Effectiveness: The Growing Imperative to Embrace Creativity," The Gunn Report and Institute of Practitioners in Advertising in association with Thinkbox, March 2011 を参照されたい。

21 2010 年，本調査は米国でも開始された。米国では，メディア行動研究所が調査を請け負った。

22 Marshall McLuhan, *Understanding Media: The Extensions of Man*（New York: McGraw Hill, 1964）, 7.［後藤和彦・高儀進訳『人間拡張の原理：メディアの理解』竹内書店，1967 年］。以下も参照されたい。Mark Federman, "What Is the Meaning of the Medium Is the Message?," July 23, 2004, http://individual.utoronto.ca/

markfederman/article_mediumisthemessage.htm（2011 年 12 月 20 日アクセス）.

◆ 第 6 章

1 Clint Boulton, "Facebook Worth $50B after Goldman Sachs Investment," *e-WEEK*, January 22, 2011, http://www.eweek.com/c/a/Government-IT/Facebook-Worth-50B-After-Goldman-Sachs-Investment-124739/（2011 年 12 月 20 日アクセス）. 以下も参照されたい。Tomio Geron, "New Investment Fund Values Twitter at $4.1 Billion," *Wall Street Journal*, January 4, 2011, http://blogs.wsj.com/digits/2011/01/04/new-investment-fund-values-twitter-at-41-billion/（2011 年 12 月 20 日アクセス）; Stu Woo, Lynn Cowan, and Pui-Wing Tam, "LinkedIn IPO Soars, Feeding Web Boom," *Wall Street Journal*, May 20, 2011, http://online.wsj.com/article/SB10001424052748704816604576333132239509622.html（2011 年 12 月 20 日アクセス）.

2 「バザーボイス・ソーシャル・コマース・サミット」（2011 年 4 月 4 日～ 6 日にテキサス・オースティンにて開催）におけるダン・ローズの基調講演。http://www.bazaarvoice.com/blog/2011/04/11/mirrors-not-billboards-redesigning-your-brand%E2%80%99s-presence-for-the-social-web-2/（2011 年 12 月 20 日アクセス）

3 Beth Snyder Bulik, "Marketer of the Decade: Apple," *Advertising Age*, October 18, 2010, http://adage.com/article/special-report-marketer-of-the-year-2010/marketer-decade-apple/146492/（2011 年 12 月 20 日アクセス）.

4 Natalie Zmuda, "Risk or Opportunity? PepsiCo Pulls Beverage Ads from Super Bowl," *Advertising Age*, December 17, 2009, http://adage.com/article/special-report-super-bowl-2010/advertising-pepsico-pulls-beverage-ads-super-bowl/141149/（2011 年 12 月 20 日アクセス）. 以下も参照されたい。"A Not-So-Secret Recipe for Pepsi to Regain Its Footing," *Advertising Age*, editorial, March 28, 2011, http://adage.com/article/cmo-strategy/a-secret-recipe-pepsi-regain-footing/149578/（2011 年 12 月 20 日アクセス）.

5 Mike Esterl, "Pepsi Thirsty for a Comeback," *Wall Street Journal*, March 18, 2011, http://online.wsj.com/article/SB10001424052748703818204576206653259805970.html（2011 年 12 月 20 日アクセス）.

6 Jennifer Preston, "Pepsi Bets on Local Grants, Not the Super Bowl," *New York Times*, January 30, 2011, http://www.nytimes.com/2011/01/31/business/media/31pepsi.html?_r=1（2011 年 12 月 20 日アクセス）.

7 Steve Rubel, "In Battle between Social and Mainstream, Hybrid Media Will Be the Winner," *Ad Age* blogs, October 10, 2011, http://adage.com/article/viewpoint/hybrid-media-trumps-social-mainstream/230273/（2011 年 12 月 19 日アクセス）.

8 Stefanie N, "@DellOutlet Surpasses $2 Million on Twitter," Dell, June 11, 2009, http://en.community.dell.com/dell-blogs/direct2dell/b/direct2dell/archive/2009/06/11/delloutlet-surpasses-2-million-on-twitter.aspx（2011 年 12 月 20 日アクセス）.

9 Shiv Singh, "Will You Tie Bonuses to Facebook Fan Counts?," *Going Social Now*, August 22, 2011, http://www.goingsocialnow.com/2011/04/tie-corporate-bonuses-to-faceb.php（2011 年 12 月 20 日アクセス）.

10 Sally Dickerson, "Paid, Owned and Earned−How to Measure Their Effectiveness and Synergy," paper presented at the British Library, London, November 8, 2011.

11 Sucharita Mulpuru, "The Purchase Path of Online Buyers," Forrester Research, Inc., March 16, 2011, http://www.forrester.com/rb/go?docid=58942&oid=1-IJJHSS&action=5（2011 年 12 月 20 日アクセス）.

12 Todd Wasserman, "Social Media Has Little Impact on Online Retail Purchases," *Mashable*, April 27, 2011, http://mashable.com/2011/04/27/social-media-retail-purchases/（2011 年 12 月 20 日アクセス）.

13 "The Vitrue 100: Consumer Electronics Reigned Supreme in 2010," *Vitrue*, January 7, 2011, http://www.vitrue.com/the-vitrue-100-consumer-electronics-reigned-supreme-in-2010（2011 年 12 月 20 日アクセス）.

14 Carolyn Heller and Guatam Parasnis, "From Social Media to Social CRM−What Customers Want: A Joint Holiday Shopping Study with GSI Commerce of 15 Retail Websites," IBM Global Business Services, Executive Report, IBM Corporation, 2011, http://www.forrester.com/rb/Research/purchase_path_of_online_buyers/q/id/58942/

t/2（2011 年 12 月 20 日アクセス）．耐久財のネット購買に関するシングル・タッチポイントに基づくデータ。

15 Josh Bernoff and Ted Schadler, *Empowered: Unleash Your Employees, Energize Your Customers, Transform Your Business*（Boston: Harvard Business Review Press, 2010), chapter 3, "Peer Influence Analysis."［黒輪篤嗣訳『エンパワード：ソーシャルメディアを最大活用する組織体制』翔泳社，2011 年］

16 Daniel Starch, *Advertising: Its Principles, Practice, and Technique*（Chicago: Scott, Foresman, 1914）.［郡山幸男訳『広告の理論と実際』佐藤出版部，1917 年］

17 これに対して，ステータス更新を見たが，「いいね！」をクリックしなかった人々もいるかもしれないという指摘がある。しかし，これらの投稿は典型的な投稿よりも多くの「いいね！」を獲得していたので，一般的な投稿よりもフェイスブック上で目立っていたこともまた事実である。

18 Stroomedia, "Old Spice Responses Case Study," August 8, 2010, online video clip, http://www.youtube.com/watch?v=fD1WqPGn5Ag（2011 年 12 月 20 日アクセス）．以下も参照されたい。"Online Video: Old Spice the Most Viral Video of the Year–Again," Ad Age Digital, December 28, 2011, http://adage.com/article/the-viral-video-chart-weeks-most-popular-branddriven-viral-ads/spice-viral-brand-year-video/231780/?utm_source=daily_email&utm_medium=newsletter&utm_campaign=adage（2011 年 12 月 29 日アクセス）．

19 Brian Morrissey, "Old Spice's Agency Flexes Its Bulging Stats," *Adweek*, August 4, 2010, http://www.adweek.com/adfreak/old-spices-agency-flexes-its-bulging-stats-12396（2011 年 12 月 20 日アクセス）．

20 Craig Reiss, "Now Look Here, Now Learn from This. . . ," *Entrepreneur.com on msnbc.com*, July 18, 2010, http://www.msnbc.msn.com/id/38282026/ns/business-small_business/t/now-look-here-now-learn/（2011 年 12 月 19 日アクセス）．以下も参照されたい。Rupal Parekh, "Wieden & Kennedy Is Ad Age's Agency of the Year," *Advertising Age*, January 24, 2011, http://adage.com/article/special-report-agency-alist/wieden-kennedy-ad-age-s-agency-year/148369/（2011 年 12 月 19 日アクセス）．

21 David Griner, "Hey Old Spice Haters, Sales Are Up 107%," *Adweek*, July 27, 2010, http://www.adweek.com/adfreak/hey-old-spice-haters-sales-are-107-12422（2011 年 12 月 20 日アクセス）．以下も参照されたい。Eleftheria Parpis, "Spice It Up," *Adweek*, July 26, 2010, http://www.adweek.com/news/advertising-branding/spice-it-102895?page=1（2011 年 12 月 20 日アクセス）．

22 David Hallerman, "What Marketers Can Learn from the Old Spice 'Your Man' Campaign," *Advertising Age*, August 26, 2010, http://adage.com/article/digitalnext/marketers-learn-spice-man-campaign/145603/（2011 年 12 月 20 日アクセス）．

23 Pat LaPointe, "The Rock in the Pond: How Online Buzz and Offline WOM Can Make a Strong Message Even More Powerful," *Journal of Advertising Research*, September 2011, 456–457.

24 Tony Hsieh, *Delivering Happiness: A Path to Profits, Passion, and Purpose*（New York: Hachette, 2010）.［本荘修二監訳『顧客が熱狂するネット靴店　ザッポス伝説：アマゾンを震撼させたサービスはいかに生まれたか』ダイヤモンド社，2010 年］。以下も参照されたい。*The CEO TV Show with Robert Reiss*, August 8, 2011, http://videos.ceoshow.com/tony-hsieh-ceo-zappos-com-innovation（2011 年 12 月 20 日アクセス）．

25 ザッポス社のアーロン・マグネスに対する個人的なインタビュー（2011 年 5 月 11 日）。

26 *The CEO TV Show with Robert Reiss*, August 8, 2011, http://videos.ceoshow.com/tony-hsieh-ceo-zappos-com-innovation（2011 年 12 月 20 日アクセス）．

27 Carmine Gallo, "Delivering Happiness the Zappos Way: How the Footwear e-tailer's CEO, Tony Hsieh, Builds a Brand through Public Speaking," *Bloomberg Businessweek*, May 12, 2009, http://www.businessweek.com/smallbiz/content/may2009/sb20090512_831040.htm（2011 年 12 月 20 日アクセス）．

◆ 第 7 章

1 Claire Tristram, "The Up and Comer: Gene DeRose, Jupiter," *Information Week*

Online, November 17, 1997, http://www.informationweek.com/657/57iuan4.htm（2011年12月20日アクセス）.

2 Richard Pérez-Peña, "Time Warner Board Backs AOL Spinoff," *New York Times*, May 28, 2009, http://www.nytimes.com/2009/05/29/business/media/29warner.html（2011年12月19日アクセス）.

3 ハウス・パーティー社のジーン・ディローズ氏に対する個人的なインタビューより（2011年6月16日）。

4 クラフト社のリチャード・ボード氏に対する個人的なインタビューより（2011年7月29日）。

5 E. J. Schultz, "Kraft Puts Big Bucks behind Philadelphia Cooking Creme Launch," *Advertising Age*, October 26, 2010, http://adage.com/article/news/marketing-kraft-puts-big-bucks-phillycooking-creme/146710/（2011年12月20日アクセス）.

6 ハウス・パーティーのための第三者調査はチャット・スレッズによって行われた。同調査の結果は，2011年3月12日にハウス・パーティーからケラー・フェイ・グループに提供されたプレゼンテーション資料に基づく。より詳しくは以下のハウス・パーティー社のウェブサイトにて見ることができる。http://corp.houseparty.com/（2011年12月20日アクセス）

7 トレマー社の事業理念やビジネスモデルについては以下の同社のウェブサイトで見ることができる。http://www.tremor.com（2011年12月20日アクセス）

8 "Executive Profile of Claudia Kotchka," *Bloomberg Businessweek*, 2011, http://investing.businessweek.com/businessweek/research/stocks/people/person.asp?personId=25779428&ticker=PG:US（2011年12月20日アクセス）. 以下についても参照のこと。Jennifer Reingold, "The Interpreter," *Fast Company*, June 1, 2005, http://www.fastcompany.com/magazine/95/open_design-kotchka.html?page=0%2C1（2011年12月20日アクセス）. Bruce Nussbaum, "Claudia Kotchka Leaves Procter & Gamble," *Bloomberg Businessweek*, May 22, 2008, http://www.businessweek.com/innovate/NussbaumOnDesign/archives/2008/05/claudia_kotchka_1.html（2011年12月20日アクセス）.

9 Steve Knox, "Understanding Word of Mouth: The Science of Advocacy," Proctor and Gamble Tremor presentation, http://www.slideshare.net/jorgebarba/the-science-of-word-of-mouth（2011年12月19日アクセス）.

10 2009年のウォミー賞［米国クチコミ・マーケティング協会の賞］への応募プレゼンテーション "The Venus Breeze Story: Proving WOM Effectiveness with Disciplined Measurement"（「ケラー・フェイ・グループ」へ「トレマー」より提供された資料より）。

11 "Ethical Education and Oversight," Word of Mouth Marketing Association, 2011, http://womma.org/ethics/code（2011年12月20日アクセス）.

12 Suzanne Vranica, "Sony Ericsson Campaign Uses Actors to Push Camera-Phone in Real Life," *Wall Street Journal*, July 31, 2002, http://online.wsj.com/article_email/SB1028069195715597440.html?mod=todays_us_marketplace_hs（2011年12月20日 アクセス）.

13 "Guides Concerning the Use of Endorsements and Testimonials in Advertising," Federal Trade Commission, FTC 16 CFR Part 255, October 2009, http://www.ftc.gov/os/2009/10/091005revisedendorsementguides.pdf（2011年12月20日アクセス）.

14 Tony DiResta, "Three Significant Changes to the Guides," *DiResta the Law*, WOMMA, October 6, 2009, http://womma.org/diresta/2009/10/three-significant-changes-to-the-guides/（2011年12月20日アクセス）.

15 "Don't Tell. Do Ask." Word of Mouth Marketing Association, 2011, http://womma.org/ethics/honestyroi/（2011年12月20日アクセス）.

16 Walter Carl, "To Tell or Not to Tell? Assessing the Practical Effects of Disclosure for Word-of-Mouth Marketing Agents and Their Conversational Partners," Northeastern University, *Communications Studies*, January 2006, http://www.waltercarl.neu.edu/downloads/ToTellOrNotToTell.pdf（2011年12月20日アクセス）.

17 バズエージェントが特定のマーケティング会社と組んでいることを明らかにしている会話と，明らかにしていない会話が含まれている理由は，この調査が行われた時期が，このような開示が法制化されるより前であったためである。その後の法制化によって，マーケティング各社は開示に関して変更を余儀なくされた。さらに，マーケ

ティング会社がバズエージェントと組んでいることを開示しても，バズエージェントと会話した相手がこのことを忘れている場合や，バズエージェントが開示をしたと思っていても実際にはしていなかった場合などもある。これらのどのケースにおいても，カールの分析では開示はなされなかったものとして扱っている。

18 スープ社のマイケル・ブレイに対する個人的なインタビューより（2011 年 7 月 19 日）。

19 David McNickel, "Switched on CEO: Ralph Norris, Commonwealth Bank of Australia," *iStart: Technology in Business*, January 30, 2008, http://www.istart.com.au/index/HM20/AL29454/AR210381（2011 年 12 月 20 日アクセス）.

20 スープ社のためにロイ・モーガン・リサーチ社が実施したアンケート調査の集計結果より（スープ社よりケラー・フェイ・グループへ提供）。

21 GMA Sales Committee, "Shopper Marketing 4.0: Building Scalable Playbooks That Drive Results," Grocery Manufacturer's Association and Booz & Company, 2010, http://www.booz.com/media/uploads/BoozCo_GMA_Shopper_Marketing_4.0-2.pdf（2011 年 12 月 20 日アクセス）.

22 エド・ケラーは 2006 年よりバザーボイス社の取締役会に参加している。

23 バズエージェント社のデイブ・バルター氏に対する個人的なインタビューより（2011 年 8 月 1 日）。

24 Dave Balter and John Butman, *Grapevine: The New Art of Word-of-Mouth Marketing* (New York: Portfolio, 2005), 34.

25 Rob Walker, "The Hidden (in Plain Sight) Persuaders," *New York Times Magazine*, December 5, 2004, http://www.nytimes.com/2004/12/05/magazine/05BUZZ.html（2011 年 12 月 20 日アクセス）.

26 Dave Balter and John Butman, *Grapevine: The New Art of Word-of-Mouth Marketing* (New York: Portfolio, 2005), 34; Dave Balter *The Word of Mouth Manual: Volume II* (Boston: 2008).

27 "BzzAgent Hive Grows with $13.75 Million in Venture Capital Financing," BzzAgent Press Release, January 13, 2006, http://www.bzzagent.com/downloads/press/BzzAgent_Financing.pdf（2011 年 12 月 20 日アクセス）.

28 Cheryl Morris, "BzzAgent Acquired by Tesco's dunnhumby for $60M to 'Connect the Dots between Social Media and Shopper Marketing,'" *BostInnovation*, May 23, 2011, http://bostinnovation.com/2011/05/23/bzzagent-acquired-by-tesco%E2%80%99s-dunnhumby-for-60m-to-%E2%80%98connect-the-dots-between-social-media-shopper-marketing%E2%80%99/（2011 年 12 月 20 日アクセス）.

29 Dave Balter, "Social Media Meets Shopper Marketing," *BzzAgent*, January 19, 2011, http://www.bzzagent.com/blog/post/social-media-meets-shopper-marketing/（2011 年 12 月 20 日アクセス）. 以下についても参照のこと。"The Rise of Social Shopper Marketing: Thought Starters on Connecting Social Media and Shopper Marketing," *BzzAgent*, January 2011, http://about.bzzagent.com/downloads/BzzAgent-SSM.pdf（2011 年 12 月 20 日アクセス）.

30 "Global Advertising: Consumers Trust Real Friends and Virtual Strangers the Most," *NielsenWire*, July 7, 2009, http://blog.nielsen.com/nielsenwire/consumer/global-advertising-consumers-trust-real-friends-and-virtual-strangers-the-most/（2011 年 12 月 20 日アクセス）.

31 "Review Users Show 98% Higher Revenue per Visitor for Epson," *Bazaarvoice Case Study*, November 10, 2010 http://www.bazaarvoice.com/files/pdf/case-studies/epson_casestudy.pdf（2011 年 12 月 20 日アクセス）.

32 "Review-reading Travelers Convert 123% Higher at CheapCaribbean.com," *Bazaarvoice Case Study*, October 6, 2010, http://www.bazaarvoice.com/files/pdf/case-studies/cheapcarribean_casestudy.pdf（2011 年 12 月 20 日アクセス）.

33 "Coupon with Review Sees 10% Redemption Lift," *Bazaarvoice Case Study*, April 15, 2010, http://www.bazaarvoice.com/ resources/case-studies/coupon-review-sees-10-redemption-lift（2011 年 12 月 20 日アクセス）.

◆ 第8章

1 Jeff Jarvis, "Dell Hell: Seller Beware," *BuzzMachine*, July 1, 2005, http://www.buzzmachine.com/archives/cat_dell.html (2011年12月20日アクセス).

2 Christy Kirby, "Dell: A Company Built on Direct and Open Communication," Altimeter Open Leadership Awards, September 13, 2010, http://awards2010.openleadership.spigit.com/Page/ViewIdea?ideaid=47 (2011年12月20日アクセス).

3 "Dell and Social Media," *Brand Autopsy*, September 21, 2007, http://www.brandautopsy.com/2007/09/dell-and-social.html (2011年12月20日アクセス).

4 デルのボブ・カウフマンに対する個人的なインタビューより（2011年5月6日）。

5 デル・ソーシャルメディア・リスニング・コマンドセンターに対する取材より（2011年5月26日）。

6 オンラインのクチコミとオフラインのクチコミを合算すると，テクノロジー企業のクチコミは63%がポジティブ，9%がネガティブ，18%が中立（ポジティブとネガティブ）である。デルについては，61%がポジティブ，10%がネガティブ，19%が中立であった。

7 Pete Blackshaw, *A Satisfied Customer Tells Three Friends, Angry Customers Tell 3,000: Running a Business in Today's Consumer-Driven World* (New York: Doubleday, 2008).

8 Jonah Berger and Katherine Milkman, "Social Transmission, Emotion, and the Virality of Online Content," December 25, 2009, http://ssrn.com/abstract=1528077 (2011年12月20日アクセス).

9 Tali Sharot, *The Optimism Bias: A Tour of the Irrationally Positive Brain* (New York: Pantheon Books, 2011). 以下も参照のこと。Tali Sharot, "The Optimism Bias," *Time*, May 28, 2011, http://www.time.com/time/health/article/0,8599,2074067,00.html (2011年12月20日アクセス).

10 Tali Sharot, "Major Delusions," *New York Times*, May 14, 2011, http://www.nytimes.com/2011/05/15/opinion/15Sharot.html?_r=1 (2011年12月20日アクセス).

11 Andrew Ross Sorkin, "Lehman Files for Bankruptcy, Merrill Is Sold," *New York Times*, September 14, 2008, http://www.nytimes.com/2008/09/15/business/15lehman.html (2011年12月20日アクセス).

12 Carl Hulse and David Herszenhorn, "House Rejects Bailout Package, 228–205; Stocks Plunge," *New York Times*, September 29, 2008 http://www.nytimes.com/2008/09/30/business/30bailout.html?pagewanted=all (2011年12月20日アクセス).

13 2010年3月22日～24日に開催された広告調査協会の年次大会「Re: Think 2010」においてブラッド・フェイとメディア・エージェンシーのメディア・ヴェスト社のデイビッド・シフマンが行ったプレゼンテーション "Advertising amid Crisis: Lessons from the Financial and Automotive Industries in 2009," より。なおこのプレゼンテーションは以下で見ることができる http://www.slideshare.net/gsweeton/advertising-amid-crisis-42010 (2011年12月20日アクセス)。

14 Hiroko Tabuchi and Bill Vlasic, "Toyota's Top Executive under Rising Pressure," *New York Times*, February 5, 2010, http://www.nytimes.com/2010/02/06/business/global/06toyota.html?scp=3&sq=toyota&st=nyt (2011年12月20日アクセス).

15 Micheline Maynard, "An Apology from Toyota's Leader," *New York Times*, February 24, 2010, http://www.nytimes.com/2010/02/25/business/global/25toyota.html?scp=4&sq=toyota&st=nyt (2011年12月20日アクセス).

16 Makiko Kitamura and Yuki Hagiwara, "Toyota Stays Ahead of GM as World's Largest Automaker," *Bloomberg Businessweek*, January 24, 2011, http://www.businessweek.com/news/2011-01-24/toyota-stays-ahead-of-gm-as-world-s-largest-automaker.html (2011年12月20日アクセス).

17 トヨタのティム・モリソンに対する個人的なインタビューより（2011年4月6日，6月1日）。

18 Toyota, "United States Operations 2011," http://www.toyota.com/about/our_business/our_numbers/images/USOperationsBrochureFINAL_4-1-11.pdf (2011年12月20日アクセス).

19 Jon Fortt, "Toyota's Low-risk Dialogue on Digg," *CNN Money*, February 8, 2010, http://tech.fortune.cnn.com/2010/02/08/toyotas-low-risk-dialogue-on-digg/ (2011年

12 月 20 日アクセス).
20 サッチ・ロサンゼルスのコンラッド・ナスバウムとジョン・リスコに対する個人的なインタビューより（2011 年 6 月 1 日)。
21 バザーボイス社のブレット・ハートに対する個人的なインタビューより（2011 年 4 月 8 日)。
22 L. L. ビーンのクチコミに関する話は，2011 年 4 月 5 日にテキサス州オースティンで開催されたバザーボイス社による「ソーシャル・コマース・サミット」において同社 CMO のスティーブ・フラーが語った内容より。http://www.bazaarvoice.com/blog/2011/04/21/social-helps-brands-keep-their-promises-says-l-l-beans-steve-fuller/（2011 年 12 月 20 日アクセス）
23 デルのアレックス・グルーゼンへの個人的なインタビューより（2011 年 4 月 15 日)。
24 Suzanne M. Kirchhoff, "Advertising Industry in the Digital Age," *Congressional Research Service Report for Congress*, February 1, 2011, http://womma.org/diresta/2-10-11.pdf（2011 年 12 月 20 日アクセス). 以下も参照のこと。"Ethical Education and Oversight," Word of Mouth Marketing Association, 2011, http://womma.org/ethics/code（2011 年 12 月 20 日アクセス). "Guides Concerning the Use of Endorsements and Testimonials in Advertising," Federal Trade Commission 16 CFR Part 255, October, 2009, http://www.ftc.gov/os/2009/10/091005revisedendorsementguides.pdf（2011 年 12 月 20 日アクセス).

◆ 第 9 章

1 Chris Perry, "Let's Get Over Who 'Owns' Social Media," *Ad Age Digital*, May 7, 2009, http://adage.com/article/digitalnext/digital-marketing-owns-social-media/136481/（2011 年 12 月 20 日アクセス). Joseph Jaffe, "Who Owns Social Media?," *Adweek*, March 15, 2009, http://www.adweek.com/news/advertising-branding/who-owns-social-media-98655（2011 年 12 月 20 日アクセス).
2（同上）Jaffe, "Who Owns Social Media?"
3 WOMMA の内部調査より（米国クチコミ・マーケティング協会の許可を得て引用)。
4 Jeremiah Owyang, "Social Business Forecast: 2011 the Year of Integration," LeWeb Conference Keynote Address, December 9, 2010, http://www.slideshare.net/jeremiah_owyang/keynote-social-business-forecast-2011-the-year-of-integration（2011 年 12 月 20 日アクセス).
5 以下はアルティメーター社のレポート中で用いられている定義であり，同レポートの表 10.1 に示される。「非集中型」：どの組織も管理や調整を担当せず，あらゆる活動はボトムアップで行われる。「集中型」：(「コープ・コミュニケーション社」のように）一つの部局が全てのソーシャル活動を管理する。「ハブ・アンド・スポーク型」：機能横断型の組織が中心的なポジションにつき，ビジネス・ユニットのようなさまざまなノードを助ける。「複合ハブ・アンド・スポーク型」(または「ダンデライオン型」：ハブ・アンド・スポーク型と近いが，共通のブランドの下で「企業内企業」が相互に自律的に活動するような多国籍企業にも適用できる。「ホリスティック型」：全社にわたって全社員が安全かつ統一的にソーシャルメディアを利用する。
6 Brian Solis, "Who Owns Social Media?," BrianSolis.com, August 20, 2009, http://www.briansolis.com/2009/08/who-owns-social-media/（2011 年 12 月 20 日アクセス).
7 Sam Decker, "Who Owns Word of Mouth in an Organization?," *Social Media Today*, October 17, 2007, http://socialmediatoday.com/samdecker/110111/who-owns-word-mouth-organization（2011 年 12 月 20 日アクセス). John Bell, "Who Owns Word of Mouth: The Athens Sessions," *Digital Influence Mapping Project*, October 13, 2007, http://johnbell.typepad.com/weblog/2007/10/who-owns-word-o.html（2011 年 12 月 20 日).
8 ベスト・バイのバリー・ジャッジに対する個人的なインタビューより（2011 年 1 月 11 日)。
9 ゼネラル・ミルズのデイビッド・ウィットに対する個人的なインタビューより（2011 年 2 月 14 日)。以下も参照のこと。2010 年 2 月に開催された「マーケティング 2.0」コンファレンスにおけるデイビッド・ウィットのプレゼンテーション "General Mills: Going Social," より。当日のプレゼン資料は以下で見ることができる。http://www.slideshare.net/Insidebsi/general-mills-going-social（2011 年 12 月 20 日アクセス）

10 ゼネラル・ミルズのマーク・アディクスに対する個人的なンタビューより（2011年7月28日）。

11 Dottie Enrico, "Top 10 Advertising Icons," Advertising Age, March 29, 1999, http://adage.com/article/news/top-10-advertising-icons/62929/（2011年12月20日アクセス）.

12 "General Mills: History of Innovation, Bisquick," http://generalmills.com/~/media/Files/history/hist_bisquick.ashx（2011年12月19日アクセス）. 以下も参照のこと。"Seven Decades of Great Taste from Bisquick," DVO online, http://www.dvo.com/recipe_pages/betty/SEVEN_DECADES_OF_GREAT_TASTE_FROM_BISQUICK.html（2011年12月19日アクセス）.

13 "General Mills: Going Social" は2010年2月に開催された「マーケティング2.0」コンファレンスにおいてデイビッド・ウィットによって報告された。このプレゼンテーション資料は以下の場所で見ることができる。http://www.slideshare.net/Insidebsi/general-mills-going-social（2011年12月20日アクセス）

14 Tina Fey, *Bossypants* (New York: Little, Brown, 2011), 11–18.

15 2009年8月3日～19日に行われたキンバリークラークによるユー・バイ・コーテックスに関する調査 "Break the Cycle: A Study on Vaginal Health,"（ナンシー・レッド，チェルシー・クロスト，トミー＝アン・ロバーツ，アリサ・リフシッツ）。http://www.ubykotex.com/downloads/pdf/u_by_kotex_real_talk_a_study_on_vaginal_health.pdf（2011年12月20日アクセス）.

16 2011年6月28日にキンバリークラークのクレア・ミラーから提供された業界データより。

17 "The Most Innovative Consumer Packaged Goods of 2011 Revealed at Last Night's Product of the Year USA Awards Ceremony," *PR Newswire*, February 9, 2011, http://www.prnewswire.com/news-releases/the-most-innovative-consumer-packaged-goods-of-2011-revealed-at-last-nights-product-of-the-year-usa-awards-ceremony-115630824.html（2011年12月20日アクセス）.

18 Caleb Melby, "What Brands Do Women Want? Harley-Davidson Tops List," *Forbes Magazine*, August 24, 2011, http://www.forbes.com/sites/calebmelby/2011/08/24/what-brands-do-women-want-harley-davidson-tops-list/（2011年12月20日アクセス）.

19 キンバリークラークのトニー・パーマーに対する個人的なインタビューより（2011年8月4日）。以下も参照のこと。2011年6月28日にニューヨークで行われた以下の方々とのビデオ会議より――ミシェル・フロア，クレア・ミラー，メリッサ・セクストン，サラ・フライバーガー，ジェニファー・ウェストメアー，ジョアンナ・クリー，ジェイ・ゴッタリーブ（以上キンバリークラーク），エミー・カーヴァジャル（オーガニック），ダイアナ・リットマン（マリナ・メイハー・コミュニケーションズ）。

20 Andrew Adam Newman, "Rebelling against the Commonly Evasive Feminine Care Ad," *New York Times*, March 15, 2010, http://www.nytimes.com/2010/03/16/business/media/16adco.html（2011年12月20日アクセス）.

21 Jack Neff, "How Kimberly-Clark Is Lifting Sales by Elevating Marketing," *Advertising Age*, November 7, 2011, 6.

22 マリナ・メイハー・コミュニケーションズのマリナ・メイハーに対する個人的なインタビューより（2011年8月9日）。

23 Marina Maher, "Breaking Barriers in Marketing to Women," *Marina Maher Communications*: The Inside Scoop, June 10, 2011, http://www.mahercomm.com/breaking-barriers-marketing-women/（2011年12月20日アクセス）.

24 キンバリークラークのクレア・ミラーに対する個人的なインタビューより（2011年8月5日）。

25 "Measured Thoughts: Tony Palmer, Senior Vice President and CMO, Kimberly-Clark," Marketing NPV Webcast, July 8, 2008, http://marketingnpv.com/content/measured-thoughts-tony-palmer-senior-vice-president-and-cmo-kimberlyclark（2011年12月20日アクセス）.